福建省社会科学研究基地财务与会计研究中心系列丛书

财税政策与产业链现代化
——理论与实证

吴赐联 著

中国财经出版传媒集团

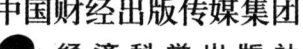

·北京·

图书在版编目（CIP）数据

财税政策与产业链现代化：理论与实证 / 吴赐联著. 北京：经济科学出版社，2025.8. -- （福建省社会科学研究基地财务与会计研究中心系列丛书）. -- ISBN 978－7－5218－6943－9

Ⅰ.F812；F269.275.7

中国国家版本馆 CIP 数据核字第 2025Z5R076 号

责任编辑：杜　鹏　张立莉　常家凤
责任校对：孙　晨
责任印制：邱　天

财税政策与产业链现代化
——理论与实证
CAISHUI ZHENGCE YU CHANYELIAN XIANDAIHUA
——LILUN YU SHIZHENG
吴赐联　著

经济科学出版社出版、发行　新华书店经销
社址：北京市海淀区阜成路甲 28 号　邮编：100142
总编部电话：010－88191217　发行部电话：010－88191522
网址：www.esp.com.cn
电子邮箱：esp@esp.com.cn
天猫网店：经济科学出版社旗舰店
网址：http：//jjkxcbs.tmall.com
固安华明印业有限公司印装
710×1000　16 开　17 印张　280000 字
2025 年 8 月第 1 版　2025 年 8 月第 1 次印刷
ISBN 978－7－5218－6943－9　定价：98.00 元
（图书出现印装问题，本社负责调换。电话：010－88191545）
（版权所有　侵权必究　打击盗版　举报热线：010－88191661
QQ：2242791300　营销中心电话：010－88191537
电子邮箱：dbts@esp.com.cn）

前　言

中国是全世界唯一拥有联合国产业分类中所列全部工业门类的国家，但是，中国尚未将制造业第一大国的优势转化为制造业强国，部分核心环节和关键技术依旧受制于人。2018年以来，美国政府对中国科技企业实施技术封锁、芯片断供和软件平台禁用等技术打压政策，给我国产业链的正常运转带来巨大冲击，产业链断链风险不断增加。美国的技术打压让中国认清事实，只有牢牢掌握核心技术，才能在全球产业链中具备话语权，产业链现代化才有保障。

为提升我国产业链的技术水平，解决"卡脖子"核心技术问题，2019年8月，习近平总书记在中央财经委员会第五次会议中指出，要以夯实产业基础能力为根本，打好产业基础高级化和产业链现代化的攻坚战[①]。在我国经济转型升级、实施创新驱动发展战略背景下，推进产业链现代化是破解我国产业基础能力不足、解决卡脖子核心技术、提升产业控制力和国际贸易话语权的必然选择。产业链升级通过市场主体企业的创新驱动来实现，但是技术创新的高风险性决定政府在国家创新战略实施中要扮演好引导和扶持的角色。运用财税政策推进产业发展，实现产业结构转型升级，着力构建现代产业新体系进而实现产业链现代化，是我国当前宏观经济的必然选择。

在此背景下，本书聚焦于通过财税政策驱动实现中国产业链的现代化，通过实证分析检验财政分权、税收优惠、财政支出对产业链升级的影响机理，再结合发达国家的财税政策经验，基于福建省的实际情况，提出优化财

---

① 中华人民共和国中央人民政府：习近平主持召开中央财经委员会第五次会议［EB/OL］. https：//www.gov.cn/xinwen/2019－08／26/content 5424679. htm. 2023－01－14.

税政策推动产业链现代化的政策重点。本书主要观点如下。

（1）财税政策从助力高端创新要素供给、引领终端需求升级、促进产业政策协同、引导上下游要素协同创新、引导创新生态系统建设等视角推动产业链现代化。一是财税政策助力高端创新要素供给，推动高端创新要素培育和创新团队建设，通过培育良好的创新文化，加强基础设施建设和完善区域金融系统，提升产业创新基础、创新效率、资金配置水平、创新环境和技术引领性，夯实产业系统的基础创新能力；二是财税政策引领终端需求升级，从需求方向、需求规模、需求质量和需求互补等视角，驱动产品战略调整，实现尖端产业布局，提升产业创新利润，实现产品差异化和产业数字化，从需求侧助推产业链升级；三是财税政策与政府产业政策协同，通过创新激励、导向型产业政策、引导产业布局和区域创新体系建设，加强创新补偿，提升产业控制力和产业附加值，实现产业绿色化、数字化和产业结构高级化，从供给侧驱动产业链升级；四是财税政策引导上下游要素协同，通过柔性组织、内外资源整合、产学研协同和产业链、创新链和人才链"三链"整合，实现信息共享和要素配置效率提升，培育创新土壤，提升产业技术层次和技术产业化，提升产业链创新效率；五是财税政策引导区域创新生态系统建设，提升原始创新能力，改善知识产权、保护环境，促进技术溢出，提升中介服务效率，提升产业创新基础，促进区域创新开展，加快技术成果扩散和技术产业化，实现链内企业整体升级，提升产业链整体技术支撑力。

（2）产业链现代化评价，可从基础创新能力、高端引领能力、协同创新能力、产业支撑与控制力、绿色可持续发展能力等维度构建产业链现代化评价指标体系。2014~2020年，全国28个地区产业链现代化指数总体呈上升趋势，但产业链的现代化程度不高，产业链引领型主要分布在东部省份，产业链追随型大多位于中部地区。从5大子系统指数数值上看，产业支撑与控制力子系统＞绿色可持续发展能力子系统＞协同创新能力子系统＞基础创新能力子系统＞高端引领能力子系统，说明我国产业链现代化进程中基础创新能力、高端引领力和协同创新能力有待强化。

（3）财政分权、税收优惠与财政支出对产业链升级均存在显著的正向促进作用，不同财税政策对产业链现代化的影响机理不同。首先，财政收

前　言

入分权显著提升政府创新偏好进而促进产业链升级，收入分权对产业链升级存在直接和通过政府创新偏好间接影响的双重效应，财政支出分权同时抑制政府创新和产业链升级，支出分权完全通过抑制政府创新偏好间接阻碍产业链升级；其次，税收优惠显著正向促进产业链升级，税收优惠对产业链升级既存在直接影响，又存在通过企业创新中介的间接影响，分税制检验发现，增值税优惠和企业所得税优惠均显著正向促进产业链升级，但城市维护建设税优惠反而阻碍了产业链升级，增值税优惠、企业所得税优惠均显著正向激励企业创新，企业创新活动在增值税优惠、企业所得税优惠与产业链现代化中充当部分中介功能，在城市维护建设税优惠中的中介效应不显著；最后，针对财政支出规模与结构对产业链升级作用效果，研究表明，财政总支出显著正向促进产业链升级，城市化起到部分中介效应，进一步分析发现，财政支出结构中只有消费性支出正向促进产业链升级，投资性和民生性支出则阻碍产业链升级，城市化分别起到完全中介、部分遮掩和部分中介效应。

（4）美国、日本、德国针对产业链现代化的战略重点不同，但政策着力点存在共性之处。美国以提升产业链控制力为主线，立足于突破性技术研发；日本立足于基础性创新，把控产业链上游环节；德国更注重打造可持续和柔性智能制造的产业链。但三国财税政策着力点存在共性地方，主要从产业链式、技术领域、创新生态、要素培育、资金保障和市场导向等领域发力。具体表现为：注重财政引导，加强基础研究，强化高端创新要素供给，完善政府采购制度，扶持智能制造产业发展，重视产业梯度转移，引领产业绿色转型。

本书具有一定的应用价值。提出的产业链现代化评价指标体系和评价模型，可作为测算地区产业链现代化指数的评价工具；从财税政策视角，以财政分权、税收优惠、财政支出为核心解释变量，实证检验财税政策对产业链现代化的影响机理，揭示关键变量之间的逻辑关系，可为制订相应财税引导政策提供数据支撑；系统总结美、日、德三国财税政策助力产业链现代化的战略重点和政策着力点，结合我国产业链现代化的现实短板，从财税视角提出促进产业链升级的对策建议，能作为地方政府制订产业链现代化政策的决策参考。

  衷心感谢经济科学出版社的领导和编辑，正是因为有他们的辛苦付出，本书才得以和读者见面，由于作者学术水平有限，专著内容难免有疏漏，敬请各位读者批评指正。

2025 年 2 月

目 录 CONTENTS

第一章 绪论 ·· 1
 第一节 研究背景和意义 ······································ 1
 第二节 财税政策与产业链现代化的理论演进 ···················· 4
 第三节 研究内容、方法及创新点 ······························ 15

第二章 财税政策对产业链现代化的作用机理与传导机制 ······ 20
 第一节 财税政策助推产业链升级的理论基础 ···················· 20
 第二节 财税政策对产业链现代化的作用机理 ···················· 25
 第三节 财税政策助推产业链现代化的传导机制 ·················· 35
 第四节 本章小结 ·· 55

第三章 产业链现代化指数测度与制约因素诊断 ·············· 57
 第一节 产业链现代化评价体系的构建 ·························· 57
 第二节 产业链现代化评价模型的构建 ·························· 63
 第三节 产业链现代化指数的测算 ······························ 68
 第四节 产业链现代化障碍因子分析 ···························· 80
 第五节 本章小结 ·· 86

第四章 财政分权对产业链现代化的影响机理 ················ 87
 第一节 文献综述 ·· 87

第二节　理论分析与研究假设……………………………………… 90
   第三节　研究设计…………………………………………………… 92
   第四节　财政分权对产业链现代化影响的实证检验……………… 97
   第五节　本章小结…………………………………………………… 108

第五章　税收优惠对产业链现代化的影响机理…………………… 110
   第一节　文献综述…………………………………………………… 110
   第二节　理论分析与研究假设……………………………………… 112
   第三节　研究设计…………………………………………………… 114
   第四节　税收优惠对产业链现代化影响的实证检验……………… 118
   第五节　本章小结…………………………………………………… 129

第六章　财政支出对产业链现代化的影响机理…………………… 131
   第一节　文献综述…………………………………………………… 131
   第二节　理论分析与研究假设……………………………………… 133
   第三节　模型构建与变量选择……………………………………… 137
   第四节　财政支出对产业链现代化影响机理检验………………… 143
   第五节　本章小结…………………………………………………… 159

第七章　发达国家财税政策助力产业链现代化经验做法………… 160
   第一节　美日德产业链现代化的战略重点………………………… 160
   第二节　美日德产业链现代化的财税政策着力点………………… 162
   第三节　美日德财税政策助力产业链现代化的经验总结………… 168
   第四节　本章小结…………………………………………………… 171

第八章　财税政策助力产业链现代化的具体举措
　　　　　——以福建省为例………………………………………… 172
   第一节　福建省实现产业链现代化的基础条件…………………… 172
   第二节　福建省产业链现代化指数现状及障碍诊断……………… 177

第三节　福建省财税政策助力产业链现代化的对策建议 …………… 182
　　第四节　本章小结 ………………………………………………………… 198

第九章　研究结论与展望 …………………………………………………… 200
　　第一节　研究结论 ………………………………………………………… 200
　　第二节　研究理论贡献 …………………………………………………… 203
　　第三节　研究局限性和未来研究设想 …………………………………… 204

参考文献 ……………………………………………………………………… 205
附录1　2014~2020年28个地区产业链现代化指标原始数值 ………… 228
附录2　2014~2020年28个地区产业链现代化各子系统测算值 ……… 252
后记 …………………………………………………………………………… 260

第一章
绪 论

本章阐述研究的背景和研究的理论意义、实践意义,并从产业链现代化的内涵与测度,产业链的形成、演化及空间演变机制,产业链现代化的挑战和突破点,财税政策对产业链升级的作用机理等视角对产业链现代化的理论演进进行梳理,最后提出本书的研究内容、研究方法和技术路线图。

第一节 研究背景和意义

一、研究背景

2018年以来,美国政府对中国科技企业实施的技术封锁、芯片断供和软件平台禁用等技术打压政策,给我国产业链的正常运转带来巨大冲击,产业链断链风险不断增加。从20世纪80年代开始,世界各国基于各自比较优势,合理分工,找准自身产业定位,通过相互协作构建了高效的全球产业链,在这场产业变革中,中国借助区域要素和市场优势,逐渐形成一个独立完整的现代工业体系,是全世界唯一拥有联合国产业分类中所列全部工业门类的国家。虽然工业体系健全,但中国尚未将制造业第一大国的优势转化为制造业强国,部分核心环节和关键技术依旧受制于人(中国社会科学院工业经济研究所课题组,2021)。为提升我国产业链的技术水平,解决"卡脖子"核心技术问题,确实降低对发达国家的技术依赖度,提升产业链的自主把控水平,2019年8月,习近平总书记在中央财经委员会第五次会议中指出要以夯实产业基础能力为根本，打好产业基础高级化和产业链现代化的攻坚战。①

中国在产业链现代化进程中依旧面临诸多挑战：一是核心技术和核心零部件存在短板。根据工业和信息化部的调研发现，有32%的关键材料仍为空白，52%的关键材料依赖进口，高端芯片制造落后国际先进水平2代以上，绝大多数存储芯片依赖进口。二是基础装备、研发测试工具缺乏。由于忽视工业互联网和工业软件建设，80%的规划软件、50%的制作软件被外企垄断，工业数据生产能力较弱。在装备制造领域，高档数控机床、航空发动机等关键精加工生产线上逾95%的检测设备依赖进口。三是新型基础设施服务水平不高。工业互联网、数据库、新兴产业发展试验场所建设力度不足，制造业关键工序数字化偏低。四是产业控制力和全球话语权较弱（盛朝迅，2019）。由于部分产业的核心技术缺乏，产业转移将带来产业链空心化风险，国外尖端部件断供将导致产品生产受阻，产业链自主把控能力较弱。

随着中国经济总量的不断提升，中美大国博弈不可避免，美国通过结盟拉拢盟友对我国高技术产业进行技术封锁，在基础关键技术、先进基础工艺、基础核心零部件和关键基础材料领域作文章，企图破坏中国产业链，以实现遏制中国崛起的目的。美国的技术封锁虽然在短期内对中国产业链造成巨大冲击，但是从长远角度上看，美国的打压让中国企业彻底认清事实，只有牢牢掌握核心技术才能在全球产业链中具备话语权，产业链安全性才有保障。在我国经济转型升级，实施创新驱动发展战略的背景下，推进产业链现代化是破解我国产业基础能力不足、解决卡脖子核心技术、提升产业控制力和国际贸易话语权的必经之路。产业链现代化主要通过市场主体创新驱动来实现，但是技术创新的高风险性决定政府在国家创新战略实施中扮演好引导角色的重要性，运用财税政策推进产业发展，实现产业结构转型升级，提升产业整体素质，着力构建现代产业新体系是我国当前宏观经济的必然选择。在此背景下，本书聚焦于如何通过财税政策驱动中国产业链现代化水平的提

---

① 中华人民共和国中央人民政府：习近平主持召开中央财经委员会第五次会议［EB/OL］. https：//www.gov.cn/xinwen/2019-08/26/content_5424679.htm. 2023-01-14.

升,通过实证分析检验财政分权、税收优惠、财政支出对产业链升级的影响机理,再结合发达国家的财税政策经验,以福建省为例,提出财税政策助力福建省产业链现代化的路径选择。

二、研究意义

本书围绕中国产业链现代化进程中存在的现实制约因素,主要从财税政策视角探讨加快提升产业链现代化水平的政策建议。在现有研究成果的基础上,阐述产业链现代化的内涵和特征,构建产业链现代化评价指标体系和评价模型,基于2014~2020年的指标数据,测算全国28个省区市[①]的产业链现代化指数,并对障碍因子进行诊断,从实证研究视角探讨财政分权、税收优惠、财政支出对产业链现代化的影响机理,在借鉴美国、日本和德国的先进经验的基础上,从财税视角提出加快产业链现代化的对策建议。

在理论层面,首先,根据产业链现代化的特征,构建产业链现代化评价指标体系和评价模型,拓展了产业链现代化评价理论体系,为测算地区产业链现代化指数提供理论支撑;其次,研究财政分权、税收优惠、财政支出对产业链现代化的影响机理,将传统的研究产业结构合理化、高级化理论拓展到研究产业链升级视域,将理论研究推向深入;最后,梳理美国、日本、德国等发达国家通过财税政策引导促进产业链现代化的经验,能为我国制订产业链升级的财税政策提供经验启示。

在实践层面,首先,提出的产业链现代化评价指标体系和评价模型,可以作为各地区测算产业链现状的基础工具;其次,本书从纵向视角全面测算全国28个省份2014~2020年的产业链现代化指数,分析制约产业链升级的关键因素,可以作为调研报告提供给各省份的经济发展部门,作为决策参考;再次,从财税政策视角,以财政分权、财政支出为核心解释变量,构建回归模型,实证检验财税政策对产业链现代化的影响机理,这有助于科学把握变量之间的逻辑关系,厘清财税政策对产业链的作用机制,为制订科学合理的财税政策提供数据支撑;最后,凝练总结美国、日本、德国三国的产业

---

① 新疆、西藏、青海三地数据不全,故剔除。

链现代化的战略重点和政策着力点,对于我国政府科学制订财税政策具有借鉴意义。

第二节　财税政策与产业链现代化的理论演进

本节通过查阅国内外针对产业链升级的相关研究成果,从产业链现代化的内涵与测度,产业链的形成、演化及空间演变机制,产业链现代化的挑战和突破点,财税政策对产业链升级的作用机理等视角对现有研究成果进行梳理,并提出本书的研究内容。

一、产业链现代化的内涵与测度

产业链思想源于亚当·斯密的分工理论,赫希曼(Hirschman,1958)在《经济发展战略》中从前向联系和后向联系视角论述产业间的链条关系,围绕投入—产出理论研究产业部门间的"关联效应",突出产业链中的分工、合作和专业化等内容。随着价值链、供应链、生产链理论的不断兴起,产业链的基本内涵和理论研究得到进一步丰富。简新华(2002)指出,经济活动中各产业依据前向、后向的关联关系组成产业链。芮明杰(2006)指出,产业链的本质是以知识分工协作为基础的功能网链,通过知识的分工和知识共享创造递增报酬,为顾客创造价值。吴金明(2006)指出,产业链是特定产业内部上下游企业之间形成的经济技术联系,主要体现在产品研发设计、材料供应、产品生产制造、物流配送、产品销售和售后服务等环节,其包含价值链、企业链、供需链和空间链四个维度。李新安(2014)指出,产业链是在特定区域内部,供应链、产品链、价值链等多重链条组合成的共生链,共生链促进产品不断链接和衍生,并具有空间聚集性、关联性、技术主导性、衍生性和发散性的特征。鲍德温、克拉克(Baldwin & Clark,1997)、青木昌彦(2003)、洪(Hong,2013)都从产业链的垂直分解视角,先将产业链"模块化",模块化是对产业标准化的整合,而"整合"意味着一体化,将分散的企业通过产业链分工协作形成整体,提升动作效能。李冬冬（2022）指出，产业链的本质是产业节点和节点间关联关系的集合，研究视角不同可以赋予节点和节点不同的内涵。

2019 年 7 月，中央政治局会议指出，围绕"巩固、增强、提升、畅通"八字方针，深化供给侧结构性改革，提升产业基础能力和产业链水平。同年 8 月，中央财经委员会第五次会议提出，打好产业基础高级化和产业链现代化攻坚战。产业链现代化是产业链演进的高级阶段，是经济发展和转型升级的必然结果，针对产业链现代化的内涵，研究视角不同，阐释的内涵亦不相同。黄群慧、倪红福（2020）从全球价值链理论视角，指出产业链现代化是指一个国家或者地区提升产业链水平，强化其产业在全球价值链各环节的增值能力，实现在全球价值链地位升级的过程。从产业链延伸视角，罗仲伟、孟艳华（2020）指出，产业链现代化是产业现代化内涵的延伸，实质是用当代科学技术和先进产业组织方式武装和改造产业链，实现产业高端链接能力、自主可控能力和全球市场竞争力。从自主可控视角，刘志彪（2021）指出，产业链现代化包括产业创新性、产业安全可控性、产业间联系紧固性、区域间产业协同性、产业组织灵敏性和柔性以及产业链治理现代性等角度进行衡量。从其时代性的视角，产业链现代化要适合中国目前高质量发展的现实要求，要适应国际形势不确定性要求，要适应新技术革命提出的新要求，提升产业链的数字能力（中国社会科学院工业经济研究所课题组，2021）。从产业链发展内容视角，产业链现代化的实质是产业链水平的现代化，包括基础能力提升、运行模式优化、产业链控制力增强和治理能力提升等多个维度（盛朝迅，2019）。

关于产业链的测度，研究成果主要聚焦于嵌入价值链的测度和产业高质量发展的测度。在价值链嵌入的测度上，主要的间接代理指标包括出口复杂度（Hausmann，2007）、上游度（Miller & Temurshoev，2017）、GVC 嵌入程度和位置（黎峰，2020）。在产业高质量发展方面，多数借助综合评价方法，采用多指标体系进行测度，付晨玉、杨艳琳（2020）根据新发展理念，从产业经济效益、产业环境效益和产业社会效益 3 个维度构建工业发展质量评价指标体系测度工业发展质量。曲立、王璐、季桓永（2021）从创新、绿色、开放、共享、高效和风险控制 6 个维度构建指标体系测度我国区域制造业高质量发展水平。

产业链现代化战略提出后，针对产业链发展水平评价，学者从不同视角进行研究，王志（2017）采用 WWYZ 分解方法，构建体现产业链参与程度和分工位置的指标体系，测度相关产业价值链水平。王睿迪、张继军（2020）聚焦高技术产业的全球产业链问题，构建包括价值链、供应链、创新链、产业聚集以及产业竞争力 5 个维度的评价指标体系，运用熵值 TOPSIS 模型对我国各省份高技术产业的全球产业链指数进行测算。蔡乌赶、许凤茹（2021）从产业组织、创新能力、经济效益和绿色集约 4 个维度构建测算制造业产业链现代化水平的评价指标体系，根据产业链水平将产业链分为初始起步期、发展高峰期以及回落企稳期。毛冰（2022）从产业结构现代化、产业协同现代化、产业融合现代化、产业创新现代化等维度构建产业链现代化水平指标体系，采用时空极差熵权法、基尼系数、泰尔指数和 σ 收敛模型测算全国及省级产业链现代化水平。王泽宇、唐云清、韩增林等（2022）基于韧性理论，结合海洋船舶产业链韧性内涵构建评价指标体系，运用基于虚拟最劣解 TOPSIS 和灰色关联度的动态评价模型测度其韧性，依托核密度估计和 GIS 空间分析技术探究海洋船舶产业链韧性的时空分异特征，最后使用地理探测器和双向固定效应模型分析影响海洋船舶产业链韧性的因素。张虎、张毅、韩爱华（2022）在科学界定产业链现代化内涵和特征的基础上，从产业链基础、产业链数字化、产业链创新、产业链韧性、产业链协同和产业链可持续 6 个维度构建产业链现代化评价指标体系，进一步利用熵值法、Dagum 基尼系数、Kernel 密度估计函数和空间 Markov 链的方法对我国产业链现代化水平展开统计监测。成青青（2022）构建包括应对抵抗力、适应恢复力、自主控制力和领先竞争力维度的产业链供应链韧性评价指标体系，运用熵值法对江苏地区主要城市的产业链供应链韧性进行评价分析。

二、产业链的形成、演化及空间演变机制

龚勤林（2004）提出产业链形成的三种途径：一是若干专业化分工的产业部门在空间的集中，为市场拓展与降低交易成本而联合集结成产业链；

二是不同区域的各层次专业化部门为加强前向联系、后向联系，突破边界限制而走向区域链式一体化；三是成熟产业部门在市场需求的带动下，衍生出其他产业部门，逐渐相互连接形成产业链。邵昶（2006）从需求出发，以供给和需求联动为基础，以生产需求和消费需求的对接为核心，初步建立一个"三维需求空间"的柱形产业链模型，力图从一个新的角度来阐释产业链的生成机制。吴金明（2006）构建了包含价值链、企业链、供需链和空间链的产业链模型，并形成一种"对接机制"，该机制与企业内部调控、市场结构、行业间调控、政府宏观调控共同构成四维调控，并提出市场交易式、纵向一体化、准市场式和混合式产业链四种具体模式，构建说明产业链形成机制的"4+4+4"模型。熊磊、胡石其、文泽宙（2018）从新兴古典经济学的分工理论出发，运用超边际分析方法研究产业链形成与演化内在机理，发现分工发展带来新产品，进而形成产业链，产业链上的中间产品的种类数增加导致新部门的出现、新的产业链出现，提出市场的一个重要功能就是挑选有效的产业结构及其演进模式。

产业链形态随着外部环境的变化而动态演进，唐浩、蒋永穆（2008）从理论和实践上对产业链动态演进的内涵和演进趋势进行研究，并结合典型企业总结产业链从初级向高级动态演进的趋势：形成初期的纵向生产链、中期的配套协作链、发展期的循环生产链、成熟期的供应关系链、蜕变期的文化价值链。涂张清、杨林（2010）认为，产业链作为一种产业组织形式，经历了从竞争到合作再走向协作的演化历程，分析了产业链演化的竞争、合作和协作三个阶段，再从演化经济学的角度出发，从环境驱动、多样性驱动、选择驱动三方面分析产业链演化的驱动因素。刘烈宏、陈治亚（2016）提出，可从耗散结构视角、要素视角、创新视角、自组织视角和模块化视角研究促进其演进的动力机制，亦可从终端需求驱动、要素供给驱动、区域产业布局驱动和融入全球分工体系四个维度进行研究（中国社会科学院工业经济研究所课题组，2021）。也有学者从微观层面，运用产业生态理论解释产业链系统的生态特性，分析产业链竞争力演进机制（刘烈宏、陈治亚，2015）。消费需求新变化、科技进步、产业发展的要素基础、生态环境、人口结构、政府政策、世界经济等都是驱动产业链演化的关键因素（芮明杰，

2018）。张轶群、杜传忠（2020）研究大数据对于提高产业链稳定性的作用，发现大数据需要与供需链、价值链、企业链和空间链的协同融合，才能促进产业链系统的完善。王玲俊（2020）通过对中国光伏产业发展现状的研究，基于复杂系统理论，构建光伏产业链复杂网络系统，以自组织理论体系为主线，深入研究光伏产业链系统自组织演化的初始条件、基本动力、演化路径等问题。

考虑到产业链各构成要素在现实中的空间属性，学术界也关注产业链的空间分布问题。黄宗选、徐寿波（2007）分析了产业链的全球性布局，根据产业结构系统中的关联关系特点提出产业链拓扑结构示意图，描述了产业链在全球化背景下的空间结构形态。程李梅、庄晋财、李楚等（2013）指出，产业链的空间演化，体现出从纵向延伸到横向拓展，从区域内到区域外，从"点"到"线"再到"网"的动态特征，有其内在的一般规律性，并具体表现为不同演化形态下的区域内纵向延伸、区域间纵向延伸、区域内横向拓展、区域间横向拓展、产业链网结构五种模式。庄晋财、卢文秀、华贤宇（2018）提出，产业链空间演化分为从垂直一体化到垂直解体、模块化和网络化三个阶段，并讨论产业链空间分置下特色小镇产业培育机制问题。李冬冬（2022）研究了新一代信息技术对京津冀制造业产业链空间布局的影响机理，提出京津冀制造业产业链数字化空间重构路径。

三、产业链现代化面临的挑战和突破点

经过70多年的努力，我国建立了世界上最完整的工业体系，工业规模跃居全球首位，部分领域实现重大创新突破，绿色生产方式快速形成，体制机制改革取得成效，产业国际化水平大幅度提升（盛朝迅，2019）。然而，在产业链升级过程中依旧存在核心技术和核心零部件短缺，基础装备、研发测试工具缺乏，新型基础设施服务水平不高、基础软件设计与生态化应用不足、尖端设计能力不强、产业控制力和全球话语权较弱等现实挑战（盛朝迅，2019；李万，2020）。中国是全球价值链分工的重要参与者，在全球价值链体系中不断从中低端向中高端攀升，但整体附加值较低，

以"工业五基"①为代表的产业基础还比较薄弱,产业链受到逆全球化、新工业革命的冲击,未来发展面临较大挑战(黄群慧、倪红福,2021)。在产业链数字化转型加速的背景下,中国被锁定在中低端产业链的风险加大,中国重点产业链以龙头企业与创新平台引领的产业生态格局尚未形成,因此,要高度重视中国被固化在产业链"中低端陷阱"的风险(杨丹辉、戴魁早、赵西三等,2021)。在"双循环"发展格局下,中国在外部层面,全球产业链东移对我国产业形成替代,中国快速崛起引发西方担忧,新冠疫情对我国产业链安全性及稳定性造成负面冲击,数字技术发展带来数字鸿沟对我国产业链形成风险隐患;在内部层面,产业链高质量发展存在制度困境,全国统一的流通体系尚未完全形成,产业基础能力相对薄弱,人力资本存在结构性矛盾,原材料和物流成本增加,汇率风险等是我国产业链面临的新挑战(夏诗园,2022)。张其仔(2022)提出,全球产业链供应链进入转折期,"圈子化"现象给产业链供应链带来巨大不确定性,体现在产业链供应链与创新链发展不平衡,影响产业链供应链转型升级;美国供应链安全审查和发展模式的极端转型带来巨大的不确定性和不稳定性;国际产业链供应链的治理体系无法适应新技术革命要求。

产业链现代化的本质是产业链水平的现代化,包括基础能力的提升、控制力的强化和运行模式的优化(盛朝迅,2019),推进产业链现代化就是要解决缺少核心技术和拳头产品问题,确保供应关系和结构能够根据市场信号作出灵活反应,实现头部企业获取较高附加值和要素协同性的提升(刘志彪,2019),产业链现代化本质是运用科技和先进治理模式,武装和改造产业链,提升产业链整体竞争力的过程,高端化、数字化、全球化和生态化是产业链现代化的特征(陈心颖、陈明杰、王相林,2021)。产业链现代化应推进产业链向高附加价值延伸,需构建的因素很多,如强化其自我增值能力(黄群慧,2020),要从战略上区分不同路径有效提升产

---

① 2022年7月26日,由中国工程院、国家制造强国建设战略咨询委员会指导,国家产业基础专家委员会编制的《产业基础创新发展目录(2021年版)》,在浙江省宁波市"2022国家制造强国建设专家论坛"上发布。此次《产业基础创新发展目录(2021年版)》在《工业"四基"发展目录(2016年版)》的基础上,新增了工业基础软件,构成了"五基",即基础零部件和元器件、基础材料、工业基础软件、基础制造工艺及装备、产业技术基础。

业基础能力和产业链水平,有针对性地提高中国企业的全球治理能力,要通过完善创新发展环境构建良好创新生态,要发挥举国体制优势进行重大、战略性、基础性技术攻关,要充分发挥竞争政策的基础性作用,围绕提升产业基础能力进行一系列有效政策安排(黄群慧、倪红福,2020)。离不开现代化产业体系的支撑,影响现代产业体系因素包括要素基础、生态环境、人口结构和政府政策,而最关键的是消费需求的新变化和科技进步(芮明杰,2018),亦可从加强高端要素培育、破解制度性障碍、激发实体经济活力、营造包容创新的生态环境和提升全球化资源配置能力等视角发力(盛朝迅,2019)。可从培育全球价值链上的"隐形冠军",塑造"链主"地位和要素协同等方面进行重点突破(刘志彪,2019)。通过实施产业基础再造工程、保持巩固完善产业链、培育壮大产业生态主导企业、鼓励企业专业化发展、加大行业协会和中间组织建设、继续拓展国际合作以实现产业链领先(盛朝迅,2019)。要提升工业互联网的供给能力,充分发挥其在"补短板、强弱项和促新兴"中的作用(肖荣美、霍鹏,2020)。通过优化产业空间布局、夯实产业科学基础、实现关键核心技术突破、打造国际创新主体、完善合规政策体系、推动产业链治理现代化和强化产业链知识管理以提升产业链现代化水平(李万,2021)。面对新冠疫情对产业链的严重冲击,短期内要修复和重启产业链,中期则要通过需求链、供给链、知识链、企业链、空间链和价值链的"六链并举"以重构产业链,长期则要发展绿色创新产业链实现产业链现代化(李雪、刘传江,2020)。可以加强终端需求、要素供给、区域产业布局和融入全球产业分工体系以驱动产业链供应链现代化水平(中国社会科学院工业经济研究所课题组,2021)。要努力铸造产业链的"绿色"长板,以数字化推动产业链升级,要畅通产业链国内国外双循环(杨丹辉、戴魁早、赵西三等,2021)。要构筑重点产业关键核心技术自主可控的现代产业体系,培育"链主"企业,构建"以我为主"的价值链体系,建立全方位协同融合发展机制,要构建制度政策环境以完善自主可控现代产业体系(白雪洁、宋培、艾阳等,2022)。要提升核心竞争优势,推动产业链供应链与创新链融通发展,提升基础和配套竞争优势,推动国内产业链供应链与国际产业链供应链融合发展，要发挥理念优势，推动国内产业链供应链治理体系与国际产业链供应链治理体系的融通发展（张其仔，2022）。

四、财税政策对产业链升级的作用机理

产业链是各个产业部门之间基于一定的技术经济关联，并依据特定的逻辑关系和时空布局关系客观形成的链条式关系形态，它属于产业结构的研究领域，针对财税政策对产业链升级的研究比较少，现有研究更多关注的是财税政策对产业结构升级的影响机理。

一是关于政府财税行为有效性的研究。持肯定观点的学者认为，产业结构的升级在很大程度上要归功于政府的财政政策，佐贯利雄（1988）通过对日本不同行业部门的调研分析发现，在产业政策相对后进性的背景下，产业结构必须通过政府财税干预才能改变劣势以促进结构升级。张同斌、高铁梅（2012）基于 CGE 模型发现，财政激励与税收优惠对产业结构调整和优化具有积极影响。邹璇（2019）研究发现，从行业层面上看，存在促进行业结构优化的政府投资和产业税收最优区间，肯定了财政税收对于产业结构优化的促进作用；然而，劳伦斯和韦恩斯坦（Lawrence & Weinstein，1999）考察了日本和韩国的产业政策对全要素生产率的影响，发现不同政策的手段效果不同，差别的公司税率对部门全要素生产率增长率有显著影响，而直接补贴和补贴贷款对全要素生产率的提升无帮助。赵楠、高娜（2014）利用统计方法研究发现，财政政策对产业结构升级具有负面效应。甘行琼、雷正（2022）指出，财政支出政策在一定程度上有效支持了各个产业之间要素资源的合理配置，促进产业结构合理化发展，但对产业结构高度化发展的支持效果不理想，税收结构对产业结构转型的影响存在异质性。陶春海、焦荣荣、罗鉴等（2022）指出，财政补贴明显有利于产业结构合理化和结构生态化发展，且存在明显的异质性影响，对结构高级化影响并不显著；企业所得税对整体产业结构高级化具有显著抑制作用，但随高级化水平的提高，效应逐渐减弱；对产业结构生态化具有显著促进效应，而对产业结构合理化影响并不显著。

二是财政分权对产业结构升级的影响。黄显林（2013）探讨了财税

政策对于地区产业结构发展的总体影响效应，发现财政分权度越高，地方政府获得财税空间越大，越能促进产业结构水平的提升。张芬（2016）的研究支持以上结论。刘建民、胡小梅、吴金光（2014）运用门槛估计方法，研究发现，财政分权对产业转型升级的影响呈现阈值转换特征，且收入分权与支出分权在不同的门槛变量下呈现明显的门槛效应。胡小梅（2016）研究发现，财政收入分权和支出分权对产业结构升级的影响呈现出非对称的空间溢出效应，财政收入分权对本地区产业结构升级的影响并不显著，而支出分权对本地区产业结构升级具有积极影响；财政收入分权和支出分权对相邻地区产业结构升级均产生抑制效应，其中支出分权的抑制效应更为明显。王立勇、高玉胭（2018）利用2005～2015年县级面板数据研究财政分权对县域产业结构升级的促进作用，结果表明，只有显著的促进作用，而且促进作用随着时间推移而增强。杨志安、李梦涵（2019）利用省际面板数据，同样得出财政分权有助于产业结构升级的结论。甘行琼、李玉姣、蒋炳蔚（2020）指出，从产业结构合理化和产业结构高度化视角来看，财政分权会显著影响产业结构的转型升级，财政收入分权和财政支出分权促进了产业结构合理化的发展，而抑制了产业结构高度化的发展。刘伟、张娟（2022）研究发现，当环境污染程度较低时，财政分权的实行将有助于产业结构调整带动绿色全要素生产率的提升。当环境污染程度较高时，财政分权的实行将不利于促进产业结构调整带动绿色全要素生产率提升，财政分权主要通过税收竞争、财政环境补贴和支出双重路径影响产业绿色全要素生产率的提升。当然，持抑制论观点的学者如魏福成、邹薇、马文涛等（2013）基于新政治经济学视角，对产业升级和转型的障碍提出了一个新的机制，研究发现，财政分权阻碍产业结构的升级。刘玉龙、任国良、蔡宏波（2014）实证研究发现，中央对地方政府的"纵向"分权对于产业结构的优化存在显著负面效应。陈燕、戴文清、陈凡（2022）基于2007～2020年安徽资源型城市的面板数据，从财政自主度、财政收入分权和财政支出分权三个维度实证分析财政分权对安徽资源型城市产业结构升级的影响。研究表明，财政分权对安徽资源型城市产业结构升级具有显著的阻碍作用。赵向豪、胡蝶（2022）指出，财政分权对产业结构升级的影响存在区域异质性,核心圈层城市群的产业结构升级不能通过财政分权程度的提升实现,而中间及外围圈层城市群可以从中获益。

三是财政支出对产业结构升级的影响。王保滔、张婷、杨一文(2011)利用回归脉冲响应模型,发现财政支出明显促进结构升级。严成樑、吴应军、杨龙见(2016)构建了一个包含生产性财政支出和福利性财政支出的产业结构模型,基于面板数据进行实证研究,指出增加生产性和福利性财政支出均有助于促进结构升级。胡小梅(2016)研究发现,在总量层面,财政支出总体规模水平提高对产业结构升级的影响虽表现为正向促进效应,但并不显著;在结构层面,政府投资性支出与政府民生性支出均显著促进产业结构升级,而政府消费性支出则对产业结构升级产生负向抑制作用。费尔德曼(Feldman,2006)基于发达国家政府采购和财政补贴的具体支出样本,研究发现,支出政策能够促进新兴产业转型升级,对市场主体产生正向引导作用。利希滕斯坦(Lichtenstein,1987)认为,财政支持规模扩大有利于激发市场需求,通过需求结构改善提升产业结构。张仪华、陶梦琦、王园(2022)研究发现,从总体上看,财政支出规模的扩大有利于产业结构转型升级,财政支出的影响具有地区差异性,东部地区财政支出对产业结构转型升级具有显著的促进作用,而中部和西部地区则具有抑制作用。甘行琼、李玉姣、陈昶旭(2022)指出,财政支出效率能促进产业结构合理化发展但抑制了产业结构高度化发展,财政支出效率会通过劳动和资本要素流动,进而影响产业结构转型升级效果,其中劳动要素流动的影响更为突出。然而,杨晓峰(2016)却认为财政支出对结构升级是一把"双刃剑",既可能推进产业结构高级化,也有可能加速产业结构调整的扭曲和失衡。巴克莱(Barclay,2014)提出,由于财政政策的政策导向性有限,财政支出不能有效激励企业进行技术变革。

四是税收政策对产业结构升级的影响。士绅和哈伯德(Gentry & Hubbard,2000)研究发现,实施累进税制对企业家投资和创新行为具有消极影响,不利于产业结构升级。劳拉(Laura Vartia,2008)利用OECD数据研究表明,公司税与最高个人所得税对行业生产力水平具有负面抑制作用。刘盈曦、郭其友（2014）利用一般均衡模型实证检验差异性出口退税机制对产业结构优化的影响效应。徐梅、刘芬（2016）具体分析消费税制度对产业结构的直接效应和间接效应。谢贞发、席鹏辉、黄思明（2016）基于1994~2011年全国地级市数据，实证检验增值税与营业税的税收分成激励对产业规模及结构的影响，发现营业税的高分成激励抑制了第二产业的发展，却促进了第三产业的发展。邹璇（2018）指出，税收政策作用效果优于财政支出政策，但针对不同区域，税收政策对地区产业结构优化效果不一。张学升（2021）指出，从税收总量来看，税收竞争促进了产业结构升级，存在总量性"税收竞争－技术创新－产业结构升级"的中介效应，从税收结构看，增值税、企业所得税以及城市维护建设税优惠均促进了产业结构升级，但其促进效应没有总税收竞争明显。徐艺、陈小兰、秦绪娜（2022）从绿色税收视角，指出无论是狭义和广义的绿色税收，在短期内都不利于产业结构升级，狭义绿色税收对产业结构高级化、广义绿色税收对产业结构升级都存在滞后效应，绿色税收对产业结构升级呈现"U"型非线性关系。杨其乐（2022）认为，税收竞争程度越激烈越不利于地区产业结构升级，而增值税税收竞争能够促进产业结构升级，税收竞争对产业结构升级的影响存在以地区金融发展水平为门槛变量的门槛效应，呈"U"型特征。

五是财税政策对产业结构升级的影响机理。胡小梅（2016）运用博弈理论研究财政分权、财政收入及支出对产业结构升级的作用机理，并对财税政策作用下我国产业结构升级的空间集群特征、动态演变特征和区域异质特征进行细致考察。李梦涵（2019）以内生经济增长理论、新结构经济学理论和产业结构升级路径理论作为理论依据，从财政分权、支出政策和税收政策三个方面揭示财税政策促进产业结构升级的影响机制。杨志安、李梦涵（2019）基于系统GMM实证分析了财政分权影响产业结构的机制及效应。张莉（2021）系统梳理并归纳总结了税制结构对产业结构优化的影响路径，并通过新古典投资理论、消费者行为理论等理论模型加以分析，发现税制结构可通过多条作用路径来影响产业结构优化，然后采用并行多重中介模型验证税制结构影响产业结构优化的传导路径。

第一章 绪 论

第三节 研究内容、方法及创新点

一、研究内容

提升产业链现代化水平是夺取贸易自主权、摆脱核心技术受制于人的必然选择,在党中央提出实施产业链现代化战略方针的指引下,学术界从各个视角进行理论研究,取得比较丰硕的研究成果,为本书研究提供了有价值的参考和借鉴。但由于受产业基础条件的制约,中国产业链现代化还有很多领域需要进行技术攻关,产业链现代化尚需政府、企业和学术界的共同努力。

通过对国内外现有研究成果的梳理,在理论层面上,研究成果涉及产业链现代化内涵、存在的现实挑战、评价指标体系的构建、财税政策对产业结构升级的影响机理等,但依旧存在亟待拓展的空间,比如,针对产业链现代化升级变迁机理的理论阐述现有研究鲜有涉足;产业链现代化评价体系的建构视角不同,体系构建思路有别,评价结果亦不相同;财税政策对产业结构升级的研究成果较多,但始终停留于对产业结构合理化、高级化等视角的阐述,财税政策对产业链现代化的驱动机制,现有研究有待进一步拓展;国外发达经济体能够牢牢把握产业链关键核心技术,获得超高的剩余价值,时刻挥舞技术制裁大棒对发展中国家进行技术封锁,其发展经验必有值得我们学习借鉴之处,然而鲜有专门研究发达经济体财税政策促进产业链升级的理论。

本书围绕财税政策对产业链升级的影响机理、评价指标和模型构建,实证检验财税政策对产业链升级的影响,借鉴发达国家的先进经验并提出加快产业链现代化的对策的研究思路,相关章节内容安排如下。

第一章 绪论。介绍了研究背景和意义、财税政策与产业链现代化的理论演进、研究内容及方法和技术路线图、研究的创新点等。

第二章 财税政策对产业链现代化的作用机理与传导机制。本章从市场失灵、财政职能理论、新结构经济学理论和内生经济增长理论视角阐述财税政策促进产业链升级的理论基础；财税政策与产业链现代化的内涵，财政支出、财政分权、税收收入对产业链现代化的作用机理；从高端创新要素供给驱动、终端需求引领带动、政府产业政策引导带动、要素协同创新驱动和区域创新生态驱动5个视角阐述财税政策促进产业链升级的传导机制，从理论层面深入剖析财税政策与产业链升级的逻辑关系。

第三章　产业链现代化指数测度与制约因素诊断。本章根据产业链现代化的特征，从基础创新能力、高端引领能力、协同创新能力、产业支撑与控制力和绿色可持续发展能力5个维度构建了产业链现代化评价指标体系，构建基于熵权TOPSIS的产业链现代化评价模型和产业链现代化障碍度分析模型。基于2014~2020年的原始数据，测算全国整体和各省份的产业链现代化指数，对制约产业链升级的障碍因子进行诊断，掌握产业链现代化指数现状和制约产业链升级的瓶颈制约因素。

第四章　财政分权对产业链现代化的影响机理。本章基于文献研究成果系统阐述财政分权、政府创新偏好与产业链现代化的逻辑关系，据此提出理论假说，并基于第三章测算的全国各省份产业链现代化指数，通过构建线性回归模型，揭示财政收入分权、支出分权、政府创新偏好与地区产业链升级间的内在机理。

第五章　税收优惠对产业链现代化的影响机理。本章聚焦财政政策中的财政收入政策对产业链现代化的影响机理，结合第三章测算的28个地区的产业链现代化指数，引入企业创新中介变量，在理论分析与研究假设的基础上，实证检验税收优惠、企业创新与产业链现代化间的影响机理，并进行区域异质性检验。

第六章　财政支出对产业链现代化的影响机理。本章基于财政支出与产业链现代化相互关系的理论假设，引入城市化中介变量以及财政支出效率和对外开放两个调节变量，运用面板数据逐步回归法，结合中介效应模型和调节效应模型实证检验财政支出对产业链现代化的影响机理。

第七章　发达国家财税政策助力产业链现代化经验做法。本章梳理美国、日本和德国等国家针对产业链现代化制定的产业引导政策，研究其产业链现代化的战略重点，厘清加快产业链升级的财税政策着力点，为加快福建省产业链提升提供了经验借鉴。

第八章 财税政策助力产业链现代化的具体举措——以福建省为例。首先，揭示福建省产业链现代化的基础条件。计算福建省2014~2020年的产业链现代化指数和产业链升级过程中各子系统的障碍度及指标障碍度，基于障碍度确定关键的制约因素。其次，在借鉴发达国家先进经验的基础上，从推行央地财政分权制度改革，激发地方创新活力；优化财政支出结构，提升城市群的要素汇聚功能；财税支持和引导相结合，实施产业基础再造工程；财税与要素培育相协同，助力产业链迭代升级；强化财税扶持，构建高效协同创新体系；提升全球资源配置能力，巩固和完善全产业链等视角，提出加快福建省产业链现代化的对策建议。

第九章 研究结论与展望。

二、研究方法

（1）规范分析法。通过对大量研究成果和政策文件的归纳与提炼，凝练产业链现代化的内涵和特征，在此基础上构建产业链现代化评价指标体系和评价模型，理论推演财政分权、财政支出和税收优惠政策对产业链升级的影响机理。

（2）综合评价法。首先，构建产业链现代化评价指标体系；其次运用改进的TOPSIS模型对全国28个省、自治区、直辖市的产业链指数进行测算，并构建障碍度分析模型计算产业链现代化的短板。既可总体把握我国各省份产业链现代化水平，又为探讨财税政策对产业链升级影响机理提供数据支撑。

（3）实证分析法。在系统阐述财政分权、税收优惠与财政支出对产业链现代化的影响机理的基础上，构建线性回归模型，借助中介变量和调节变量，从实证分析视角探究相关财税政策对产业链现代化的影响机理，同时，揭示在中国地区经济差异的现实背景下，影响机理是否存在区域异质性。

（4）案例分析法。为归纳总结发达国家产业链升级的具体做法，提炼可推广、可借鉴的经验，本书运用案例研究法，分析美国、日本和德国等地加快产业链现代化的具体财税政策要点，并总结先进经验。

三、研究技术路线图

结合本书的研究内容，采用的研究技术路线如图1-1所示。

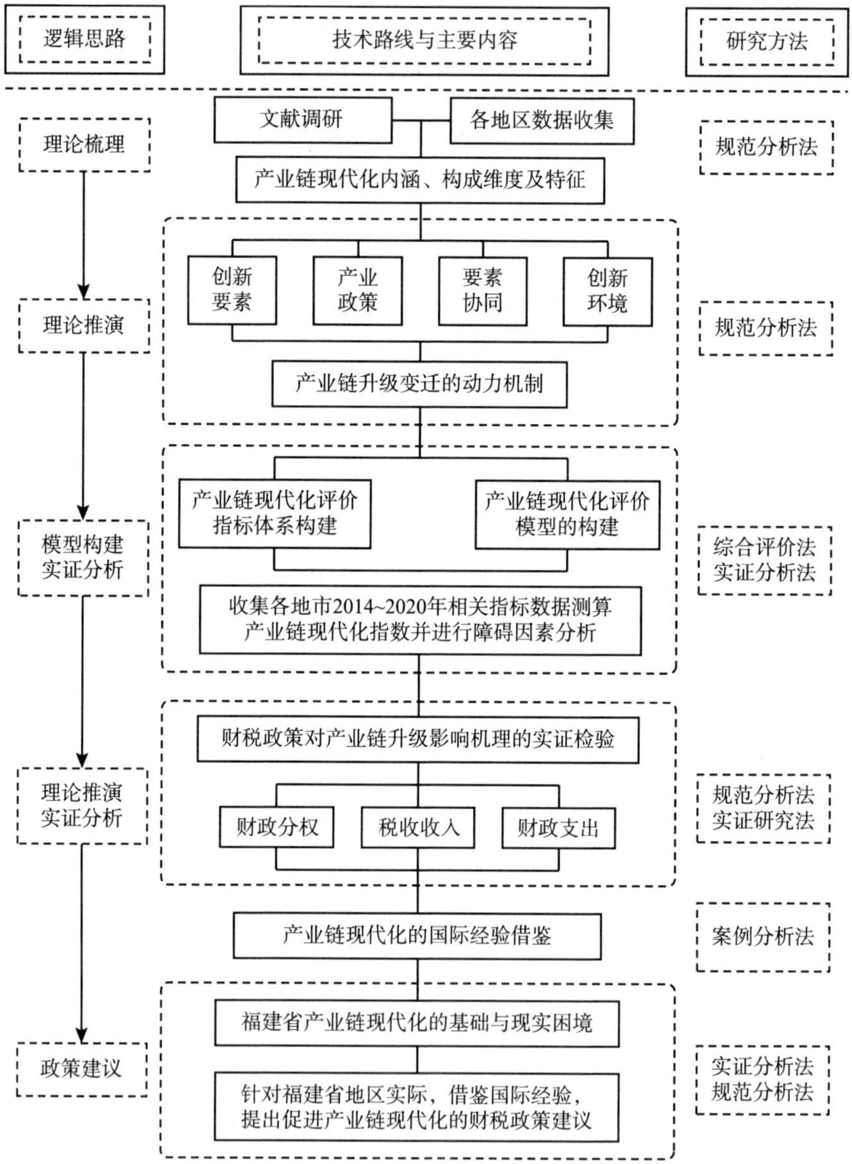

图1-1 研究内容及技术路线

四、研究创新点

一是本书从高端创新要素供给驱动、终端需求引领带动、政府产业政策引导带动、要素协同创新驱动和区域创新生态驱动五个视角阐述财税政策促进产业链升级的传导机制,首次从理论层面深入剖析财税政策与产业链升级的逻辑关系。在实证研究层面,将财政分权、税收优惠、财政支出对产业系统的影响从产业结构升级延伸到产业链升级,现有研究成果主要聚焦于产业结构合理化和高级化,而本书揭示的是财政分权、税收优惠、财政支出与产业链升级的逻辑关系,研究视角有创新。

二是从基础创新能力、高端引领能力、协同创新能力、产业支撑与控制能力、绿色可持续发展能力5个维度构建产业链现代化水平测度评价指标体系,并构建基于熵权TOPSIS的产业链现代化评价模型和产业链现代化障碍度分析模型,为准确衡量地区产业链现代化水平提供数据支撑。

三是运用实证分析方法检验财税政策对产业链升级的影响,将财政分权、税收优惠、财政支出规模等核心解释变量引入回归模型中,借助中介变量和调节变量,理论推演财政分权、税收优惠、财政支出对产业链升级的影响机理,提出研究假说,再结合数据进行实证检验,将传统的产业结构研究聚焦于产业合理化和高级化拓展到产业链现代化问题中。

第二章
财税政策对产业链现代化的作用机理与传导机制

本章从市场失灵理论、财政职能理论、新结构经济学理论和内生经济增长理论视角阐述财税政策助力产业链升级的理论基础；分析财税政策与产业链现代化的内涵，财政分权、税收收入、财政支出对产业链现代化的作用机理；从高端创新要素供给驱动、终端需求引领带动、政府产业政策引导带动、要素协同创新驱动和区域创新生态驱动五个视角阐述财税政策促进产业链升级的传导机制，从理论层面深入剖析财税政策与产业链升级的逻辑关系。

第一节 财税政策助推产业链升级的理论基础

产业链升级过程中是否需要政府财税政策的引导？本节从市场失灵理论、财政职能理论、新结构经济学理论和内生增长理论等视角，阐述政府财税政策在产业链升级中充当的角色，为后续研究财税政策助推产业链升级的驱动机制提供理论基础。

一、市场失灵理论

西方经济学旨在论述亚当·斯密"看不见的手"原理的正确性，即完全竞争市场经济在一系列理想假定条件下，可以实现整个经济达到一般均衡，资源配置达到帕累托最优状态（高鸿业，2018）。由于完全竞争市场是

第二章
财税政策对产业链现代化的作用机理与传导机制

在一系列理想化假定下实现的,与现实的市场经济存在巨大差异,因此,帕累托最优通常无法实现,由于存在诸如垄断、外部影响、公共物品、信息不完全等市场失灵问题,现实的市场经济在很多方面不能实现资源的最优配置。

市场失灵理论随着经济学的发展不断演变,20世纪30年代资本主义经济危机的爆发,传统的国家不干预思想受到质疑,越来越多的经济学家开始研究市场的局限性,经济危机催生凯恩斯主义经济学,经过后人不断发展完善的凯恩斯主义经济学核心思想就是运用税收与财政支出来抵消经济周期的影响,社会需求不足只能通过政府的宏观调控解决。虽然,70年代的"滞胀"给凯恩斯主义经济学造成冲击,但是2008年金融危机的出现,政府宏观调控的重要性再次受到关注,在此期间,学者对市场机制的不足也有了新的认识,比如,微观经济主体的决策行为具有短期性,经济参与者只关心各自的短期利益最大,但是对于提供公共基础设施、发展公共教育和推进基础研究等关系到经济增长可持续性的问题则缺乏关注。又如在环境保护方面,生态环境遭到破坏是发展经济的代价,为增强发展的可持续性,造福子孙后代,生态环境保护必须伴随着经济发展同步推进。然而,对于市场参与者而言,生态环境破坏与保护均属于外部性范畴,市场机制无法对破坏者实施惩罚措施,也缺乏对保护者进行补偿的动机,因此,政府必须在立法、税收调节、财政补贴和市场监管等领域发力,采取有效措施弥补市场失灵。可见,市场失灵理论随着经济环境的演变而不断发展,面对市场失灵,政府要适度发力,利用其"看得见的手"来推动市场发展,促进社会和谐。

产业链升级是一个全方位的渐进式过程,产业链现代化除了产业技术进步,还包括产业引领性和价值链治理、链内不同创新主体的利益分配、产业链技术的自主可控和产业绿色可持续发展等。由于贸易保护主义抬头,在宏观方面,中国的产业链升级不可避免地遭受来自发达经济体的市场排挤和技术封锁,企图阻止我国产业向高端延伸,维护自身在产业链上游的垄断利益。在微观层面,国内产业发展过程中也存在垄断、外部性、公共物品与信息不对称问题,这也是阻碍我国产业链升级的一大障碍。垄断是一把双刃剑,垄断提升了企业的整体创新实力,能在尖端技术和"卡脖子"技术上取得突破，但垄断也限制了竞争，缺乏竞争压力的市场局面容易降低企业的创新意愿，同时只有单一生产主体的产业，其产业链安全性容易受到挑战。技术溢出导致产业技术创新容易产生正的外部性，市场机制本身缺乏解决正外部性的利益补偿机制。此外，淘汰高污染、高消耗、低效益的夕阳行业是产业链升级的必然选择，然而，依靠市场机制的优胜劣汰难以实现产业新旧更替，只能依靠政府的行政手段或税收政策进行调节，减少产生负外部性的产品供给。公共物品的无排他性和无竞争性特征决定了公共物品生产者无法获得投资收益，依靠私人提供供给不足，只能由政府提供。

在市场失灵的背景下，政府在产业链升级中的角色可以定位为维护垄断与竞争的平衡以实现产业技术进步，通过财政补贴与税收调节解决外部性问题，提供公共物品和公共服务，降低信息不对称性问题，为产业发展营造良好的外部环境，促进产业链升级。

二、财政职能理论

财政具有资源配置、收入分配、经济稳定与发展、监督管理四项基本职能（蒋炳蔚，2018），在以社会福利最大化为目标的经济体中，面对客观存在的市场失灵，政府应强化监督管理，通过财税政策实现社会资源合理配置、调节收入分配和维护经济稳定，进而在产业链升级中发挥积极的作用。

财政资源配置职能是政府干预实现产业链升级的主要手段。一方面，政府部门通过税收掌握大部分的社会资源，税收征收本身就是资源再分配的手段，通过合理确定各个经济参与者的税收结构与税率，能够引导资金、人才与资源在各个行业间流动，资源流动引起产业兴衰更替，朝阳产业逐渐取代夕阳产业，科学技术在产业发展中的贡献率越来越高，产业结构更加合理化、高级化与生态化；另一方面，政府财政支出规模及结构是资源配置的另一手段，外部性和公共物品供给等市场经济自身无法妥善解决的问题，政府可以通过政府购买、补贴与转移支付手段，增加社会公共物品的供给，增加对符合未来产业发展方向的朝阳产业产品的政府采购力度，以需求带动行业成长壮大，以财政补贴助力产业技术创新与市场开拓，以转移支付缩小贫富差距，解决产业技术创新中产生的正外部性问题。通过财政资源配置手段，合理分配社会资源，既促进产业进步，又维护社会公平。

政府通过税收调节和转移支付实现收入再分配职能，这是一种直接的财富再分配。在居民可支配收入方面，累进的个人所得税有助于缩小社会贫富差距，对于公司所得税，特殊行业的附加税收政策也能够实现税收的资源调配职能，影响行业收入，进而促进产业结构升级。转移支付属于政府的财政支出，它通过无偿的价值让渡给符合条件的群体获得相应的收入，是实现收入再分配的另一种手段。政府通过社会财富再分配，从需求侧影响消费者的购买力，从供给侧影响行业的产业结构，助推产业链升级。

三、新结构经济学理论

新结构经济学是在旧结构主义和新自由主义的诸多洞见的基础上，提出如何使发展中国家保持增长、消除贫困，缩小与发达国家收入差距的理论框架。新结构经济学采用新古典经济学的方法，强调在经济发展过程中必须发挥市场和政府的协同作用，政府政策和制度安排必须考虑发展水平和结构特征，这种结构特征是由各个发展中国家要素禀赋结构及其市场力量内生决定的（林毅夫，2010）。新结构经济学中与产业政策相关的理论观点体现在以下方面。

一个经济体的禀赋及其结构在每一个特定的发展水平中是给定的，并随着发展水平的不同而不同，因而最优产业结构也会随着发展水平而调整，每一个特定产业结构都要求有与之相适应的基础设置，如能源、交通、通信系统、金融体系、教育体系、司法体系、社会网络、价值体系及经济体中其他无形的结构等，来降低运行和交易费用。

在每个给定的发展水平下，市场是配置资源最有效率的根本机制，然而作为动态过程，经济发展阶段必然伴随着产业升级和产业结构的调整，这必然需要政府发挥积极的作用（杨永华，2013）。产业多样化和产业升级的本质是创新过程，先驱企业的技术创新是为其他企业创造公共知识，但先驱企业对这些公共知识无法做到完全排他性的占有，即产生大量正的外部性，所以，在市场机制以外，政府在经济发展中要起到协调或提供基础设施改进以补偿外部性的作用，以促进产业的多样性和结构升级（林毅夫，2010）。

从新结构经济学的角度看，反周期的财政政策对于发展中国家是合适的，发展中国家政府可以通过提供至关重要的基础设施以促进产业结构升级，政府如果能够遵循本国比较优势对产业发展因势利导，不仅能使经济的内源性危机减少，而且面对危机时政府能有更大的回旋余地来执行反周期的财政刺激政策，对基础设施和其他社会事业进行投资，极大地降低了私人部门的交易费用，提升了产业投资效益，良性循环推进产业链升级。

总之，新结构经济学理论体系以一个经济体在每一个时点给定、随着时间可变的要素禀赋及其结构为切入点，来研究决定此经济体生产力水平的产业、技术以及交易费用的基础设施和制度安排等经济结构及其变迁的决定因素。其主张发展中国家或地区应从其自身要素禀赋结构出发，发展其具有比较优势的产业，在"有效市场"和"有为政府"的共同作用下，推动经济结构的转型升级和经济社会的发展。

四、内生经济增长理论

自亚当·斯密以来，围绕经济增长的驱动因素争论不休，最终形成了比较一致的观点是一国经济增长主要取决于三个要素，即生产性资源的积累、资本存量的使用效率和技术进步。传统的新古典经济增长理论把经济进步作为外生因素来解释经济增长，而产生于20世纪80年代的内生增长理论认为，长期经济增长取决于内生因素。劳动力形成过程中包含教育、培训和生产实习等技能提升投入而形成人力资本，物质资本积累过程中包含研究与开发、发明、创新活动而促进技术进步，所以人力资本和技术进步等要素要内生化，内生经济增长理论就是把知识的外溢、技术创新、人力资本、经济规模和其他因素纳入模型的内生变量中，探讨这些内生因素与经济增长之间的关系（杨依山、李梦涵、杜同爱，2013）。

罗默（Romer，1986）在论文《收益递增和长期增长》中提出技术进步是经济增长的源泉，卢卡斯（Lucas，1988）则关注人力资本对经济增长的影响，此外，还有很多其他侧重点不同的增长模型，如阿格赫恩和豪威特（Aghion & Howitt，1992）的模仿与创造性消化内生增长模型以及杨（Young，1991）的国际贸易内生增长模型，等等。虽然学者研究的侧重点有所不同,但都肯定了知识对长期增长的贡献,认为知识外溢效应会导致正外部性的存在,最终经济增长率将决定于R&D技术的发展、新技术的专用性和投资者投资时间区间(王双、陈柳钦,2012),正是因为知识和积累过程会出现外部性或知识外溢效应,需要政府政策的干预,各种政策旨在扶持研究与开发、革新、人力资本形成甚至关键性产业部门。

内生增长论认为,一国的长期增长是由一系列内生变量决定的,这些内生变量对财政政策是敏感的,并受政策力度的影响。财税政策能够通过促进知识外溢效应影响产业结构升级,人力资本积累对产业结构升级的外溢会造成教育的供给不足和行业间边际产量的差异化(李梦涵,2019),政府可以通过征税和财政转移形式以消除外部影响,引导更多社会资源投向基础教育领域,为人力资本积累创造更好的外部条件。此外,财税政策能够通过技术外溢效应影响产业结构升级,技术进步促进产业结构调整和产业链升级,但技术创新产生的正外部性必须得到应有的补偿,企业创新才有动力和持续性,政府可以通过税收减免、财政补贴和科研资助等形式,激励不同研发主体参与创新,活跃产业链创新氛围。

第二节 财税政策对产业链现代化的作用机理

财税政策作为国家宏观调控的重要工具,在产业链升级过程中具有十分重要的作用,本节从财政支出、财政分权和税收收入三个视角,从宏观视角阐述财税政策对产业链现代化的作用机理。

一、财税政策与产业链现代化的内涵

(一)财税政策的内涵

财税政策是财政政策与税收政策的统称,由于税收政策是政府财政政策的一部分,部分学者直接用"财政政策"来描述(蒋炳蔚,2018),由于本书目的是阐述财政支出与税收收入对产业链升级的影响机理,为凸显关键影响变量的差异,在此用财税政策来描述。从宏观经济视角,财税政策是政府

通过变动税收和支出以便影响总需求进而影响就业和国民收入的政策（高鸿业，2018）。从产业结构视角，财税政策是政府通过调节财政支出范围与规模，优化税收结构以引导社会资源在不同产业之间的配置，最终实现产业结构合理化与高级化。

1. 财政支出政策

财政支出是指国家各级各类政府的财政支出总和，根据是否具有商品与劳务交换发生，可分为政府购买和转移支付两类。政府购买是指政府对产品和劳务的购买，比如，军需用品采购、修建办公大楼、兴建基础工程和维护政府机构正常运转所需的各种实质性支出，有产品和劳务交易。政府购买直接形成购买力，是决定社会需求的重要因素之一，政府通过改变购买支出规模和支出结构直接影响不同产品的社会总需求，对于符合产业发展方向，需要支持和鼓励发展的行业，政府采购适当向此类行业倾斜，既能为行业发展创造需求，促进新兴行业成长壮大，又能向市场释放政府产业调整信号。

转移支付是指政府在社会福利保险、贫困救济和研发补助方面的支出，它是价值单方面让渡，并无实质等价交换行为发生。通过转移支付可以实现社会财富再分配，实现部分社会财富向居民和企业转移，解决社会民生、农业发展和创新外部性补偿等经济问题。转移支付通过财富再分配，增加边际消费倾向较高的低收入群体的可支配收入，提升社会需求规模，对产生技术溢出，对实体经济、产业技术进步有贡献的经济活动进行补偿，提升参与者的创新热情，缓解产业创新技术供给不足问题，有助于推动产业结构的升级。

2. 税收政策

税收是国家为实现其职能按照法律预先设立的标准，强制、无偿、固定地取得财政收入的手段，它既是政府取得财政收入的主要来源，又可作为国家实施产业调节政策的重要手段。

税收依据不同标准有不同的分类形式，根据课税对象，可将税收分为财产税、所得税、流转税、资源税和行为税。财产税是对土地和土地上的建筑物等不动产征收的税收；所得税是对个人和公司所得所征收的税收；流转税是对流通中产品和劳务交易的总额征收的税收；资源税是以各种应税自然资

第二章 财税政策对产业链现代化的作用机理与传导机制

源为征税对象，为调节资源级差收入并体现国有资源有偿使用而征收的税收；行为税是指以纳税人的某些特定目的、以某些特定行为为征税对象的税收，在我国现行税制体系中，属于行为税的有契税、土地增值税、印花税、房产税、城市维护建设税、城镇土地使用税、车船税等。

税收政策与政府购买、转移支付一样具有乘数效应，税收政策调节产业发展有两种渠道：一是税收总量调节，如经济不景气，政府为降低企业负担，统一调整各行各业的相关税率，通过税收总量减免防止企业破产以维持经济稳定；二是部分行业税率调节，仅调整部分行业的相关税率，降低或增加某些行业的税收负担以实现促进新兴产业发展或淘汰夕阳产业的目的。

（二）产业链内涵

产业体系是由不同产业内部众多企业所构成的纵横交错的空间组织形式，使相互独立的企业之间通过供给和需求形成连接，产业升级依赖于产业链的升级。产业链思想起源于亚当·斯密的劳动分工论断，马歇尔（Marshall，1920）的分工协作理论、赫希曼（Hirschman，1958）的产业关联理论和里昂惕夫（Leontief，1951）的投入产出关系模型将该产业链理论研究引向深入。然而，国外对产业链的研究，侧重于研究价值链、商品链和供应链，美国哈佛商学院波特（Porter，1985）在《竞争优势》专著中指出，公司价值创造涉及生产、营销、运输和售后服务等各个环节，这些生产活动贯穿于供应商的原材料供给到最终产品销售的每一个环节，构成完整的公司价值创造行为链条。此后，克鲁格曼（Krugman，1995）和卡普林斯基（Kaplinsky，2000）围绕产业、企业内外之间各个价值环节的不同地理空间配置进行研究，逐渐形成全球价值链理论，格雷菲（Gereffi，2001）等基于全球商品链的治理结构，提出生产者驱动与购买者驱动二元模式为主要内容的全球商品链理论。

在国内，学者们对产业链的定义的概述主要是视角的差异，包括价值关联、企业关联、部门关联、产品关联和综合关联，等等。杨公朴、夏大慰（1999）认为，产业链是构成同一产业内所有具有连续追加价值关系的活动所构成的价值链关系。赵红岩（2007）认为，物流、资金流、信息流和商流贯穿于产业链的全过程，表现为产业链形成过程中的价值分布。产业链内部企业是以分工协作为基础的,以产业联系为纽带,以企业为主体所形成的链网状产业组织系统(陈朝隆、陈烈、金丹华,2007),其包含价值链、企业链、供需链和空间链四个维度(吴金明,2006)。也有学者认为,产业链是供应链、产品链、价值链等多重链条组合成的共生链,共生链促进产品不断链接和衍生(李新安,2014)。通过知识的分工和知识共享创造递增报酬,为顾客创造价值(芮明杰、刘明宇,2006)。王伟(2017)提出,可从供需链、产品链、价值链、技术链和空间链5个视角,揭示产业链内产业之间不同类型的关联表征,构成产业链内涵的5个维度。盛朝迅(2019)指出,产业链是介于市场与企业之间的新型产业组织结构与形态,是指各个产业部门之间基于一定的技术经济联系而客观形成的链条式形态,包括价值链、企业链、供需链和空间链4个维度。中国社会科学院工业经济研究所课题组(2021)指出,产业链是一种特殊形式的社会分工网络,是基于产业链分工而形成的模组化纵向网络,模组化是指一种产品的生产、交换、流通、分配等各个环节被"片段化",各个"片段"通过链式集合才能形成最终产品。宋华、杨雨东(2022)指出,产业链反映多产业层级的集合,是由多个相对独立的生产经营体系组成,产业链反映产业间的关联程度,既包括纵向关系,也涉及横向关系,产业链体现经济运行的时空维度,产业链体现对社会资源的整合程度。

综合众多学者的观点,本书认为,产业链是指在经济系统演化过程中,产业上下游企业间基于产品供需、价值创造、技术研发或空间布局等特定经济目的而逐渐形成的横向或纵向关系纽带,进而形成模组化网络结构,该网络结构具有动态演进特征。

(三)产业链现代化内涵

产业链现代化是产业链演进的高级阶段,是经济发展和转型升级的必然结果,过去欧美主流的产业经济学研究侧重于产业内部企业之间的竞争与垄断问题,目的是为其竞争政策与垄断政策服务,因此,缺乏对产业链的系统研究,产业链现代化是产业经济学中最需要加强研究的领域。国内学者对产业链现代化的内涵的阐述视角各不相同,马建堂、张军(2020)认为,产业链现代化主要体现在产业技术层次、附加值、自主可控性和产业体系的完整性。黄群慧、倪红福（2020）基于价值链理论视角，提出产业链现代化要提升企业在全球价值链分工的地位，强化其在价值链各环节的增值能力，实现在全球价值链地位的升级。产业链现代化是产业现代化内涵的延伸，实质是用当代科学技术和先进产业组织方式武装和改造产业链，实现产业高端链接能力、自主可控能力和全球市场竞争力（罗仲伟、孟艳华，2020）。产业链现代化包括产业创新性、产业安全可控性、产业间联系紧固性、区域间产业协同性、产业组织灵敏性和柔性以及产业链治理现代性（刘志彪，2021）。产业链现代化要适合中国目前高质量发展的现实要求，要适应国际形势不确定性要求，要适应新技术革命提出的新要求，提升产业链的数字能力（中国社会科学院工业经济研究所课题组，2021）。产业链现代化的实质是产业链水平的现代化，包括基础能力提升、运行模式优化、产业链控制力增强和治理能力提升等多个维度（盛朝迅，2019），要实现在网络结构、运营流程和价值要素三个维度上的优化，进而达到先进状态，从传统状态逐步递增优化的这一历程是实现高质量发展的重要内涵（宋华、杨雨东，2022）。产业链现代化是借助新一轮科技变革和产业革命，掌握关键技术，推动产业基础高级化，增强产业链控制力，提高产业高质量发展水平（张虎、张毅、韩爱华，2022）。

综上所述，产业链现代化的实质是产业链技术水平的现代化，通过实施创新驱动发展战略，以市场为主、政府政策引导为辅，通过加快高端要素培育、协同创新平台构建、合理引导市场需求和加大生态环境保护力度，不断激发企业运用先进科学技术改造和提升传统产业链，借助企业创新能力、高端引领能力、基础创新能力、协同创新能力、全球产业控制力、要素支撑和可持续发展等能力的强化，最终实现产业链链内生产的高端化、数字化、生态化和全球化。

二、财政支出对产业链现代化的作用机理

（一）财政支出规模

根据西方经济学理论，政府的财政支出包括政府购买和转移支付，两者均通过乘数效应对实体经济产生成倍的促进作用，在促进GDP总量提升的

同时,加速产业结构升级和产业链现代化。政府购买在财政总支出中占比较大,政府采购直接形成社会需求,而且政府采购具有市场方向引领性,政府采购形成的财政支出与货币政策相配合能有效改造传统产业,培育新兴产业,能够扩大市场有效需求,财政支出规模越大,对市场的带动性就越强。此外,财政支出亦可改善需求结构,通过终端需求引领产业链各环节的产品升级,激发企业技术创新热情,提升技术引领性;政府转移支付也是通过乘数效应带动社会需求的增加,转移支付具备财富再分配功能,通过无偿的价值让渡,缩小社会的贫富差距,提升边际消费倾向更高的低收入群体的支付能力,扩大产业市场需求规模,同时,转移支付中对贡献突出的科技工作者的激励能够解决技术创新的外部性问题,而技术创新是产业链现代化的基础。

然而,财政支出规模对于产业链升级有待实证检验,但对于产业结构升级的促进却存在不同观点,财政经济建设支出是一种政府对市场的"越位"行为,考虑到政府行为的滞后性,市场应该在产业结构升级中起主导作用,财政对产业结构过多干预反而抑制结构转型升级,阻碍产业链现代化。

(二)财政支出结构

政府财政支出结构体现政府的产业政策方向,财政支出结构的不断调整和优化带来越来越精准的产业扶持,迎来发展机遇的高技术产业、战略性新兴产业和未来产业会获得发展先机,并通过产业关联带动产业链上下游相关产业的发展,实现产业链整体升级。财政支出划分标准不同,划分方式各不相同,本书借鉴杨志安、李梦涵(2019)的分类方法,将财政支出分为消费性支出、投资性支出和民生性支出,依次阐述各类支出对产业链升级的作用机理。

(1)财政消费性支出指政府以购买者的身份在市场上购买商品和劳务所对应的支出,包括一般公共服务、国防、公共安全、城乡社区事务和财政金融监管支出。消费性支出对产业链的影响主要通过影响市场需求、改变地区营商环境和协调产业升级的资金供给等方式实现。首先,财政消费表现为政府对产品和服务的购买,政府购买不但直接影响市场需求规模,还影响需求结构,需求结构的改变对产业内的产业更替具有促进作用,能够直接促进

第二章
财税政策对产业链现代化的作用机理与传导机制

产业链中技术引领性好、附加价值高、社会效益强的技术产业化，提升产业链的引领性和竞争力。其次，政府在公共服务方面的支出，通过国防、公共安全和完善城乡社区事务，提升地区的投资、生产、研发和营商环境，降低地区生产成本，活跃地区的创新氛围，地区产业集聚能力显著提升，吸引更多优质企业入驻，实现延链、补链和强链功能。最后，财政消费性支出对金融业的支持，能够激发金融对实体经济的支持力度，创新金融产品，活跃资本市场，拓宽产业链内企业的各种融资渠道，解决产业升级所需的资金问题。

（2）财政投资性支出是指以政府为主体，将其通过税收、国有资产所有权或使用权转让等方式筹集的财政资金用于国民经济各部门的政策性投资活动，包括环境保护、农林水事务、交通运输、资源勘探、商业服务业、国土资源气象和粮油物资支出。投资性支出具有生产性特征：一方面，公共投资性支出作为生产要素直接进入生产函数，公共投资增加通过乘数作用直接促进社会生产能力提升，公共投资与私人投资形成互补效应，加强传统基础设施建设和新兴数字基础设施建设，降低生产成本，提升流通效率，提高私人资本收益率，吸引更多资本流入（岳凯、李自磊、张云，2019），此外，财政投资性支出推动资本和劳动力在三次产业间的流动来提升资源配置效率（石奇、孔群喜，2012），提升产业链水平。另一方面，在以完善和提升产业链为目标的引导性产业政策下，政府的财政投资资金流向具有方向引领性，作为弥补市场失灵的手段，财政资金投向高风险、长周期、资金需求量大、国际制约性强的尖端领域，如航空航天、芯片研发设计、工业五基等核心领域，这些领域的技术进步对于实现产业链安全和提升产业韧性具有十分重要的作用。

（3）财政民生性支出指公共财政在提升国民素质和改变国民生活方面的支出，包括教育、科学技术、文化体育与传媒、社会保障和就业、医疗卫生和住房保障支出。民生性支出主要通过提供可靠的制度基础、拉动有效需求、提升人力资源素质和改善产业创新基础等渠道促进产业链现代化（钱龙，2017；严成樑、吴应军、杨龙见，2016；蒋炳蔚，2018）。政府民生性支出中部分资金用于科技支出、教育事业发展、支助科研工作者开展科学研究，财政研发支出能够促进产业技术进步，改善高技术产业内部结构（张同斌、高铁梅，2012）。格拉博夫斯基（Grabowski，2017）以土耳其和波兰两个技术跟随国家为例，实证检验不同国家的财政对创新活动的影响，发现财政研发补贴政策能有效促进两国企业的创新绩效。卞元超、吴利华、白俊红（2020）研究表明，无论是长期还是短期，地方政府财政科技支出竞争都对区域创新绩效产生显著的促进作用。

财政民生性支出中的教育支出和就业支出是培养产业人才的根本，以美国为例，2000年，美国的教育投资占GDP的7.3%，是世界上教育投资最多的国家之一①，2008年的《经济复苏与再投资法》设立州政府财政稳定基金，为教师提供更高标准的培训、奖励优秀教师、支持教师创新，增加对佩尔助学金的投资，极大地提升了教育机会。2014年，开展"美国学徒资助计划"，2018年，美国政府将科学、技术、工程和数学列为优先发展学科。财政科学技术支出是企业创新投入的有效补充，财政科技支出更多聚焦于基础研究，而企业创新主要着眼于应用研究，二者有效互补，既夯实了产业链创新基础，又能够在产业尖端技术发力，全方位提升产业链技术实力。

（三）财政支出效率

财政支出效率是衡量政府财政支出效果的重要指标，支出效率高意味着投入消耗少，产出成果多，财政支出效率高意味着财政资源配置效率更加显著，财政的产业引领性更强。首先，财政支出效率对产业结构具有显著的正向影响，并通过资本和劳动的积累引起了产业结构的变动，财政支出效率积累资本的效应大于积累劳动（王检、石大千、吴可，2016）。其次，公共财政支出效率通过影响家庭收入对产业结构升级产生恩格尔效应，促进农业产业向非农产业升级，劳动密集型制造业向资本、技术密集型产业升级，生活型服务业向生产型服务业升级（张权，2018）。最后，地方财政支出效率的提升能够引进生产要素在不同产业、行业间的再流动和重新配置，产生空间外溢，引发公共服务供给效率的"木桶效应"，有利于改善和优化制造业升

---

① 中国教育科学研究院课题组. 寻脉教育强国建设国际经验［N］. 中国教育报，2023-04-27（9）.

级所需的基础设施和营商环境，促进行业集聚度，促进制造业绿色转型升级（李小奕，2021）。

三、财政分权对产业链现代化的作用机理

1992年，党的十四大率先在财政领域开启了分税制改革，建立了规范的分级财政体制，重塑了中央政府与地方政府的利益框架和激励模式。由于财政分权是中央与地方政府间的收入与支出的责任安排，这种安排存在不一致性，为地方政府干预经济发展提供了强烈的动机（孙英杰、林春，2018）。"中国式财政分权"下政府主导对产业发展影响具有两面性，即"分权促进论"和"分权抑制论"两种观点。

一是促进观点，在财政分权体制下，地方政府为了在发展中占据优势，会采取财政竞争的形式占有更多的人才、资本和原料等生产要素（朱德云、王鸿梓，2023）。财政分权赋予了地方政府相对独立的财政利益和支配权力，政府可以更有效地提供公共服务，弥补市场制度缺陷，推动地区市场化发展，发挥政府在区域内的资源配置作用，加快经济动能新旧转换步伐，合理优化自身产业布局。此外，地方政府会推动地区基础设施建设，营造良好的营商环境，借此实现产业集聚和全要素生产率提升（刘秉镰、武鹏、刘玉海，2010；杨其静，2010）。

二是抑制论观点，分权制度下的地方政府为提升财政自给率，造成地方政府重投资、轻服务的偏好，固定资产投资和外商直接投资加剧了地区间的经济差距，依靠投资拉动经济导致我国经济结构失衡（杨志安、邱国庆，2019）。分税制以来，由于事权与财权不匹配导致地方政府陷入财政困境，举债和扩大税基成为财政纾困的主要选择，举债造成大量隐性债务，扩大税基造成盲目引资和不符合产业结构升级的项目以牺牲环境为代价的经济增长模式与产业链现代化背道而驰，阻碍了产业链升级。

四、税收政策对产业链现代化的作用机理

税收对产业链升级的促进作用依旧存在正反两种观点。张学升（2021）研究发现，政府间的税收竞争所带来的税收红利，能对产业结构升级产生直

接正向作用，也能通过技术创新间接促进产业结构升级。税收政策对产业结构升级，进而促进产业链现代化的影响主要通过引导与支出效应、收入效应和替代效应来发挥（甘行琼、蒋炳蔚，2019）。

税收的引导效应是政府通过对不同行业税收结构和税率的调整以明确政府的产业政策方向。鲍德温、克鲁格曼（Baldwin & Krugman，2004）认为，资本具有较高的流动性，政府采用税收优惠政策，能够有效促进资本流动，带动产业集聚和产业效益提升。政府通过税收减免政策能鼓励和扶持有助于产业链升级的相关产业发展，引导社会资金流向经济效益好、产业带动强、附加价值高但创新风险性大的高技术产业。当然，也可以通过征收额外的税目来限制和淘汰那些高污染、高消耗、产业带动性弱、技术引导性不强，对产业链升级起阻碍作用的夕阳产业。

税收的收入效应是通过调节税收相应的征收标准以影响企业和国民的可支配收入。一方面，政府通过改变企业所得税利率以影响企业的投资和生产行为，对于符合产业链升级的经济行为，政府可以实行税收减免以影响企业的相关经济行为，恰尔尼茨基（Czarnitzki，2011）指出，税收抵免会带来额外的创新产出，增加新产品产出和销售收入；另一方面，政府通过调整所得税征收基数和税率等方式实现对消费者可支配收入的调节，实现需求侧的调节，比如，为扩大内需，政府提升个人所得税征收基数，增加税收抵免条款，降低居民税收负担，实现居民可支配收入的增长，为需求的增长提供收入基础。

税收的替代效应指政府税收行为影响商品和劳务的相对价格，使经济主体为寻求较轻税负而选择可替代产品的经济活动。在供给侧结构性改革背景下，税收可以支持和引导各类企业尤其是第三产业发展转型（田时中、张健，2022）。税收是企业经营成本的一部分，不同行业、不同产品的税率差异为政府实施税收调节政策创造空间，政府通过对税种、税目和税率的调整，改变企业产品的利润空间，出于对追逐高额利润考量，企业会调整生产战略。比如，我国对高新技术企业予以较低的企业所得税率、对企业创新的加计扣除、对环保项目的抵免和对固定资产的加速折旧等税收优惠政策，对企业转型和产业结构优化升级具有激励作用（田时中、张健，2022）。

然而，部分学者持否定观点，认为征税本身会造成资源扭曲，地方政策的税收竞争的无序性引致资源配置的双重扭曲，造成更多效率损失（杨志勇，2003），税收竞争造成地方政府收入的不确定性，会挤出技术创新资源（胡贝尔，1999；朱德云、王鸿梓，2023），容易出现基础设施重复建设和产业结构同化问题，阻碍产业链升级（谢国根、张凌、赵春艳，2021）。

第三节 财税政策助推产业链现代化的传导机制

要有效推进产业链朝着更高水平迈进，要精准把握产业链现代化的运行逻辑，认清财税政策如何通过中介要素的传导机制促进产业链升级。本节结合前文所述的影响机理，基于微观视角，从创新要素供给、市场需求、政府产业政策、要素协同和创新生态系统五个维度阐述财税政策助推产业链升级的传导机制。

一、助力高端创新要素供给，夯实产业创新基础

产业发展离不开要素供给，随着产业发展的演变，产业创新模式也发生了根本性变革，对生产要素的需求已经从传统的低端要素转变为创新能力更强的高端生产要素，产业链现代化需要培育更多高端生产要素，才能为产业结构升级提供源源不断的创新动力。

（一）高端且异质的人才资源是产业链企业创新的智力保障

根据新结构经济学的理论观点，任何经济体都有给定的要素禀赋结构和产业结构，要素禀赋结构与生产结构互为累积因果关系，这种相互积累的因果关系不断推动产业结构的变迁，如果产业结构符合要素禀赋结构决定的比较优势，则该产业形态最具竞争力，反之则反，可见产业结构要与要素禀赋结构协同。产业链升级需要人、财、物和创新生态等众多生产要素的有机配合，对于技术进步，人力资本相较于物质资本能起到更重要和更超前的作用（中国社会科学院工业经济研究所课题组，2021），在产业链内培育更多高端科研人才，更有利于知识的吸收和扩散，创新成功率更高，对前沿技术的

把控能力更强,对技术战略的选择更精准,对产业链尖端核心技术的控制能力越强。

整合与构建具有高异质性的科研团队,通过团队协同创新是提升产业链内企业创新能力的关键。科研团队是一群深耕不同技术领域、掌握不同知识技能的科研人员为完成某项创新任务而形成的特殊群体。因为每个产业链条中均分布着不同层次的创新企业,任何一个环节的技术更新迭代不全面、不及时都会制约整个产业链条的技术升级。在产业链协同创新过程中,技术复杂、研究工作量大和学科涉及面广等特征决定了单靠某个创新个体很难完成知识的整合与创新,需要具有不同学科背景、掌握不同技能和擅长不同领域的科技工作者来共同完成。异质性高的科研团队具备更丰富的技术、知识、信息和其他可供研究开发使用的资源,有利于创造性思维的发挥,团队员工具备不同的专业背景和科研经验,能够拓宽技术攻关思路,攻克不同领域的技术难题,助力产业链内各环节技术的进步,实现产业技术迭代。此外,异质性团队有助于动态能力的培养,动态能力是"创造能力的能力"(Winter, 2003),指企业在技术创新过程中对现有的创新内外要素资源、知识和创新能力进行整合和重组,从而在变化的外部环境中不断寻求和利用机会的能力。产业链升级表现为技术轨道从传统技术向新兴技术的跨越,而动态能力恰恰有助于创新企业发现新的技术机会,快速整合资源进行技术攻关并迅速实现商业化,保证企业在技术变轨过程中立于不败之地。

创新人才的培养、引进、集聚和协同作用功能的发挥,主要由市场机制来引导,但政府财税功能的作用也不容忽视。首先,地方政府可以加大教育的财政投入力度,特别是本科层次以上的高等院校的资金投入,结合地区产业链升级所需,培育相关优势学科专业,引导更多社会资金参与学校建设和人才培养,提升产业结构升级紧缺人才的培养能力,实现人才供给自产自销。其次,为吸引尖端科研人才和管理人才到本地发展,全国各地通过出台各具特色的人才引进政策,政府财政出资,对符合条件的高层次人才予以引进经费、生活补贴和租房补贴,予以科研启动经费、政策性购房待遇,并为子女入学和配偶工作创造条件,以此吸引高层次人才安家落户。最后,通过增强财政支出与税收政策激励形式,完善地区基础配套,营造创新氛围,降

第二章
财税政策对产业链现代化的作用机理与传导机制

低人才转移与生活成本，通过人才栖息环境的改善以提升地区的人才集聚力。

（二）传统和新兴数字基础设施驱动产业链效率提升

一个国家的公用基础设施、特定集群的创新环境、国家公用创新基础设施与特定集群之间相互联系的质量决定一个国家的创新能力（程雁、李平，2007），产业链整体创新能力除了受传统的人力、资金等投入要素影响外，还受到创新基础设施，特别是数字基础设施完善程度的影响。地方政府通过基础设施的投资以完善基础设施条件，从而促进人才聚集、推动城市化进程和产业集聚，带动产业结构升级（司海平、宋文娟，2022）。

基础设施具有公共物品属性，对于收费性基础设施建设可以依靠市场来提供，但是对于具有正外部性的公共基础设施，供给不足的市场失灵问题只能通过政府财政支出来提供。发达国家更注重数字基础设施的建设，以美国、德国两国为例，面对第四次工业革命带来的机遇，美国、德国两国都实施"再工业化"战略，通过智能制造改造提升传统产业，实现制造业的智能化和高端化。一是强调数字基础设施的建设。美国较为重视数据基础设施中的数据服务，其中，数据制造和使用标准、知识产权保护、网络安全维护成为数字基础设施建设的主体。在德国，比较注重互联网平台建设，因为其是实现工业物联网的重要支撑。二是强调技术的颠覆性和全覆盖。美国政府的研发预算涵盖基础研究、应用研究、试验发展和设施装备研究四大部分，其中，重点发展的颠覆性技术包括智慧和数字制造、工业机器人、增材制造、电子器件、高性能材料、生物和医疗等（李子伦、马君，2017）。在德国，其《德国2020高技术战略》确定了气候与能源、保健与营养、交通、安全和通信等五大重点扶持领域。2018年发布的《高科技战略2025》，以人工智能、网络安全、智能诊治、节能减排为重点领域。2019年发布的《国家工业战略2030》，将平台经济、自动驾驶、医疗诊断、生物技术、物联网、人工智能和轻型建筑等确定为需要重点扶持的颠覆性技术创新领域。

完善的创新基础设施通过人才集聚、创新支持、成本效应和提高效率，为地区产业技术创新提供了便捷高效且成本较低的人才和信息获取渠道，推动产业链升级。一方面，完善的基础设施具有产业链人才集聚效应。人才是产业技术进度的关键要素，创新型人才能够在一定的外部环境下，通过配置创新资源实现技术创新；另一方面，完善高效的基础设施能够降低信息的搜寻成本，提升企业的信息灵敏度和信息丰裕度，提高产业技术进步速度，推动创新成果产业化。此外，加大新型数字基础设施的建设力度，加快第五代移动通信、工业互联网、大数据中心等基础产业的建设步伐，加快推进5G技术在智慧城市、工业互联和智能制造领域的应用，利用数字技术改造传统生产网络，推进商业模式创新，可以增强全球供应链的配置能力。

（三）完善的产业链资金融通渠道助推产业链企业创新投入

构建金融有效支持产业链升级的体制机制意义重大，董化杰（2021）立足于财税视角研究近年来我国在促进金融服务实体经济的过程中，金融业税收出现的结构性变化，研究表明，金融支持疫情防控和经济社会发展取得了成效，其中，财税政策与金融政策协调配合增强金融服务实体经济能力、促进产业链升级方面发挥了积极作用。

第一，金融系统有助于产业链技术创新资金的高效配置。资金配置是现代社会资源分配中的一个重要环节，创新资源的大量投入是产业链升级的重要物质保障，产业链技术创新是一个复杂的系统工程，包含捕捉创新机会、制定创新方案、集中力量技术攻关、实现技术产业化和不断技术优化等过程，该过程需要调动各领域的资金资源，其中，从金融市场获取资金是直接且高效的融资方式。随着金融与实体经济融合的深化，金融业已经广泛渗透产业链技术创新过程中，在创新资金的配置中起到了关键调节的功能，金融体系可以利用其掌握的信息资源优势，发挥其动员储蓄的功能，通过信贷资金支持，解决产业链内不同企业的创新资金供给问题。

第二，金融系统的信息揭示功能能够促进产业链的优胜劣汰。金融市场本身具有优胜劣汰功能，银行业务和证券市场对于技术创新项目都具有一种事后筛选和淘汰的机制，创新项目能否得到持续的资金支持取决于项目创造的经济效益，如果某项科技项目没能达到投资者的预期，企业利润下降，股价将要下跌，银行会拒绝再提供贷款，只有那些能迅速占领市场并产生良好经济效益的研发项目才能够获得资金支持。乔杜里（Chowdhurya，2012）研究了金融市场的发展是否促进 R&D 投资效率提升问题，结果发现，金融市场的发展缓解了 R&D 投资的信息不对称性，降低了企业融资约束。可见，政府通过持续优化信贷结构、创新支持实体经济的货币政策工具，有利于促进经济增长和产业链技术创新。

第三，金融系统有助于产业链形成有效的风险分散机制。金融系统除了缓解创新型企业的融资约束，还具有信息处理和风险管理功能。产业链内企业在产品研发、产品试制、产品生产及技术产业化过程中都会面临各种技术风险和市场风险，而金融体制会借助其风险管理功能，有效化解产业链内的创新风险（朱欢，2012）。此时，政府政策与金融体制相结合，可以发挥协同效应，比如，政府通过合理运用财政贴息、税收优惠、融资担保等财税政策，可以降低金融服务实体经济相关政策的实施成本，进一步防范和化解金融风险。因而，随着金融市场的发展，投资者的风险管理渠道更加多样化，通过创新资产组合来分散创新风险，投资者将不会再忌讳高风险的投资项目。

第四，金融科技发展增强服务能力，提升产业链运行效率。金融科技是科学技术创新与金融发展的深度融合，它通过大数据、云计算、区块链等底层技术应用带来金融产业和服务的创新，金融科技的运用，银行可以相对准确地对相关企业进行识别，解决借贷之间的信息不对称问题，提高信贷资源配置效率和投资效率（尹振涛、李俊成、杨璐，2021），完善了金融服务模式，加快企业科技创新步伐（李春涛、闫续文、宋敏，2020），提升企业的全要素生产率和创新绩效（宋敏、周鹏、司海涛，2021），推动制造企业嵌入全球价值链，通过影响产业结构的高级化和合理化，推动产业链运行效率的提高，实现产业链升级（邓宇轩、祁明德，2021）。而且，金融科技对制造业产业链升级的影响效应不仅具有时间上的连续性，还呈现不断增强的趋势（柴正猛、杨燕芳，2022）。

（四）链内企业的创新文化是激发产业链创新活力的根本

产业链是由众多个体企业出于共享经济利益而形成的链条式产业结构，其构成主体是企业，产业链演进的根本动力源自企业的创新。企业创新文化是围绕创新活动所形成的文化机制，是企业在长期发展中所形成的彰显企业自身特色的创新思想意识和行为模式，包括创新理念、创新制度和创新环境。良好的创新文化强调以技术进步为导向，通过营造一种以挑战、冒险和创造为价值观，鼓励探索、鼓励创新、包容个性和包容失败的创新氛围，不断激励和培育员工的创新热情，创新文化通过影响产业链内企业的创新活动和能力进而促进产业链技术升级。创新文化的形成需要一个系统而漫长的过程，关键在于科技工作者和公众的文化认同，内化并形成全社会普遍认可的价值观念（陈印政，2020），地方政府要创造一种鼓励创新、容忍失败的政策环境和文化氛围，要鼓励创新人员增强社会责任感和历史使命感，力戒急功近利思维，还要改革人事制度和教育、科研体制，努力创造公平、竞争、合作的创新环境。

首先，创新型企业文化有利于激发产业链创新活力。在创新文化氛围浓厚的企业中，员工的价值观是勇于挑战、承担风险和富有创造力的，这种氛围激励组织成员不断的变革创新，不断地挑战高难度的工作，而挑战性的任务安排会促进企业的人力资本优势转变为技术创新的优势。

其次，创新型企业文化有利于尖端型创新项目的开展，实现产业链技术引领性。员工的风险倾向与环境整合对高技术企业技术创新绩效的影响比首创精神和创新能力更重要（赵景峰、王延荣，2011）。产业链现代化的实质是技术水平的现代化，创新领域不断向产业链上游延伸，技术前端的创新投入大、周期长且风险高，创新型文化浓厚的企业更容易作出技术决策，面对创新失败风险，企业创新团队也能保持较高的创新热情和必胜的创新信念。

最后，创新型文化有助于企业拓展外部资源，实现产业链技术颠覆性创新。一方面，有压力的创新环境会促使创新管理者不断寻找技术突破口，从客户、供应商、竞争对手那里获取有关市场开拓和技术创新方面的信息，寻找开辟新技术赛道的机会；另一方面，企业会加强与外部组织的合作，以获取创新所需而企业又不具备的创新资源（Souitaris，2001），通过对内外资源进行整合以实现颠覆性技术创新。图2-1为财税政策提升要素供给驱动产业链升级的传导机制。

第二章
财税政策对产业链现代化的作用机理与传导机制

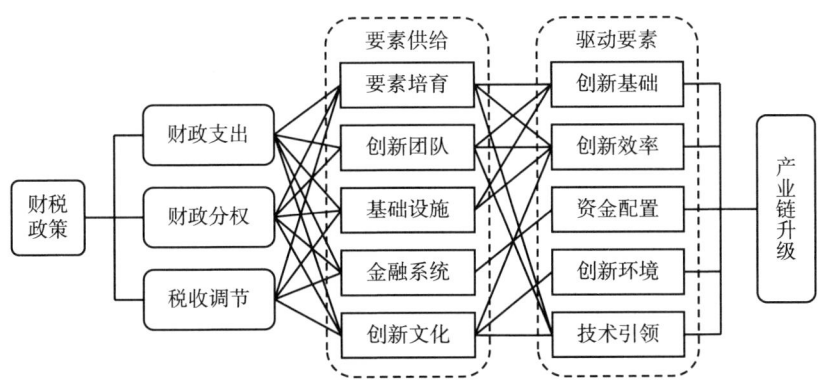

图 2-1 财税政策提升要素供给驱动产业链升级的传导机制

二、引领终端需求升级，需求侧驱动产品结构调整

在全球产业分工不断深化、全球市场一体化的背景下，虽然国际市场可以促进制造业发展，但是本土市场的互动效应、市场规模诱致效应、本土市场规模的终端需求效应能对我国产业链升级产生更积极的影响（张其仔，2022）。财税政策通过政府战略性投资、新兴产业税收减免、高技术产品研发补贴或研发税收减免等政策实现供给侧调整，通过政府定向采购，增加对技术含量高、产业链带动能力强、附加价值高的本国战略性新兴产品的需求规模，政府采购是政府扶持企业发展的典型做法，扩大了企业产品的市场需求，降低由于市场不确定所带来的投资风险，有效地激励企业的创新活动。总之，财税调节促进终端需求与产业链产品供给有效协同，终端需求通过方向引领、质量驱动、规模驱动和需求互补促进产业链现代化水平的提升。

（一）市场需求决定产业链内企业的创新战略和方向

首先，市场需求决定产品竞争的激烈程度，左右企业的创新战略。市场需求是决定产业链内企业创新成败的关键，任何一种创新都要接受市场的检验。阿格赫恩和豪威特（1992）构建了反映市场竞争与企业创新两者关系的成长模型，研究发现，激烈的市场竞争对厂商创新前利益的破坏比创新后的损害更为严重，这就要求企业必须选择通过创新，实现产品差异化，避免与竞争对手在同一层级展开激烈竞争，这种"选择效应"会使企业在创新与模仿之间进行选择。

其次，市场需求诱导产业链内企业的创新方向。出于避免与竞争对手在低端且缺乏竞争力的技术领域进行竞争，考虑到企业长远的发展，多数企业会选择通过自主创新以获得市场优势。然而，创新的成败取决于创新战略与方向能否迎合市场需求，企业的技术迭代升级行为实质就是一种不断地挖掘和发现潜在市场需求，不断夯实创新基础与能力，有针对性地研究和开发出新产品、新功能以满足市场需求的过程，所以，市场需求、挑剔的消费者可以为产业链内企业的技术创新指明方向。

(二) 市场需求质量诱导供给结构变化，助推产业链转型升级

新产业、新业态和新商业模式的快速迭代是产业链现代化的表征之一，市场终端需求的层次会引导消费结构的升级，但升级的速度与需求质量的提升速度正相关，随着地区消费者收入水平和消费观念的改变，终端消费者会改变消费品位，增加对高性价比、高质量、高技术含量和高性能的产品的需求，在消费者需求的诱导下，企业增加新产品研发投入力度，提升产品技术含量以创造更多市场份额，市场需求质量的变化逐渐催生出新的商业业态和商业模式，终端需求的变化通过产业关联逐渐向产业链上游企业延伸，诱致产业链上游各环节厂商都会想办法改变产品生产布局，共同提升产业链的现代化水平。

(三) 市场需求规模是决定产业链创新发展的关键

需求规模从需求侧对产业链现代化形成制约和推动，在新古典经济学分析框架下，需求规模对产业链升级的影响主要通过创新概率、创新收益和市场竞争程度等渠道发生作用。首先，创新概率体现企业创新的积极性，研究表明，一国市场需求规模越大，巨大市场利益驱使有助于激发企业激进式创新的开展，在满足泊松分布下更多有应用价值的最新创新成果将进入商业化，高频率的技术创新带动产品升级以推动产业链升级 (Acemoglu, 2020)。其次，企业技术创新是源于预期通过后期在产品市场上的技术垄断获取创新收益，终端产品的收益与市场需求规模相关，中国超大规模的市场需求吸引众多的外资企业入驻中国市场就是最好的案例，地区市场空间越大，企业获得创新补偿的可能性和补偿规模就越大，企业进行高质量的原始创新动力就越强。最后，终端市场需求规模越大将吸引更多新企业进入该市

场,竞争程度随着企业数量的增加而激增,只能通过不断的创新以凸显产品差异化,竞争环境将驱使企业通过高质量创新产生"竞争逃避效应"获取事后垄断利益(Aghion,2005)。

(四)需求互补是促进产业链间深度融合的新型渠道

推动生产性服务业与制造业高度融合发展,提升服务型制造和智能制造发展水平,拓宽终端需求诱致效应是提升产业链现代化水平的新渠道。生产型服务业与制造业的深度融合,将研发设计、数字服务、通信服务等服务要素嵌入制造业产品生产各个环节中,实现"研发设计+制造""数字服务+制造""互联网+制造"等新型的业态融合模式(中国社会科学院工业经济研究所课题组,2021),不断丰富终端产品的销售和体验模式,降低需求价格弹性,提升产业链终端产品的市场竞争力。图2-2为财税政策提升终端需求驱动产业链升级的传导机制。

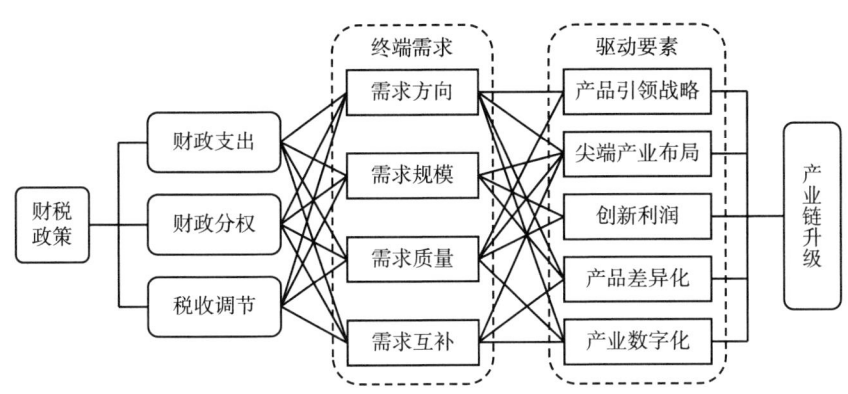

图2-2 财税政策提升终端需求驱动产业链升级的传导机制

三、与政府产业政策协同,供给侧驱动产业链升级

产业政策是产业经济学的重要研究领域,发达国家的产业发展经验表明,产业引导政策对于产业结构升级具有重要的促进作用。产业政策是国家为实现某些特定经济目的、利用财政引导和税收激励等措施对特定产业进行保护、扶持、引导或限制,从而对产业经济活动进行直接或间接干预的政策总和。产业政策的实施主要通过行政命令、财政需求市场调节和税收投资引

导,财税政策是产业政策的重要实施手段,主要通过创新激励、导向型产业政策和优化产业空间布局和区域创新体系建设,影响产业链升级。

(一)政府通过财税政策激励企业进行创新活动,提升产业链产品技术引领性

首先,创新激励政策通过降低研发成本以提升产业链内企业的创新热情。技术创新的不确定性和高风险性决定了创新企业更需要政府的财政和税收扶持,财政补贴或研发税收减免一方面有助于企业获得更多的社会创新资源,降低企业的研发成本,提高研发的成功率,另一方面肯定了企业的创新方向和创新能力,提升了企业的创新信心。

其次,政府创新补偿政策和利益分摊机制解决了产业链内创新的外部性问题。创新是一种容易产生正外部性的市场活动,单纯依靠市场机制配置创新资源容易产生市场失灵,造成国家整体创新资金投入不足。阿罗(Arrow,1962)指出,由于技术创新的"价格溢出"和"知识溢出"效应的存在,任何市场结构中的创新水平都低于社会的最优水平,政府作为非市场力量,可以对市场失灵进行弥补。政府创新补偿政策包括税收减免和财政补贴,创新补偿政策的实施提升了企业的利润率,缓解了企业的资金压力,可为企业研发提供更充足的资金,还在某种程度上解决了产业链内企业技术创新的正外部性问题。

政府创新激励政策正是通过提升信心和降低创新外部性以激励产业链内各企业加强创新投入,避免由于创新外部性的市场失灵问题削弱企业的创新积极性,只有产业链上下游企业共同努力,协同进行技术攻关,防止出现断链风险,产业链整体技术实力才能得以跨越式提升。

(二)财税政策与导向型产业政策精准对接,加快产业链升级目标的实现步伐

产业链现代化导向型政策是一种特殊形态的产业政策,我国在"十四五"规划中明确提出,提升产业链现代化水平的重点任务,实施导向型产业政策对产业链现代化的促进作用体现为以下几个方面。

一是导向型产业政策有助于提升产业链的控制力。导向型产业政策的首要目标是以创新发展为引领,以培育创新基础要素、构建创新平台和营造创

第二章
财税政策对产业链现代化的作用机理与传导机制

新环境为抓手，不断提升企业在产业链最前端和中端的战略科技力量，不断引领创新企业在科技发展新领域和新高地进行科技创新，通过实施关键核心技术攻关工程，夯实工业五基，不断破解产业链上"卡脖子"的技术问题，摆脱关键技术受制于人的不利局面，提升产业链控制力（张其仔、许明，2022）。

二是导向型产业政策能够提升产业链附加值。产业链向高附加值延伸是产业链现代化的重要标志，一方面，政府产业政策通过"推拉理论"加速产业链转型升级，快速淘汰原先低端的产业领域，转向高附加值的产品生产，提升本国企业在产业链内的主导地位。另一方面，产业消费引领政策有助于从终端反向带动产业链升级，产业链上下游存在正向关联，终端消费结构升级能够诱导上游企业转型升级以提供更高品质的中间产品，品质、品牌、技术和竞争力提升的最终结果就是附加值的提升。

三是导向型产业政策能驱动产业链绿色化和数字化转型。产业链现代化要以产业绿色转型为手段，助力实现"双碳"目标，各地在实施导向型产业政策时，必须以可持续发展理念为指引，构建生态文明体系，淘汰高污染、高消耗和低产出的相关产业，引进低投入、高产出、高附加值且绿色无污染的相关产业，实现地区绿色发展。同时，数字化也是产业链现代化的又一大特色，数据已经成为一种新生产要素，推进产业数字化和数字产业化是今后产业转型的大方向，导向型产业政策必须牢牢抓紧数字化方针。

四是导向型产业政策通过强化政府采购的产业引领性，推动产业链高端化。政府采购促进技术创新是从需求侧促进产业链现代化的重要举措。从国家层面制定政府采购促进高技术产业、绿色环保和战略性新兴产业发展政策，最大限度地发挥政府采购对重点发展产业的市场支撑作用；建立覆盖全产业链的政府采购网络，推动采购向研发阶段延伸，支持商业化前的研发活动，推广创新产品首购、订购等符合国际规则的创新产品采购方式（胡海鹏、袁永、康捷，2020）；通过实行合同分拆、贷款担保等方式加大对中小企业的创新产品的市场采购，激励产业链上各类企业注重技术创新投入。

（三）财税引导产业空间布局和区域创新体系建设，提升产业链创新效率

产业链兼具产业组织形式与空间组织形式双重特征，空间上表现区域的

产业分工,因而产业链现代化可以理解为产业空间布局和区域创新体系的现代化。

首先,财税政策能引导产业空间布局,区域产业空间体系是产业链各环节循环畅通的载体。产业链上各环节的企业分布空间迥异,企业间的联系形式存在差异化,但彼此之间存在明显的纵向或横向联系,产业链可视为企业间信息、知识、社会关系等各类"流"的集合(中国社会科学院工业经济研究所课题组,2021),各种"流"的流通是否通畅决定产业链的资源配置效率。一直以来,产业政策实践结果表明,政府的财政与税收政策引导将对地区产业布局产生重大影响,在全面层面,产业空间的合理布局可以带来邻近效应以推动产业链上游、中游、下游企业形成更紧密的合作关系,形成环环相扣的高效互动网络。

其次,财税政策能够通过加快区域创新体系的构建,为产业链锻"长"补"短"提供支撑。区域协同创新体系构建与产业链锻"长"补"短"之间存在一定的共同演化关系,区域创新体系能够汇聚相对密集的创新要素,拓宽了产业链上不同创新主体的知识搜寻、利用、融合与转化渠道。同时,随着"本地蜂鸣-广域管道"式区域协同创新网络的织密,跨区域创新中枢将对产业链突破性技术创新产生深远影响。图2-3为财税政策助力产业政策驱动产业链升级的传导机制。

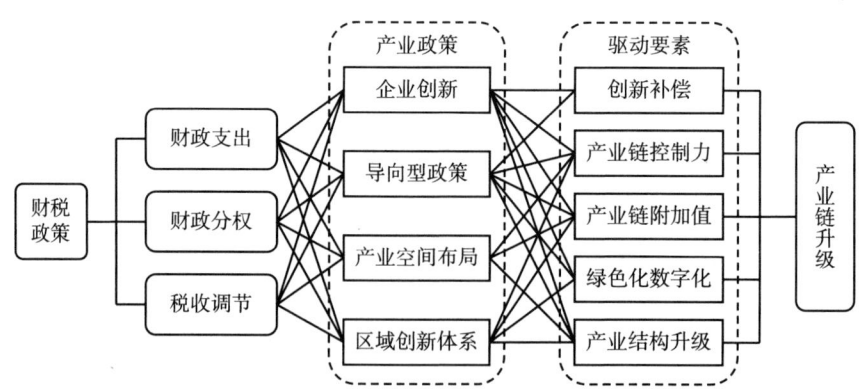

图2-3 财税政策助力产业政策驱动产业链升级的传导机制

第二章
财税政策对产业链现代化的作用机理与传导机制

四、引导上下游要素协同创新，提升产业创新效率

产业链协同创新是指链内企业基于信息技术网络，围绕整体创新生态系统从技术产生至扩散的整个过程，通过创新系统内部各成员的密切合作以实现众多创新要素的有效协同，增强产业链创新生态系统的协同创新技术产出。协同创新是在产业创新逐步系统化和网络化的背景下产生的，随着科技的快速发展，技术创新复杂性决定了单个企业、小范围的企业合作已经难以满足技术创新的需要，为此，产业链内各创新主体必须适应外部环境的变化，加强与其他创新主体之间的交流合作。然而，协同创新的利益冲突是制约其正常开展的掣肘，因而，适当的财税政策引领更有助于产学研协同创新的开展。

从财政支出视角，政府制定政策对符合规范要求的产学研协同创新提供财政补贴，能够提高协同创新的税后利润，降低协同创新的经营成本与参与风险，提升产业链中不同创新主体参与的积极性；从税收优惠视角，减少税基、降低税率的政府税收减免降低产业链不同创新主体的研发成本，增加生产经营利润（马克和，2014），对于激发创新企业参与协同创新具有积极促进作用。协同创新对产业链升级的作用机理主要通过以下几个路径进行。

（一）柔性的企业组织架构有助于协同创新的开展

组织柔性是指企业适时调整决策方案以适应外部环境变化的能力，表现为企业对外部环境的适应能力与反应速度。研究表明，正式化、集中化和柔性化的组织结构特征影响新观点的产生、开发和商业化的效率（Damanpour & Gopalakrishnan，2001），柔性化能力已经成为企业获取竞争优势的必要条件。

首先，柔性组织强调开放的沟通和信息共享，引领产业链技术革新。开放的沟通有利于新观点的产生，注重开放沟通的企业，其组织成员的创造性越强，即注重开放沟通的企业，信息在组织成员间的传播快且全面，从同样的原始信息量中能够产生出更多的创新点子，新颖的创新思路有助于产业链内尖端技术的出现。

其次，柔性组织能对任何系统提供支持，有助于企业抓住商业机会。在竞争激烈的市场环境中，具备组织柔性的企业更倾向于进行更高程度的新产

品创新,柔性组织表现出的高市场导向和高研发导向提升了企业迅速学习和适应新环境的能力,这种环境适应力为企业提供多样化产品以满足市场需求创造了条件。

再次,柔性组织的高度适应能力更有利于产业链内协同创新的开展。企业组织柔性是产业链内创新型企业持续不断地萌生新想法、开发新项目和推出新产品的重要保障。具备组织柔性的企业,更有利于创新的开展,更能有效解决资源专用性和组织核心僵化问题,对提高创新的成果具有举足轻重的作用。

最后,组织柔性能够解决产业链创新资源匮乏问题。创新投入是实现产业链现代化的前提,在产业链演进进程中,资源匮乏制约了产业链升级步伐,链内企业协同创新,通过要素互补解决创新资源匮乏,但合作创新的成效需要资源柔性和能力柔性与之相配合,组织柔性保证企业能够灵活运用现有资源,识别新资源,降低资源缺乏对技术创新带来的影响(赵更申、陈金贤、李垣,2007),组织柔性也有助于产业链内企业间利益分配机制的建立,解决利益冲突问题。

(二)链内不同创新主体间内外资源整合驱动产业链创新产出

要素禀赋对产业结构升级的促进要以合理的要素配置机制为前提,开放式创新的本质是企业在技术创新过程中,通过对企业外部资源的获取、消化、吸收,进而实现对内外部资源的整合和利用。产业链上下游企业间具有共同的利益诉求,产业链内不同创新主体资源整合的渠道越广,资源的共享性越强,整体技术水平提升越明显。

首先,外部知识搜寻拓宽了产业链上技术资源的获取渠道。产业链技术升级是一个系统性升级,涉及产业链上各环节的企业技术升级,资源基础观理论认为,创新能力发展需要企业重视吸收和利用外部知识源,特别是同一产业链条上的上下游企业资源,同一产业链条上相似领域的技术创新决定了产业链条上不同企业创新资源具备互补性,随着开放式创新的不断深入,产业链上越来越多的企业采取外向型战略来寻找组织外部有价值的创新资源。对于产业链内一些成立时间短、技术积累薄弱、创新资源短缺的中小型企业,在创新资源匮乏的背景下,有效地搜寻、获取、吸收和利用外部知识进

第二章 财税政策对产业链现代化的作用机理与传导机制

行技术创新就显得格外重要。

其次,外部知识吸收能够提升产业链整体创新速度。吸收能力是指企业对外部知识源进行探索性学习的能力,包括知识获取、知识消化、知识转换和知识应用4个维度(Zahra & George, 2002)。知识获取是企业对创新所需的外部知识的识别和获取,该类资源可以拓宽企业的知识面和知识积累,拓宽企业的研发思维,缩短产品开发周期,提高新产品创新速度,进而影响产业链内企业创新能力;知识消化是将收集的外部新知识与企业内部知识进行整合的过程,实现优势互补与要素协同创新,通过知识面拓宽与转化效率的提升,加快新产品的开发速度,缩短开发周期,消化吸收是模仿创新的过程,能够较大节约研发费用和避免重复性工作,通过适应外部环境的发展趋势来更新知识储备,克服一些"能力陷阱"(Atuahene - Gima, 2003);产业链内不同企业的认知结构会与外部获取的新知识存在分歧,企业必须在充分消化外部知识的基础上,对认知结构进行调整以适应新环境,知识转换还可以避免企业的知识路径依赖(钱锡红、杨永福、徐万里,2010),提升企业的适应能力;知识应用是对现有能力进行提炼和扩展以提升创新能力的过程。通过获取、消化、转换的知识已经转移到企业内部,但必须通过实施或设计加以改进和完善,这是创造新产品的最后阶段,直接决定创新产出。

最后,内外部知识整合有助于提升产业链技术层次。伴随着产业结构升级、产品开发和工艺创新流程的日益复杂,产业链内企业间的技术联系更加紧密,企业创新需要来自不同领域的技术知识,必须尽最大可能从外界汲取创新养分。一方面,通过内部知识整合,将分散于研发、生产及销售等不同业务部门的互补性创新信息进行高效整合,降低信息不对称壁垒,使零碎的信息发挥协同作用,最大限度地激发创新人员的创新灵感;另一方面,对内外部知识整合,提升企业知识储备和知识异质性,助力产业链整体技术水平提升。

(三)产学研不同创新主体协同提升产业链创新绩效

首先,产学研协同创新有利于提升产业链资金配置效率。企业、大学和科研机构等创新主体的研究基础与研究领域各有侧重,企业侧重于应用性技术开发,大学和科研机构以基础研究为主,基础研究与应用研究之间具有继起性，各领域研究对于产业链技术提升均具有重要的现实意义。在创新资金有限的背景下，产学研协同不仅有效降低资源浪费，还可提升创新产出效率。

其次，产学研协同创新有利于链内企业拓展创新资源。产学研协同创新拓宽了企业知识的搜寻渠道，知识搜寻的目的是将搜寻所得的外部知识与企业内部技术进行知识重组，扩充了企业的知识存量，解决了技术创新所需的知识多样性、异质性问题，形成技术组合优势和协同效应。此外，知识搜寻还可以实现企业在新领域的能力构建，提高企业的环境匹配度，外部知识搜寻对企业的R&D投入也具有促进作用，外部技术越丰富的企业，有更强的动机去增加R&D投入，因而外部知识搜寻将促进R&D投入，而非替代（陈钰芬、叶伟巍，2013）。

最后，产学研协同创新有助于构建完善高效的产业链纵向交互记忆系统。交互记忆系统是指研发团队成员间对知识进行编码、存储和沟通进而形成集体记忆。它是企业内部研发团队成员间通过不断沟通所形成的一种彼此信赖，是知识和技术信息共享的合作型分工系统。产业链纵向上下游企业间是一个利益共同体，出于对产业链内整体附加值的提升以获取更多利润的追求，上下游企业之间亦可以通过协同创新形成交互记忆系统，借助交互记忆系统的独特性和无法复制的特征，通过特定的利益分配机制，激发产业链内研发团队的创新思维，萌生创新构想，确保创新的新颖和前瞻性，提升产业链技术实力提升。

(四) 产业链、创新链和人才链协同助力技术推广和产业化

首先，"三链"协同能够加快培育产业创新土壤（田慧珺，2022）。地区产业发展能够构筑一个产业完整、功能全面、配套齐全的产业生态圈，但产业完善不等于产业链高级，产业链的升级离不开创新链的支撑，创新为产业注入活力，提升技术含量和附加值，当然创新链的基础是人才链，人才供给规模和质量决定创新加速度进而影响产业链升级。

其次，"三链"协同有利于产业链技术推广和技术产业化率。作为产业链主体的企业对市场需求的嗅觉敏锐，创新的方向更符合市场的预期，但出于成本考虑，企业自身的研发资源投入有限。创新链和人才链主体的大学和

第二章
财税政策对产业链现代化的作用机理与传导机制

科研机构拥有大量优秀的科技人才和优质的研究资源,研究实力雄厚,但传统的大学、企业和科研院所相互割裂,缺乏合作的创新模式存在很大的盲目性,重复研究不仅造成资源浪费,还影响技术产业化率。所以,如果产学研三方能够协同合作,加强在创新成果和市场需求信息方面的交流,就能有效弥补各自的不足,在研发与市场化链上形成合力,提升产业链内技术使用率和推广率。

图2-4为财税政策引导协同创新驱动产业链升级的传导机制。

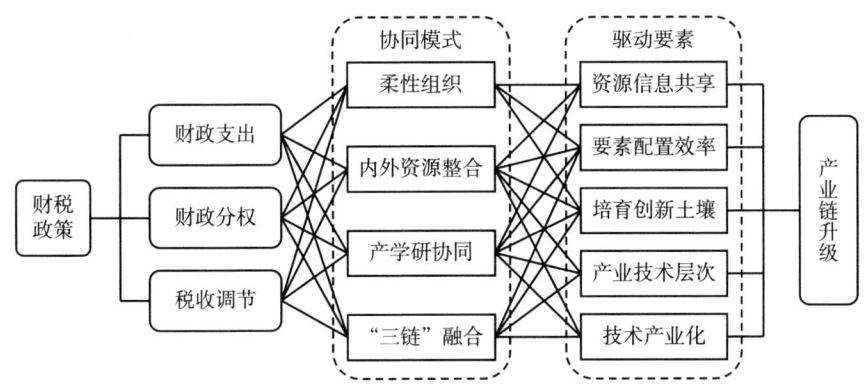

图2-4 财税政策引导协同创新驱动产业链升级的传导机制

五、引导创新生态系统建设,提升产业支撑力

产业链上创新生态系统是一个具有共生关系的利益共同体,以企业为主体,大学、科研机构、政府、金融等中介服务机构为系统要素载体的复杂网络结构,通过网络协作以整合人力、技术、信息和资本等创新要素,实现创新因子有效汇聚,为产业链中各个主体带来价值创造。在产业链创新生态系统的构建过程中,政府依旧是核心[1],作为制度创新的主体,政府通过发挥宏观调控、法规监控、政策引导、财政支持、服务保障等功能,通过提供优良的政策环境、资源环境、法律环境,对产业链的创新生态系统的创新活动进行扶持与推动,进而影响创新生态系统中的其他创新主体的创新活动。

---

[1] 中国经济时报:构建创新生态,政府依然是核心[EB/OL]. https://baijiahao.baidu.com/s?id=1718218370152651702&wfr=spider&for=pc. 2021-12-04.

（一）链内企业原始创新能力是产业链升级的技术基础

以技术引领性、尖端性和自主性为表征的现代化产业体系，需要整个产业链上不同环节的企业进行持续技术革新。企业技术革新能力部分来自产业链内部长期的知识积累所形成的创新基础，企业的创新基础是指企业所涉及的领域中各类知识元素的集合，是技术创新过程中最独特和最重要的资源。

良好的创新基础能够提升链内企业的技术捕捉机会。研究发现，企业的知识资产存量与企业创新活动之间存在正相关关系（Wernerfelt，1984），企业要实现技术创新需要具备吸收、利用新技术的机遇和灵感，还必须拥有多样的、异质性的基础知识以感知前沿的和正在发生的重大变革技术。同时，企业具有宽广的基础知识储备能够确保其在技术创新过程中更加灵活，知识吸收能力更强，能将搜寻获取的外部新知识、新信息经过整合为自己所有，从而缩短研发周期，提高创新成功率。

（二）知识产权保护环境维护产业链创新主体的创新收益

知识产权制度是政府以国家的名义，通过制度配置和政策安排对知识资源的创造、归属、利用以及管理进行指导和规制（吴汉东，2006）。知识产权对创新主体的保护以知识成果的产权明确性和技术使用排他性为特征，为产业链知识创新提供了一个公平竞争的法律环境。研究表明，知识产权保护对产业链的技术创新具有重要的推动作用（吴超鹏、唐菂，2016；王钰、胡海青，2021）。

首先，提升知识产权保护水平能够有效促进区域创新，进而推动产业结构升级（周霞、谌一璠、王雯童，2022）。创新具有探索性特征，其高风险性决定了创新应有高额的回报，而通过产权保护赋予产权所有者投资回报正是一种直接的正向激励，它保证创新企业对创新成果享有排他性，通过独享或有偿转让专利来取得创新回报，又将部分利润投入企业创新，对于产业链整体技术进步具有良性循环效应。

其次，知识产权保护为链内企业提供了一个公平的技术创新环境。知识产权是企业最重要的竞争资源，为促进产业链技术创新的正常开展，必须努力营造一个公平的竞争环境。知识产权保护的本质是通过专利法、商标法和著作权法等法律法规共同构建一个公平有序的竞争环境，以法律的形式，对于各种侵权行为，通过行政或司法的形式予以严惩（盛辉，2009）。

最后，知识产权保护促进技术交流，实现产业链技术相互促进功能。知识产权保护制度规定技术发明者想得到法律的保护，必须在一定的时间和范围内公开其技术原理，而这些最新的技术在国内外公开传播，绝大多数能在专利检索库中检索到。产业链相关企业通过专利检索就能了解和把握该领域世界最新的研究成果和研究动向，争取互补性技术攻关以迎合产业链上其他企业的技术需要。

（三）技术溢出为产业链升级创造良好生态环境

企业的创新是在一个开放的环境中进行的，良好的技术溢出环境有助于产业链内所有创新型企业获取外部知识，提高创新成功率。

首先，技术溢出的示范效应促进链内企业技术和理念升级。良好的技术溢出环境有助于"逆向研发""干中学"和再创新策略的开展，企业合作过程中产生的溢出效应是多方面的，除了技术溢出外，还包括理念、生产工艺和管理模式等方方面面的知识溢出，通过消化、吸收、再创新，对产业链内创新企业的技术升级和理念更新具有积极意义。

其次，技术溢出的产业链接效应带来产业链相关企业升级。产业链接效应是指处于同一个产业链上的不同环节，呈上游、下游关系的企业除了产品的买卖关系外，还存在产品质量和相应服务的契约安排。如产业链龙头企业出于保证产品质量的目的，会对零部件、原料供应商的员工进行相应的培训及技术指导，提供技术援助和信息支持。考虑到产品的市场竞争力的需要，也会对下游企业的员工进行培训、技术指导和信息支持，这有助于带动整个产业链的技术升级。

最后，人力资本流动的技术溢出效应提升了产业链创新基础。研究表明，人力资本水平、经验和教育水平，特别是高级管理人员对企业的创新能力有显著的影响（吴晓松，2012），经验丰富的优秀员工的能力可以提高新产品的开发绩效（弗里曼，2008）。比如，跨国公司在东道国对企业员工进行生产工艺、管理方法、技术研究等领域的培训，提升了东道国的人力资本水平，企业员工具有流动性，研发才能与管理能力将随着员工发生转移，在新企业发挥作用。

（四）创新中介服务为产业链技术扩散拓宽渠道

在开放式创新模式下，外部知识资源的搜寻与获取对于企业创新至关重要，科技中介服务机构作为国家创新系统的构成主体，是各创新主体间知识转移和交换的桥梁。科技中介在国家创新系统中扮演着"知识交流"的角色，为各创新主体获取外部知识提供服务。

首先，中介服务机构能有效降低产业链中技术信息不对称问题。研究与开发活动具有明显的社会分工特征，产业链中任何一个创新主体和研究项目都是整个技术链中的一个环节，出于维持企业竞争力考量，技术拥有者总会保密最新技术以实施技术垄断，考虑到研发活动的继起性，如果产业链上研发活动能够协同，知识能够传播，则可以避免重复研发，提升创新加速度。科技中介服务机构掌握的大量信息资源就有利于降低企业的信息搜集成本，解决市场技术交易中的信息不对称问题。

其次，中介服务机构助力产业链创新成果扩散。在产业链技术扩散过程中，中介服务机构在供需双方交易中扮演着沟通和协调的角色。技术扩散就是一项技术成果从开始商业化应用到推广，直至被市场淘汰的整个过程，实际上就是对技术的一种"模仿"和"学习"的行为（杜洪旭，2003）。中介机构信息获取的途径、方式和手段众多，以中介机构为代表的扩散系统起到了联结创新供给方和需求方的作用，在信息传递服务中具有明显的优势，可以创新性地将大学和科研院所的一般性技术和企业的应用性技术有机结合起来，实现基础技术与应用技术的有机融合。

最后，中介服务机构提高了技术市场的成交率。技术成功交易以签订合同为标志，在合同签订之前，供需双方需要就技术买卖的相关事项进行大量的磋商，包括技术优势、技术价值、技术风险等，这是一个双向选择的过程，买卖双方均需要付出大量的时间与精力，中介机构可以发挥在这个领域的特长，为买卖双方提供各种与交易有关的服务，降低技术交易的复杂度和交易成本，营造公开、公平交易的市场环境，提升产业链内技术交易的成功率。

图2-5为财税政策引领构建创新生态驱动产业链升级的传导机制。

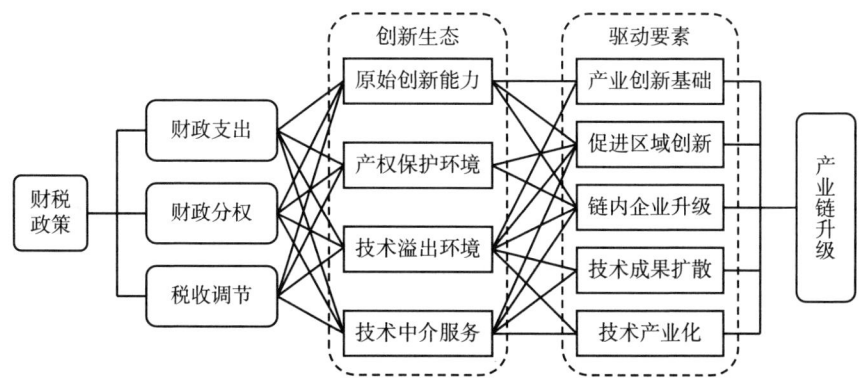

图 2-5 财税政策引领构建创新生态驱动产业链升级的传导机制

第四节 本章小结

由于市场失灵的客观现实，新结构经济学理论和内生经济增长理论充分肯定了财税政策在促进产业链升级中的积极作用，为政府财政职能发挥提供了理论依据。财税政策可以细分为财政支出政策、财政分权政策和税收收入政策，不同政策对产业链现代化的作用机理有别，是正向促进还是反向制约，学术界存在争论。本章综合众多学者的理论贡献，先从理论层面进行阐述，为后续的实证研究提供理论基础。

财税政策对产业链升级的影响是一个比较复杂的过程，需要中介要素的传导，通过层层驱动最终作用于产业链，总共凝练了5条驱动路径：一是财税政策助力高端创新要素供给，推动高端创新要素培育和创新团队建设，通过培育良好的创新文化，加强基础设施建设和完善区域金融系统，提升产业创新基础、创新效率、资金配置水平、创新环境和技术引领性，夯实产业系统的基础创新能力；二是财税政策引领终端需求升级，从需求方向、需求规模、需求质量和需求互补等视角，驱动产品战略调整，实现尖端产业布局，提升产业创新利润，实现产品差异化和产业数字化，从需求侧助推产业链升级；三是财税政策与政府产业政策协同，通过创新激励、导向型产业政策、引导产业布局和区域创新体系建设，加强创新补偿，提升产业控制力和产业附加值，实现产业绿色化、数字化和产业结构高级化，从供给侧驱动产业链升级；四是财税政策引导上下游要素协同，通过柔性组织、内外资源整合、产学研协同和产业链、创新链和人才链"三链"整合，实现资源信息共享和要素配置效率提升，培育创新土壤，提升产业技术层次和技术产业化，提升产业链创新效率；五是财税政策引导区域创新生态系统建设，提升原始创新能力，改善知识产权保护环境，促进技术溢出，提升中介服务效率，提升产业创新基础，促进区域创新开展，实现链内企业整体升级，加快技术成果扩散和技术产业化，提升产业链整体技术支撑力。

第三章
产业链现代化指数测度与制约因素诊断

本章结合现有研究成果,根据产业链现代化的特征,从基础创新能力、高端引领能力、协同创新能力、产业支撑与控制力和绿色可持续发展能力5个维度构建产业链现代化评价指标体系,运用熵权TOPSIS模型构建产业链现代化评价模型和产业链现代化障碍度分析模型,测算全国总体和各省份的产业链现代化指数,并对制约产业链升级的障碍因子进行诊断。

第一节 产业链现代化评价体系的构建

产业链升级对于实现我国产业自主可控、摆脱"卡脖子"核心技术制约、提升产业链的安全性和韧性、确保产业发展的可持续性具有至关重要的意义,是实现经济高质量发展的关键。构建科学合理、可操作性强和应用面广的产业链现代化评价指标体系,对我国产业链发展水平进行评价,是认清我国产业链发展水平、把握产业链发展短板、针对性制定财税促发展政策的关键。

一、产业链现代化的特征分析

产业链现代化是我国"十四五"规划中对产业未来发展方向的最新定调,事实上,从"十一五"开始,我国就对产业发展规划有不同的阐述,从推进产业结构升级到"十二五"的充分调动提升产业核心竞争力,再到"十三五"的支持全产业链协同创新与联合攻关。虽然产业发展目标不同,但都是朝着提升产业链水平迈进，因此，产业链现代化应从多个维度来考量。

产业链是国民经济各个产业部门之间客观形成的某种经济技术联系，产业链现代化战略提出后，越来越多的学者开始关注产业链升级问题。产业链现代化的实质是产业链技术水平的现代化，是通过实施创新驱动战略，运用先进科学技术改造和提升传统产业链，实现产业链内企业的高端化、数字化、全球化和生态化（陈心颖、陈明杰、王相林，2021）。从能力视角，产业链现代化要求企业具备强大的创新能力、高端引领能力、基础创新能力、协同创新能力、全球产业控制力、强大盈利能力、完善要素支撑和可持续发展能力（盛朝迅，2019）。从创新主体层面，产业链升级提升表现为链内企业创新能力更强、产品附加价值更高、产业链更加数字化和更加可持续性。从结构层面，产业链现代化水平提升体现为更加安全可靠、更加公平和更加协调顺畅（中国社会科学院工业经济研究所课题组，2021），发展基础更优、数字化水平更高、创新能力更强、韧性更好、协同更高效和更加可持续（张虎、张毅、韩爱华，2022）。

综合众多学者的研究观点，产业链现代化需要具备以下特征。

（一）坚实的创新基础和高端要素培育能力

发达国家经验表明，创新是实现经济持续发展、推动产业结构调整和产业链升级的关键，由于知识产权可以进行贸易，一个国家技术进步可以通过技术引进方式实现，但由于技术壁垒和国家技术出口管控，想依靠技术引进实现尖端领域的技术领先是不现实的，只有通过不断的技术创新才能保持和提升技术引领性，所以产业链技术进步离不开创新能力的提升，打造坚实的创新基础是实现产业链现代化的前提。

要加强高端要素培育力度、促进基础学科发展和基础创新平台建设，不断拓展研究领域，加强与国内外企业就产品、技术和标准等领域的交流，拓宽研究视野并接触最新研究前沿，才能实现产业基础高级化进而促进产业链向中高端延伸。

（二）强大的高端引领和价值链治理能力

改革开放以来，中国企业创新能力已经有较大提升，创新活动已经形成部分领域处于追赶、有些领域处于并跑、少数领域处于领先的新格局,但仍有一些领域对外国技术的依赖性较强(中国社会科学院工业经济研究所课题组,2021)。推进产业链现代化就是要解决缺少核心技术和拳头产品问题,摆脱产业链上关键技术受制于人,避免出现关键技术环节被"卡脖子"而制约产业发展。

价值链决定产业链,一个国家应推进其产业链向高附加价值延伸,强化其增值能力是产业链现代化的本质(黄群慧,2020)。通过产业链的高端引领,本国支柱产业总体迈向全球价值链的中高端,摆脱我国长期处于产业链中低端、大而不强造成附加值低的不良局面。通过产业链升级,助力企业加强核心技术攻关,不断向附加价值更高的产业链上游延伸,实现头部企业具有价值链治理能力和较强的垂直整合能力,以此提升中国企业在技术、行业标准制定中的话语权。

(三) 良好的协同创新和利益分配机制

产业链的演进伴随着社会分工的细化和产业链的延伸,现代化的产业链要求链内企业间进行深度分工与高效的协同运作,产业链内纵向和横向各参与者在技术创新过程中要能够有效配合,而且协同要展现出递进性过程。首先,要实现技术、人力资本、资金和管理才能等生产要素的协同,服务产业链内单一产业整体效率提升;其次,要注重产业间的协同,尤其是制造业与生产性服务业的协同,通过知识密集型服务业的有效嵌入,助力制造业向中高端延伸;再次,推动传统产业与新兴产业的有效融合,二者是相辅相成的,传统产业是新兴产业发展的基础,立足于传统产业的资本、人力、技术和平台,新兴产业市场需求广、技术引领性强、能够带领传统产业改造和提升;最后,不同省域间要实现地区产业协同,不同地区由于资源禀赋和要素供给差异,一个地区无法包揽整个产业链,地区之间协同运作才能克服产业链在全球化程度、技术依赖度和产品供应中存在的现实短板,形成高效的产业价值网络。

此外,考虑到产业链内存在一系列的利益主体,在产业链中企业的地位决定其能够分配到的利益规模,一直以来,发达国家在产业链中处于支配地位,其较强的基础能力和市场势力不断挤压发展中国家在产业链中的利益,导致不公正的利益分配格局,这不利于产业链现代化,中国要在产业链上培育更多的"隐形冠军",在 GVC 上游培育更多的"链主",要实现要素的协同发展(刘志彪,2019)。要构建科学有效的链内各主体间利益分配机制,利益分配既要体现相对公平,又要有助于激发链内各企业的创新活力,才能实现整体利益最大化,形成多方共赢的治理局面。

(四)较强的产业支撑与自主可控力

产业链是一个复杂的系统,涉及人才链、技术链、资金链、价值链和供需链等,其中,人才、技术和资金是产业发展的基础要素,加大人才培育和引进力度,确保产业技术和资金供给是产业链现代化的基本支撑。除此之外,完善高效的交通运输网络能够提升物流配送规模和配送效率。加大大数据、云计算、区块链、人工智能和5G通信等数字基础设施建设步伐,引导企业应用信息技术实现数字化转型,缩短产业链内企业间的信息传送时间,提升信息传播效率和传播面,通过实时信息反馈促进上下游企业间要素与产品的精准对接。在政府引导性产业政策制定时,政策着力点要重点关注对关键要素资源的汇聚能力,通过吸收社会资源为产业链升级提升基础支撑。

产业链现代化体现为关键环节核心技术自主可控,对外依存度低,上下游供应关系和结构能够根据市场信号灵活、高效地作出反应,真正实现深度分工与高度协同,头部企业具有价值链治理能力和较高增值率,处于 GVC 的"链主"位置(刘志彪,2019)。2020 年,中央经济工作会议首次提出"自主可控"概念,将增加产业链自主可控作为八项重点任务之一。自主可控的现代产业体系主要体现在:一要实现在重点产业关键核心技术的自主可控,牢牢把握住产业链技术生态系统中的核心关键技术;二要通过把控标准以获得固化技术优势,并借此获得更高的附加值;三要形成足以支配产业链的商业模式,通过商业模式形成市场垄断势力以支配产业链;四要控制资本,通过资本联合将资金引向高端产业,防止高技术产业由于高风险性导致资金外流(白雪洁、宋培、艾阳,2022)。

(五)具备绿色可持续发展能力

绿色化是全球产业变革的一大趋势,也是中国实现产业链现代化的关键着力点。近年来,绿色发展理念深入人心,绿色技术创新力度空前,推进绿色发展的体制机制逐渐健全。为在全球气候治理中展示负责任大国的担当，通过技术更新淘汰落后设备，不断提升能源转换效率，开发绿色能源实现对传统能源的替代，真正实现节能减排的目标，可以预见未来现代化的产业链必须呈现出资源节约、环境友好和可持续性的特征。

二、产业链现代化评价指标的选取

第一，基础创新能力。旨在衡量地区产业链的创新基础，体现产业基础的高级化程度。提升基础创新能力是实现产业链现代化的核心，我国是专利申请大国，但高质量发明专利不足，提升基础创新能力是解决原创技术和战略性高技术供给不足、摆脱核心技术受制于人的关键。基础创新离不开创新人、财、物等资源的投入，表现为产品和技术产出，因此，从R&D经费投入/工业增加值、地区R&D机构数量+高科技企业数、R&D人员折合全时当量、规模以上工业企业有效发明专利数、规模以上工业企业新产品开发项目数来刻画该评价维度。

第二，高端引领能力。在全球产业链分工中，我国始终处于产业链中下游，长期制约我国发展的"卡脖子"核心技术属于产业链的尖端技术，在中美大国博弈背景下，为避免断链风险，要发挥制度优势，集中力量办大事，在关键领域进行技术攻关，快速向产业链上游延伸，从根本上破解核心技术不足制约产业升级问题。因此，高端引领能力维度重点衡量地区技术是否处于产业链的头部，是否具备技术引领、标准制定和创新突破性（戴圣良，2020）。为此，从高技术产业新产品销售收入/地区GDP、地区高技术产业发明专利授权量、高技术产业新产品出口技术复杂度、高技术产业新产品出口总额和开展创新活动的企业占比5个指标来衡量。

第三，协同创新能力。产业链是一个多主体、多要素、多目标的复杂网络，产业链资源配置效率需要链内各主体的有效协同配合，产业链现代化是产业链上各环节、不同创新主体之间协同创新以实现整体的现代化，要将各类创新资源进行整合，实现优势互补。所以，从规模以上工业企业R&D经费外部支出总额、规模以上企业开展产品或工艺创新合作的企业占比、科研机构与高校R&D经费来自企业资金的占比以及技术开发、转让、咨询、服务总费用/制造业增加值、区域技术市场成交额/地区 GDP 比值等指标来衡量协同创新能力。

第四，产业支撑与控制力。重点衡量产业供应链是否灵活高效、是否具备韧性和抗冲击能力、是否能够在全球范围内配置资源和在关键核心技术领域具备主导权。通过高铁和高速公路总里程/区域土地总面积、规模以上工业利润总额/企业总数、制造业行业增加值/城镇就业人数、制定创新战略目标的企业占全部企业的比重和规模以上工业企业技术获取与改造总经费等指标来刻画。

第五，绿色可持续发展。与发达国家相比，我国产业链能源利用效率偏低，可持续工艺和可持续技术整体上还存在不小差距。要推动产业链的可持续性，必须把可持续设计、可持续采购、可持续制造实施到产业链的每一个环节（张虎、张毅、韩爱华，2022）。该维度立足于刻画产业链发展的可持续性，通过科技创新实现产业链的低碳化、污染治理的高效化和能源消耗的绿色化，主要通过单位 GDP 电力消耗量、环境保护支出/财政支出、产品质量合格率、生活垃圾无害化处理率和工业污染治理完成投资额/制造业增加值等指标来体现。

三、产业链现代化评价指标体系

结合产业链现代化的特征，从基础创新能力、高端引领能力、协同创新能力、产业支撑与控制力和绿色可持续发展 5 个维度构建包含 25 个指标的产业链现代化评价指标体系，如表 3 - 1 所示。

表 3 - 1　　　　　　产业链现代化评价指标体系及指标解释

准则层	指标层	指标解释
基础创新能力 A_1	产业链 R&D 经费投入强度 A_{11}	R&D 经费投入/工业增加值（%）
	产业链内高级研发机构数量 A_{12}	地区 R&D 机构数量 + 高科技企业数（个）
	产业链内科研人员投入强度 A_{13}	R&D 人员折合全时当量（人年）
	产业链内创新技术产出 A_{14}	规模以上工业企业有效发明专利数（件）
	产业链上新产品产出 A_{15}	规模以上工业企业新产品开发项目数（项）

第三章 产业链现代化指数测度与制约因素诊断

续表

准则层	指标层	指标解释
高端引领能力 B_1	技术密集型产业产值占比 B_{11}	高技术产业新产品销售收入/地区 GDP（%）
	产业链头部技术产出水平 B_{12}	地区高技术产业发明专利授权量（件）
	产业链头部技术的尖端性 B_{13}	高技术产业新产品出口技术复杂度
	产业链尖端产品技术引领性 B_{14}	高技术产业新产品出口总额（万元）
	产业链内技术引领的可持续性 B_{15}	开展创新活动的企业数占比（%）
协同创新能力 C_1	产业链协同的资金保障度 C_{11}	规模以上工业企业 R&D 经费外部支出总额（万元）
	不同创新主体协同创新意识 C_{12}	规模以上企业开展产品或工艺创新合作的企业占比（%）
	产学研协同创新的深度 C_{13}	科研机构与高校 R&D 经费来自企业资金的占比（%）
	产学研协同创新的广度 C_{14}	技术开发、转让、咨询、服务总费用/制造业增加值（%）
	协同创新产出效果 C_{15}	区域技术市场成交额/地区 GDP（%）
产业支撑与控制力 D_1	产业链内基础设施完善度 D_{11}	高铁和高速公路总里程/区域土地总面积（千米/百平方千米）
	产业链内企业抗风险能力 D_{12}	规模以上工业利润总额/企业总数（亿元/个）
	产业链全员劳动生产率 D_{13}	制造业行业增加值/城镇就业人数（亿元/万人）
	产业链企业创新战略支撑力 D_{14}	制定创新战略目标的企业占全部企业的比重（%）
	产业链技术自主把控程度 D_{15}	规模以上工业企业技术获取与改造总经费（万元）
绿色可持续发展 E_1	产业链生产绿色度 E_{11}	单位 GDP 电力消耗量（千瓦时/元）
	产业链绿色财政投入水平 E_{12}	环境保护支出/财政支出（%）
	产业链企业绿色治理意识 E_{13}	产品质量合格率（%）
	产业链人民生活绿色度 E_{14}	生活垃圾无害化处理率（%）
	产业链工业污染治理能力 E_{15}	工业污染治理完成投资额/制造业增加值（%）

资料来源：作者自己整理。

第二节 产业链现代化评价模型的构建

产业链现代化评价涉及指标权重的赋值及指数测算模型的构建两个层

面，指标权重的赋值方法包括 AHP、专家调查法等主观赋权法和主成分分析法、熵值法等客观赋权法，主观赋权法对于指标数据的要求较低，但受专家主观偏好的影响较大，结合本书数据的实际情况，采用客观赋权法中的熵权法对评价指标进行赋权。运用熵权 TOPSIS 方法构建产业链现代化指数的计算模型，在此基础上构建障碍度分析模型。

一、评价指标赋权方法

（一）原始数据矩阵

假设产业链现代化指数的评价对象包含 m 个待评价城市，共有 n 个评价指标，每个城市评价年限为 t 年，a_{ijk} 表示第 i 个城市第 j 个评价指标在第 k 年份的实际数值，其中，$i=1,2,\cdots,m$；$j=1,2,\cdots,n$；$k=1,2,\cdots,t$。构建产业链现代化原始数据矩阵 $A=(a_{ijk})_{m \times n \times t}$。

（二）数据标准化

评价指标体系中数据来源渠道不同，单位也不统一，为准确计算各指标的熵权值，必须采用极差法对收集的原始数据进行无极化和无量纲化处理，处理后的指标数值位于区间［0，1］之间，处理时要注意指标的属性，正向指标和逆向指标的计算公式有别，假设评价指标 j 的正、负理想值分别为 $a_{j\max}$ 和 $a_{j\min}$。

正向指标计算公式：
$$b_{ijk}^+ = \frac{a_{ijk} - a_{j\min}}{a_{j\max} - a_{j\min}} \tag{3-1}$$

逆向指标计算公式：
$$b_{ijk}^- = \frac{a_{j\max} - a_{ijk}}{a_{j\max} - a_{j\min}} \tag{3-2}$$

通过标准化，形成标准化矩阵 $B=(b_{ijk})_{m \times n \times k}$。

（三）计算信息熵

首先，令 $c_{ijk} = b_{ijk} / \sum_{i=1}^{mk} b_{ijk}$ $(j=1,2,\cdots,n)$，对标准化矩阵 B 中各元素进行归一化处理。

其次，利用公式 $H_i = -\frac{1}{\ln mk} \sum_{i=1}^{mk} c_{ijk} \ln c_{ijk}$ $(j=1,2,\cdots,n)$ 计算各评价指标的熵值。

根据熵的性质，熵值 H_i 的数值越小，表明该指标提供的信息越多，权重也越大，故用信息效用值 $1-H_i$ 表示信息熵。

（四）确定熵权权重

利用公式 $w_j = (1-H_j) \Big/ \sum_{j=1}^{n}(1-H_j)$ 求得第 j 指标的熵权权重，将同层指标所有熵权进行归集得到熵权向量 $W=(w_1, w_2, \cdots, w_n)$。

为提升指标权重的准确性，鉴于指示数据的可获得性，本书数据跨度为 2014~2020 年，数据来自 2015~2021 年的《中国科技统计年鉴》《中国统计年鉴》和《中国高技术产业统计年鉴》，测算得到的熵权权重如表 3-2 所示。

表 3-2　基于熵权法计算的相关指标权重值

准则层	指标层	熵权权重
基础创新能力 A_1 0.301	产业链 R&D 经费投入强度 A_{11}	0.0279
	产业链内高级研发机构数量 A_{12}	0.0562
	产业链内科研人员投入强度 A_{13}	0.0699
	产业链内创新技术产出 A_{14}	0.0771
	产业链上新产品产出 A_{15}	0.0704
高端引领能力 B_1 0.335	技术密集型产业产值占比 B_{11}	0.0461
	产业链头部技术产出水平 B_{12}	0.0953
	产业链头部技术的尖端性 B_{13}	0.0688
	产业链尖端产品技术引领性 B_{14}	0.1115
	产业链内技术引领的可持续性 B_{15}	0.0130
协同创新能力 C_1 0.190	产业链协同的资金保障度 C_{11}	0.0633
	不同创新主体协同创新意识 C_{12}	0.0101
	产学研协同创新的深度 C_{13}	0.0114
	产学研协同创新的广度 C_{14}	0.0340
	协同创新产出效果 C_{15}	0.0716
产业支撑与控制力 D_1 0.104	产业链内基础设施完善度 D_{11}	0.0293
	产业链内企业抗风险能力 D_{12}	0.0125

续表

准则层	指标层	熵权权重
产业支撑与控制力 D_1 0.104	产业链全员劳动生产率 D_{13}	0.0138
	产业链企业创新战略支撑力 D_{14}	0.0084
	产业链技术自主把控程度 D_{15}	0.0397
绿色可持续发展 E_1 0.070	产业链生产绿色度 E_{11}	0.0037
	产业链绿色财政投入水平 E_{12}	0.0180
	产业链企业绿色治理意识 E_{13}	0.0074
	产业链人民生活绿色度 E_{14}	0.0027
	产业链工业污染治理能力 E_{15}	0.0378

资料来源：作者计算整理。

二、熵权 TOPSIS 评价模型

产业链现代化指数评价方法包括层次分析法、TOPSIS 法、模糊综合评价法、主成分分析法、因子分析法、云模型评价法，等等，每种评价方法均有优劣性及适用范围。

本书拟探讨产业链现代化过程中各评价指标实际值与理想指标值的差距，故选择运用 TOPSIS（technique for order preference by similarity to ideal solution）评价法，它是一种逼近理想解的排序法，通过设定各指标的"正理想解"和"负理想解"，再测定各评价单元与"正理想解"和"负理想解"的偏离程度，根据偏离程度对方案的优劣进行排序（吴赐联、朱斌，2015）。

然而，传统的 TOPSIS 模型无法根据评价指标的相对重要性赋予不同的权重，改进的 TOPSIS 模型运用熵值法确定指标的相对权重，结合 TOPSIS 模型对产业链现代化指数进行测算。具体步骤如下。

第一步，确定指标的正负理想解。利用前述的标准化矩阵 B 求出所有年份中各指标的最大值和最小值，构成"正理想解向量"和"负理想解向量"。

正理想解向量：$B^+ = \{\max\limits_{1 \leq j \leq n} b_{ijk} | i = 1, 2, \cdots, mk\} = \{b_1^+, b_2^+, \cdots, b_n^+\}$

负理想解向量：$B^- = \{\max\limits_{1 \leqslant j \leqslant n} b_{ijk} | i = 1, 2, \cdots, mk\} = \{b_1^-, b_2^-, \cdots, b_n^-\}$

第二步，计算欧式距离。以熵权向量 W 和正理想解、负理想解向量为基础，求出不同年份所有评价向量与正理想解、负理想解的距离，如式（3-3）和式（3-4）所示：

$$D_{ik}^+ = \sqrt{\sum_{j=1}^n w_j (b_{ijk} - b_j^+)^2} \ (i = 1, 2, \cdots, m; k = 1, 2, \cdots, t)$$

(3-3)

$$D_{ik}^- = \sqrt{\sum_{j=1}^n w_j (b_{ijk} - b_j^-)^2} \ (i = 1, 2, \cdots, m; k = 1, 2, \cdots, t)$$

(3-4)

第三步，利用式（3-5）计算评价对象与最优方案的贴近度 C_{ik}：

$$C_{ik} = \frac{D_{ik}^-}{D_{ik}^+ + D_{ik}^-} (i = 1, 2, \cdots, m; k = 1, 2, \cdots, t) \quad (3-5)$$

其中，$C_{ik} \in [0, 1]$，根据 C_{ik} 数值可对产业链的现代化程度进行排序，C_{ik} 越大，表示该年份的产业链现代化指数越接近于最理想值，产业链现代化水平越高，反之，C_{ik} 数值越小，则表示该年份产业链现代化程度较差。

三、产业链升级障碍度测算模型

产业链现代化指数衡量的是我国各地区产业链现代化的发展态势，各指标越接近于理想值则状态最佳，但在实际运行中，总有一些指标由于自身投入或产出不足而对产业链现代化带来负面影响，说明该指标具有一定的障碍度，称之为障碍因子。障碍度越大，对产业链现代化的制约作用就越强，障碍因子是导致地区产业链发展滞后的深层次原因，需借助障碍度分析模型来测算，为此，引入因子贡献度 w_j、指标偏离度 F_j 和障碍度 O_j 三个指标，指标障碍度的计算如式（3-6）所示：

$$O_j = \frac{w_j \times F_j \times 100\%}{\sum_{j=1}^n w_j F_j} \quad (3-6)$$

其中，$F_j = 1 - b_{ijk}$ 表示第 j 指标与最优指标数值 1 的差距值，因子贡献

度 w_j 直接用熵权权重表示，准则层中五个子系统的障碍度可以通过将该系统对应的指标层指标的障碍度加总求得。

第三节 产业链现代化指数的测算

本节运用熵权TOPSIS模型，基于2014~2020年指标数据对28个地区的产业链现代化指数进行实证研究，归纳总结产业链现代化水平的现状和变化趋势，根据产业链指数将全国28个地区分为产业链引领型和追随型两类，分别探讨其指数特征。

一、指标数据获取

本书测算的数据跨度为2014~2020年，原始数据来自2015~2021年的《中国科技统计年鉴》《中国统计年鉴》和《中国高技术产业统计年鉴》，部分年份数据无法获取，采用前后两年取平均方式处理，由于青海、西藏和新疆过多年份数据缺失，将这3个区域及港澳台地区排除，测算28个省、自治区、直辖市7年间的产业链现代化指数及其变化趋势。相关原始数据见附录1。

二、全国产业链现代化指数分析

利用中国28个省、自治区、直辖市的相关指标数据，结合表3-2的指标权重，运用熵权TOPSIS模型计算2014~2020年我国28个地区的产业链现代化指数，以历年各省市的产业链指数均值代表全国产业链指数，结果如表3-3所示。虽然产业链现代化指数呈逐年上升趋势，但总体水平偏低，从2014年的0.372上升到2020年的0.429，年均增长率仅为2.55%，可见，当前我国产业链升级面临着不稳、不安全和不强三重挑战（张虎、张毅、韩爱华，2022）。一是美国的重新工业化战略，通过大幅度税收减免与财政补贴，吸引制造业回流，美国导致部分高端产业出现"去中国化"现象，造成我国产业的空心化和不稳定；二是为遏制中国的崛起，中美科技脱钩的风险加剧,"卡脖子"问题不解决,产业链"断链"风险就存在;三是我国工业基础比较薄弱,长期以来一直处于产业链的中低端,产业附加价值较低,产业链创新能力不强。

表3-3 2014~2020年全国产业链及各子系统指数数值

年份	基础创新能力	高端引领能力	协同创新能力	产业支撑与控制力	绿色可持续发展	产业链现代化指数
2014	0.231	0.253	0.371	0.555	0.510	0.372
2015	0.235	0.266	0.373	0.546	0.515	0.378
2016	0.247	0.271	0.387	0.540	0.528	0.391
2017	0.256	0.278	0.399	0.541	0.528	0.400
2018	0.265	0.282	0.418	0.541	0.520	0.401
2019	0.278	0.306	0.429	0.543	0.522	0.411
2020	0.349	0.312	0.459	0.542	0.514	0.429

资料来源:作者计算整理。

从图3-1可以看出,各子系统的指数大小与变化趋势不一致。第一,基础创新能力不足表现最为明显,7年间指数值从0.231上升到0.349,体现了创新投入的R&D经费内部支出占GDP比重在2020年为2.4%,同期美国占比是3.39%,美国的R&D经费支出是中国的1.9倍。世界知识产权组织(WIPO)2021年9月20日在日内瓦发布的《2021年全球创新指数报告》显示,中国创新能力排名第12位,美国排名第3位。美国政府历来重视基础创新,不断出台新政策激励企业加强对创新基础要素的投资,改善创新商业环境,提升企业创新能力,技术创新成果大量涌现,尤其是科技论文产出世界领先。所以,在基础创新能力方面,中美还有较大的差距。第二,高端引领能力不足,指数增长乏力。在专利受理数量方面,2020年,我国受理国内外发明专利申请量为149.72万项,高技术产业发明专利申请量为38.85万项,仅占发明专利申请总数的23.27%,在科技论文产出方面,我国产出占全球的23%,美国占16%,但美国的高被引文章指数稳定在1.8

左右,中国仅为1.2,① 高端技术产出与创新产出的影响力与美国比还存在差距。第三,协同创新能力稳步上升,产业链各创新主体、创新要素的协同水平在不断提升,发达国家产业链发展经验表明,构筑政、产、学、研相结合的协同创新网络对于实现资源共享,提升产业创新效率意义重大。第四,产业支撑与控制力表现较好,但有下降趋势。过去10年,我国对传统基建的投资力度保持世界领先,截至2020年,我国高速铁路为3.8万公里,实现了从无到有再到世界第一的飞跃,高速公路以16.1万公里的通车里程稳居世界之首。在数字基础设施建设方面,5G、数据中心、云计算、人工智能、物联网、区块链等新一代信息通信技术正在加速推进,2021年,我国数字经济规模达到45.5万亿元,占GDP比重达39.8%,② 为数字产业链建设保驾护航。第五,绿色可持续发展指数变化不大,在"双碳"目标的驱动下,我国要继续推进绿色发展、高质量发展战略,降低单位产值的能源消耗,减少污染排放,提升利用效率。

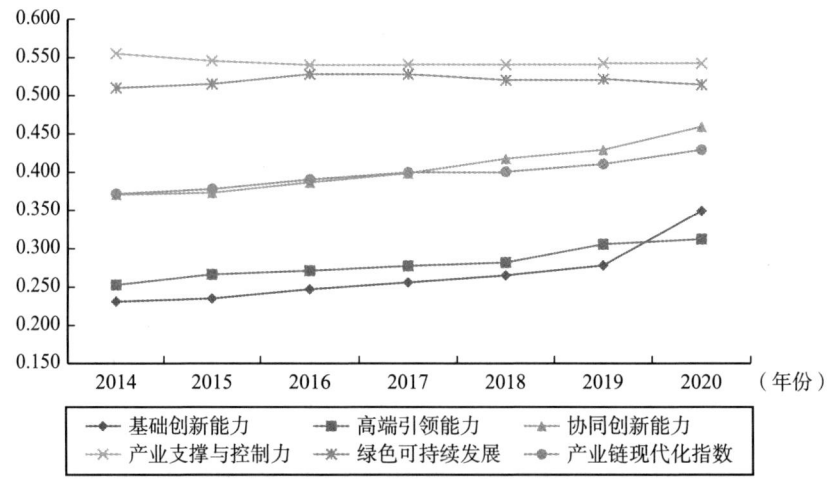

图3-1 2014~2020年我国产业链现代化指数及各子系统指数变化趋势

---

① 张琳. 美国《科学与工程指标2022》对中国的评价及启示[J]. 中国科技产业,2022(4):50-51.

② 作者依据《中国统计年鉴》整理所得。

三、各地区产业链现代化指数分析

(一) 各省总体情况分析

如表3-4所示,2014~2020年,28个地区中有25个产业链现代化指数呈上升趋势,而天津、黑龙江和海南3个地区指数呈现不同程度的下降,指数年平均增长率最快的3个省份均位于中部地区,分别是江西、湖北和安徽,增长率分别为7.27%、5.99%和5.61%。7年间产业链现代化指数平均值超过0.5的有广东、江苏和北京3地,分别为0.614、0.574和0.515,指数均值位于区间[0.4,0.5]的地区有6个,将指数均值大于0.4的9个地区称为产业链现代化引领型区域,占32.14%;有19个区域的指数均值位于区间,小于0.4,占67.86%,称这19个地区为产业链现代化追随型区域。可见我国产业链现代化指数总体水平依旧偏低且增长缓慢,要认清短板,加快解决"卡脖子"技术问题,确实实现产业链现代化。

表3-4 2014~2020年28个区域产业链现代化指数值及年均增长率

类型	地区	2014年	2015年	2016年	2017年	2018年	2019年	2020年	平均值	年均增长率(%)	所属地区
引领型	广东	0.604	0.615	0.629	0.620	0.616	0.608	0.608	0.614	0.11	东部
	江苏	0.549	0.550	0.566	0.560	0.574	0.590	0.631	0.574	2.49	东部
	北京	0.509	0.504	0.508	0.512	0.518	0.524	0.533	0.515	0.78	东部
	河南	0.468	0.485	0.486	0.497	0.498	0.453	0.493	0.483	0.90	中部
	浙江	0.427	0.437	0.453	0.463	0.486	0.506	0.561	0.476	5.20	东部
	上海	0.443	0.450	0.452	0.467	0.472	0.483	0.504	0.467	2.30	东部
	天津	0.475	0.473	0.472	0.457	0.456	0.460	0.467	0.466	-0.30	东部
	山东	0.416	0.421	0.440	0.463	0.460	0.446	0.516	0.452	4.00	东部
	安徽	0.363	0.376	0.395	0.412	0.437	0.438	0.486	0.415	5.61	中部
追随型	重庆	0.351	0.393	0.390	0.427	0.400	0.401	0.430	0.399	3.76	西部
	湖北	0.344	0.355	0.373	0.386	0.408	0.435	0.468	0.396	5.99	中部
	陕西	0.381	0.385	0.380	0.387	0.391	0.415	0.433	0.396	2.29	西部
	湖南	0.364	0.384	0.375	0.375	0.396	0.407	0.442	0.392	3.55	中部

续表

类型	地区	2014年	2015年	2016年	2017年	2018年	2019年	2020年	平均值	年均增长率（%）	所属地区
追随型	福建	0.344	0.353	0.376	0.377	0.390	0.406	0.441	0.384	4.73	东部
	四川	0.358	0.357	0.361	0.374	0.386	0.409	0.430	0.382	3.38	西部
	河北	0.331	0.343	0.350	0.375	0.375	0.392	0.409	0.368	3.92	东部
	宁夏	0.315	0.337	0.379	0.412	0.364	0.392	0.361	0.366	2.45	西部
	甘肃	0.313	0.337	0.346	0.378	0.353	0.360	0.383	0.353	3.72	西部
	江西	0.300	0.304	0.328	0.339	0.360	0.397	0.431	0.351	7.27	中部
	辽宁	0.337	0.323	0.334	0.361	0.358	0.360	0.381	0.351	2.15	东部
	山西	0.311	0.314	0.339	0.320	0.333	0.358	0.375	0.336	3.44	中部
	内蒙古	0.296	0.287	0.342	0.370	0.339	0.325	0.327	0.327	1.79	中部
	吉林	0.313	0.297	0.303	0.306	0.329	0.377	0.358	0.326	2.41	中部
	云南	0.320	0.326	0.331	0.326	0.316	0.328	0.321	0.324	0.09	西部
	海南	0.308	0.321	0.318	0.325	0.313	0.315	0.299	0.314	-0.50	东部
	贵州	0.289	0.277	0.309	0.304	0.322	0.327	0.337	0.309	2.77	西部
	黑龙江	0.304	0.300	0.310	0.322	0.293	0.302	0.303	0.305	-0.05	中部
	广西	0.280	0.284	0.294	0.280	0.273	0.289	0.289	0.284	0.54	中部

资料来源：作者计算整理。

（二）分层次分析

1. 产业链引领型区域

产业链引领型区域的产业链现代化指数最高，9个地区中有7个位于我国东部地区，全域7年指数的平均值为0.496，以2020年的指数进行排序，各地区产业链现代化指数排列顺序为：江苏＞广东＞浙江＞北京＞山东＞上海＞河南＞安徽＞天津。

从图3-2可以看出，所有地区的产业链现代化指数均呈上升趋势，增长速度最快的是浙江、山东和江苏，分别实现年平均5.20%、4.00%、2.49%的增长率。引领型区域的产业链现代化指数较高主要得益于这些省份的创新投入，以7年平均值最高的广东为例，该省的产业链内高级研发机构

第三章 产业链现代化指数测度与制约因素诊断

数量、产业链内科研人员投入强度、产业链内创新技术产出、产业链上新产品产出、技术密集型产业产值占比、产业链头部技术产出水平、产业链尖端产品技术引领性、产业链协同的资金保障度、产业链技术自主把控程度等指标均位居全国首位。江苏除了注重创新投入外，产业链内技术引领的可持续性、不同创新主体协同创新意识、产学研协同创新的深度、产业链全员劳动生产率、产业链企业创新战略支撑力等方面表现较突出，该省在产业协同创新能力与产业支撑与控制力方面优于广东。北京则在产业链 R&D 经费投入强度、产业链上新产品产出、产学研协同创新的广度、协同创新产出效果、产业链内基础设施完善度、产业链内企业抗风险能力、产业链绿色财政投入水平、产业链工业污染治理能力等方面表现突出，该市的绿色可持续发展能力较好。安徽在产业链 R&D 经费投入强度、产业链内创新技术产出、产业链上新产品产出、产业链内技术引领的可持续性、产业链协同的资金保障度、不同创新主体协同创新意识、产业链企业创新战略支撑力、产业链技术自主把控程度、产业链生产绿色度和产业链企业绿色治理意识等指标表现较好。

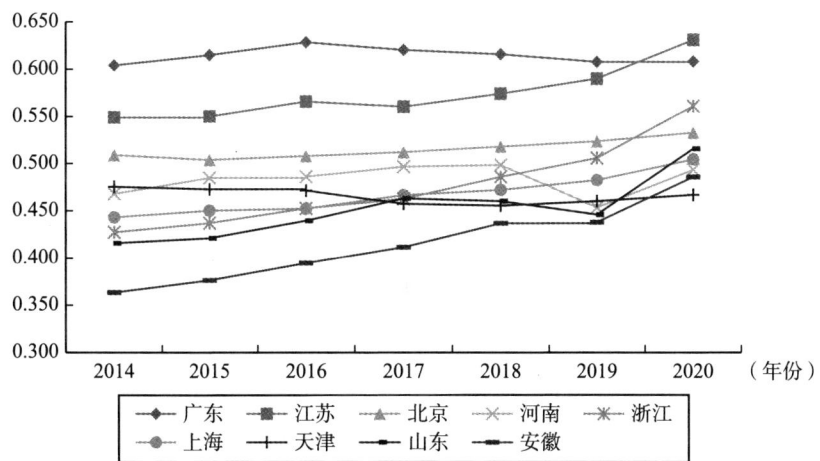

图 3-2 2014~2020 年引领型地区产业链现代化指数变化趋势

2. 产业链追随型区域

产业链追随型区域 7 年间的产业链现代化指数平均值为 0.351，年平均增长率为 2.83%，主要集中于中西部地区，这些区域是我国产业技术进步从模仿到自主创新，从技术追随到技术引领的后继力量。除海南和黑龙江外，7 年间产业链现代化指数值均呈上升趋势，其中江西、湖北和福建 3 省的增长率最高，分别为 7.27%、5.99% 和 4.73%。根据 7 年指数均值分布区间，以 3.5 为分界线，再将其分成两组进行分析，指数平均值大于 3.5 的地区指数变化趋势如图 3-3 所示。

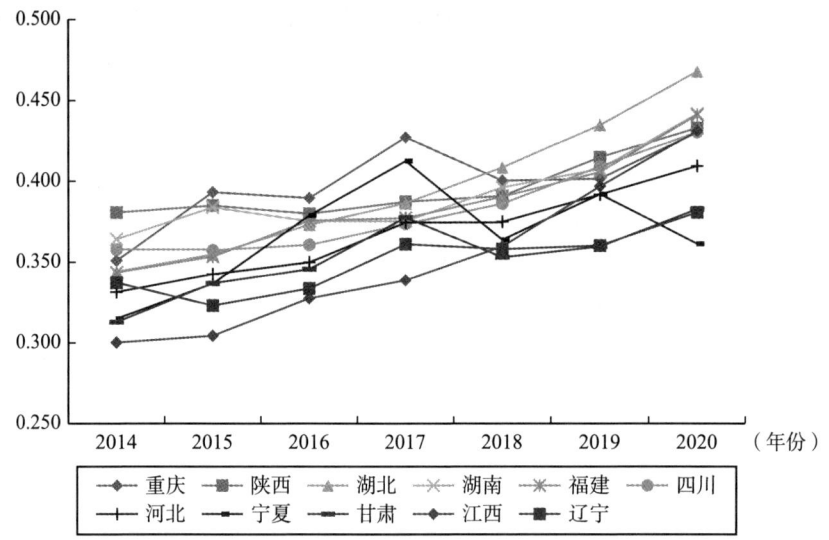

图 3-3 2014~2020 年追随型地区产业链现代化指数变化趋势

湖北作为教育强省，协同创新能力表现比较突出，具体指标体现在产业链 R&D 经费投入强度、产业链头部技术产出水平、产学研协同创新的深度、产学研协同创新的广度、协同创新产出效果、产业链内企业抗风险能力和产业链全员劳动生产率等方面。福建产业支撑与控制力较好，在劳动生产率方面，2020 年，产业链全员劳动生产率达到 25.99 亿元/万人，仅次于江苏。在交通基础设施方面，7 年间，福建省的高铁和高速公路总里程与区域土地总面积的比值由 5.684 千米/100 平方千米增长到 7.743 千米/100 平方千米。① 产

---

① 作者根据《中国统计年鉴》整理所得。

业链现代化绿色基础表现也比较突出，一直以来，福建秉持生态优先的发展理念，从总量上看，在产业链生产绿色度、产业链企业绿色治理意识、产业链人民生活绿色度等指标表现突出。

指数平均值小于3.5的地区指数变化趋势如图3-4所示，此类区域主要位于中西部，经济总量较小，产业基础比较薄弱，创新投入能力和产业支撑能力不足。通过与地区最理想指标的比较，此类地区的绿色可持续发展子系统的指数与引领型区域的差距较小，其他四个子系统指标与理想解均存在较大差距。要加大研发经费投入，引进和培养科技人才，培养壮大本地高科技企业，鼓励企业进行技术创新，从而提升地区高端技术专利和产品数量，确实打造坚实的创新基础，进而实现产业链的高端引领能力。同时，要鼓励区域产学研不同创新主体开展协同创新，提升协同创新意识，促进协同创新向纵深推进，通过优势互补提升协同产出效果。要完善产业链内基础设施配套，为企业创造更好的营商环境，提升企业的利润率以增强产业链内企业的抗风险能力，通过技术获取与改造提升产业链内劳动力的生产效率和实现高端技术的自主把控，从多角度提升地区产业支撑与控制力。

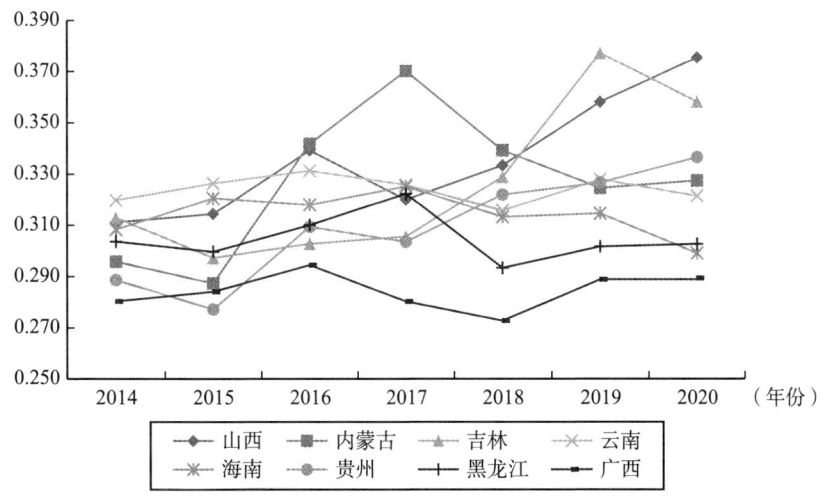

图3-4 2014~2020年引领型地区产业链现代化指数变化趋势

四、各地区各子系统指数分析

产业链现代化指数值由各子系统的指数大小决定，分析各个子系统的指数变化趋势，有助于摸清产业链现代化的优势与不足，对于决策者有的放矢，针对性的制定产业链现代化产业政策具有重要的意义。如表 3-5 所示，基于 2020 年的测算数据①，5 个子系统指数全国平均值排序如下：产业支撑与控制力子系统 > 绿色可持续发展子系统 > 协同创新能力子系统 > 基础创新能力子系统 > 高端引领能力子系统。

表 3-5　　　　2020 年 28 个地区五个子系统指数测算值

类型	地区	基础创新能力子系统	高端引领能力子系统	协同创新能力子系统	产业支撑与控制力子系统	绿色可持续发展子系统	产业链现代化指数
引领型	江苏	0.687	0.653	0.567	0.556	0.495	0.631
	广东	0.612	0.621	0.611	0.565	0.499	0.608
	浙江	0.650	0.459	0.528	0.562	0.496	0.561
	北京	0.520	0.414	0.572	0.532	0.522	0.533
	山东	0.695	0.309	0.561	0.559	0.537	0.516
	上海	0.530	0.305	0.606	0.549	0.525	0.504
	河南	0.444	0.524	0.383	0.549	0.513	0.493
	安徽	0.525	0.428	0.477	0.550	0.506	0.486
	天津	0.371	0.312	0.563	0.529	0.496	0.467
	平均值	0.560	0.447	0.541	0.550	0.510	0.533
追随型	湖北	0.473	0.355	0.534	0.542	0.494	0.468
	湖南	0.471	0.344	0.461	0.547	0.495	0.442
	福建	0.454	0.356	0.394	0.542	0.498	0.441
	陕西	0.315	0.216	0.573	0.591	0.509	0.433
	江西	0.357	0.400	0.418	0.543	0.503	0.431
	四川	0.448	0.308	0.479	0.541	0.487	0.430

---

① 各地区、各年份相关子系统 2020 年的指数测算值详见附录 2。

第三章 产业链现代化指数测度与制约因素诊断

续表

类型	地区	基础创新能力子系统	高端引领能力子系统	协同创新能力子系统	产业支撑与控制力子系统	绿色可持续发展子系统	产业链现代化指数
追随型	重庆	0.316	0.406	0.424	0.542	0.503	0.430
	河北	0.325	0.241	0.438	0.541	0.527	0.409
	甘肃	0.121	0.368	0.459	0.507	0.526	0.383
	辽宁	0.319	0.149	0.467	0.565	0.489	0.381
	山西	0.158	0.219	0.389	0.551	0.558	0.375
	宁夏	0.146	0.271	0.410	0.524	0.592	0.361
	吉林	0.144	0.154	0.531	0.537	0.515	0.358
	贵州	0.130	0.215	0.427	0.538	0.491	0.337
	内蒙古	0.105	0.094	0.273	0.516	0.578	0.327
	云南	0.144	0.216	0.328	0.528	0.489	0.321
	黑龙江	0.142	0.131	0.384	0.461	0.524	0.303
	海南	0.050	0.138	0.284	0.516	0.555	0.299
	广西	0.131	0.144	0.323	0.605	0.474	0.289
	平均值	0.250	0.249	0.421	0.539	0.516	0.380
全国平均		0.349	0.312	0.459	0.542	0.514	0.429

资料来源：作者计算整理。

（一）基础创新能力子系统

产业基础高级化是产业链现代化的前提，没有坚实的创新基础作后盾，产业链内部创新就成无源之水、无本之木，尖端领域的技术创新更是无从谈起。测算数据表明，28个地区7年间基础创新能力子系统的指数平均值仅为0.266，2020年的平均值为0.349，虽然指数数值在提升，但整体水平依旧不高。从分层次上看，2020年，产业链引领型地区的基础创新能力子系统平均值为0.560，是追随型地区均值的2.24倍，地区差距比较明显。产业链引领型区域经济发达，高等院校集中，科研机构布局完善，创新资源的投入能力与产出能力较强，为地区产业技术创新创造了良好的条件。2020年，广东的产业链内高级研发机构数量达10859家，有效发明专利达43.55

万件;江苏和浙江两地规模以上企业新产品开发项目数达 10.28 万件和 13.33 万件;北京的 R&D 投入强度为 6.31,① 遥遥领先于其他地区。而追随型地区,在产业链 R&D 经费投入强度、人员投入、高端研发机构数量上确实存在差距,导致技术和产品产出不足,制约了基础创新能力系统指数的提升,7 年均值仅为 0.250。

（二）高端引领能力子系统

高端引领能力是产业链现代化的重要标志,直接决定了产业链头部厂商的技术引领和技术控制水平,对于降低产业链风险,解决"卡脖子"技术问题至关重要。为遏制中国发展和创新能力的提升,美国联合其盟友实施一系列技术封锁政策,芯片的断供导致我国华为、中兴等高科技产品的生产供应受阻,美国的技术霸凌给中国依靠创新链结构升级支撑产业链现代化水平提升带来了巨大冲击,这恰恰说明我国产业链的高端引领能力确实较弱,实证分析结果表明,该子系统的指数值偏低,7 年间全国平均值仅为 0.281,2020 年的平均值为 0.312,是 5 个子系统中得分最低的。从分层次上看,2020 年产业链引领型地区的均值也仅为 0.447,高技术产业新产品销售收入/GDP 比值,除了广东占 21.1%外,其他地区的比值均低于 12%,体现了技术高端创新能力的"地区高技术产业发明专利授权量"指标仅有广东、江苏和浙江三省超过 10000 件,高端创新能力有待强化。开展创新活动的企业占比只有浙江超过 50%,说明我国产业链现代化过程中技术密集型产品和尖端产品的研发和生产能力依旧不强,企业的创新意识有待强化。产业链追随型地区的均值为 0.249,其中,有重庆、江西 2 个省市的指数超过 0.4,主要是得益于在高技术产品新产品出口技术复杂度和高技术产业新产品出口总额两个指标上的优越表现。②

（三）协同创新能力子系统

协同创新能够实现产业链内创新资源的协同效应,对于我国这样一个全产业链发展的国家,协同创新有助于节约创新资源,提升创新产出绩效。实证研究表明,2020 年全国整体的协同创新能力指数为 0.459,其中,产业链

---

①② 作者根据《中国统计年鉴》整理所得。

引领型和追随型区域的协同创新能力指数分别为0.541和0.421。指数偏低的原因主要表现在：一是创新主体的协同创新意识有待提高，2020年，规模以上企业开展产品或工艺创新合作的企业占比最高值仅为28.63%，全国平均值仅为18.82%；二是协同创新的广度不够，技术开发、转让、咨询和服务总费用/制造业增加值的比重最高值为8.70%，但全国平均值仅为2.49%；三是协同创新产出效果不理想，全国技术市场成效额在地区GDP中的占比表现最好的是在北京，2020年达到17.50%，而全国平均值仅为2.63%。[①]

（四）产业支撑与控制力子系统

在产业链现代化进程中，产业支撑体现区域创新环境、创新要素禀赋对产业链中企业创新的支撑和产业技术进步的推动作用，产业控制力体现产业链内企业对关键核心技术的把控程度和风险防控水平，这是实现产业链内部技术走向高端化所不可或缺的一个核心能力。该指数全国7年的平均值为0.544，2020年平均值为0.542，产业链引领型和追随型区域的产业支撑与控制力指数分别为0.550和0.539，总体分布比较集中。近几年，随着基础设施的不断完善，高速公路和高速铁路总里程不断取得新突破，高等级公路铁路网密度由2014年的5.90千米/平方千米增加到2020年的7.54千米/平方千米，体现了产业生产效率的全员劳动生产率从2014年的12.67亿元/万人增加到2020年的17.06亿元/万人，[②]可见产业支撑力较好，但体现抗风险能力的核心指标"规模以上工业企业利润总额/企业总数"7年间的数值变化不大，企业抗风险能力依旧不强，"规模以上工业企业技术获取和改造经费"全国年均增长率仅为1.07%，产业链技术自主把控程度较弱。

（五）绿色可持续发展子系统

产业链现代化的重要标志是产业的可持续性、绿色性和生态性。7年间，绿色可持续发展子系统指数平均值为0.514，且7年间该系统的指数值比较稳定。其中，2020年，引领型和追随型两个不同层次区域的指数值分别为0.510和0.516，全国不同区域指数差异不大，发展相对均衡。绿色可

[①][②] 作者根据《中国统计年鉴》整理所得。

持续发展指数数值主要受产业链绿色财政投入水平和产业链工业污染治理能力等指标的影响，指标权重分别为 0.018 和 0.038。

第四节　产业链现代化障碍因子分析

本节运用障碍度诊断模型，基于 2014~2020 年指标数据对制约产业链升级的关键因子进行诊断，分析制约中国产业链升级的关键因素。

一、准则层障碍度分析

根据障碍度计算公式（3-6），分别计算 28 个省、自治区、直辖市 2014~2020 年各指标的障碍度，加总求和分别计算产业链引领型、追随型区域的 5 个子系统的障碍度数值，结果如表 3-6 所示。

表 3-6　　　2020 年 28 个地区五大子系统的障碍度值　　　单位：%

类型	地区	基础创新能力子系统	高端引领能力子系统	协同创新能力子系统	产业支撑与控制力子系统	绿色可持续发展子系统
引领型	江苏	15.64	25.17	18.26	7.44	7.28
	广东	2.07	8.00	11.80	4.75	7.09
	浙江	21.56	36.01	18.98	8.77	7.38
	北京	30.77	37.23	8.93	8.08	6.07
	山东	28.57	40.86	18.92	8.61	6.51
	上海	31.72	40.15	18.52	5.86	6.46
	河南	34.32	32.77	22.89	10.02	7.02
	安徽	32.53	36.87	20.78	8.81	7.04
	天津	35.74	40.20	16.96	7.83	7.38
追随型	湖北	33.64	39.39	19.07	9.49	7.33
	湖南	33.56	40.08	21.23	10.02	7.17
	福建	33.96	38.92	22.83	9.43	7.10
	陕西	36.53	43.00	17.90	8.46	7.00

续表

类型	地区	基础创新能力子系统	高端引领能力子系统	协同创新能力子系统	产业支撑与控制力子系统	绿色可持续发展子系统
追随型	江西	35.46	37.74	22.34	10.06	6.97
	四川	33.96	40.52	20.65	10.88	7.55
	重庆	36.31	37.43	22.45	9.93	6.83
	河北	36.07	42.32	21.68	9.73	5.81
	甘肃	39.56	39.99	21.11	11.90	7.00
	辽宁	36.34	43.59	21.11	10.28	7.65
	山西	38.74	42.29	22.84	10.22	5.09
	宁夏	39.56	42.05	22.57	10.53	6.63
	吉林	39.10	43.39	19.64	11.19	7.05
	贵州	39.04	43.46	21.88	10.76	7.53
	内蒙古	39.51	44.39	23.96	10.84	6.06
	云南	38.88	43.54	23.75	10.89	7.55
	黑龙江	39.10	44.08	22.65	12.58	6.59
	海南	40.25	44.33	23.91	11.56	6.21
	广西	38.99	43.69	23.45	10.82	8.11
全国平均		33.62	38.98	20.40	9.63	6.91

资料来源：作者计算整理。

从表3-6中的数据可以看出，高端引领能力子系统、基础创新能力子系统、协同创新能力子系统是制约我国产业链现代化的三个主要障碍，障碍度值均超过20%。与产业链指数值对应，高端引领能力子系统的障碍度平均值达到38.98%，属于第一障碍，除广东外，产业链引领型和追随型均存在较高的高端引领能力障碍。基础创新能力子系统的障碍度平均值为33.62%，产业链追随型地区的基础创新能力不足表现较为明显，绝大多数障碍度超过35%。协同创新能力子系统的障碍度平均值为20.40%，内蒙古、海南和云南等18个地市的障碍度超过20%。产业支撑与控制力子系统和绿色可持续发展子系统的障碍度较小，平均值分别是9.63%和6.91%。

二、指标层障碍度分析

为精准把握产业链现代化中指标层的最主要障碍因子,作为制订激励政策的参考,结合2020年的基础数据,针对25个评价指标进行障碍度测算,表3-7中列出了每个地区障碍度最大的前8个指标。

表3-7　　　　28个地区指标层障碍度前8位指标汇总

类型	地区	障碍度排序							
		1	2	3	4	5	6	7	8
引领型	江苏	B_{12}	C_{15}	B_{13}	B_{14}	C_{11}	A_{14}	E_{15}	A_{15}
	广东	C_{15}	B_{13}	E_{15}	C_{14}	D_{11}	A_{11}	E_{12}	D_{12}
	浙江	B_{14}	B_{12}	B_{13}	C_{15}	A_{14}	C_{11}	A_{12}	E_{15}
	北京	B_{14}	B_{12}	A_{14}	A_{15}	C_{11}	B_{13}	A_{12}	A_{13}
	山东	B_{14}	B_{12}	B_{13}	A_{14}	C_{15}	C_{11}	A_{12}	A_{15}
	上海	B_{14}	B_{12}	A_{14}	B_{13}	A_{15}	C_{15}	A_{12}	C_{11}
	河南	B_{12}	B_{14}	A_{14}	C_{15}	A_{15}	C_{11}	A_{13}	A_{12}
	安徽	B_{14}	B_{12}	A_{14}	C_{15}	A_{15}	C_{11}	A_{13}	B_{13}
	天津	B_{14}	B_{12}	A_{14}	A_{15}	A_{13}	C_{11}	B_{13}	A_{12}
追随型	湖北	B_{14}	B_{12}	A_{14}	A_{15}	B_{13}	C_{11}	C_{15}	A_{13}
	湖南	B_{14}	B_{12}	A_{14}	C_{15}	B_{13}	A_{15}	C_{11}	A_{13}
	福建	B_{14}	B_{12}	C_{15}	A_{14}	B_{13}	C_{11}	A_{15}	A_{13}
	陕西	B_{14}	B_{12}	A_{14}	B_{13}	A_{15}	A_{13}	C_{11}	A_{12}
	江西	B_{14}	B_{12}	A_{14}	C_{15}	C_{11}	A_{15}	A_{13}	B_{13}
	四川	B_{14}	B_{12}	A_{14}	B_{13}	C_{15}	A_{15}	C_{11}	A_{13}
	重庆	B_{14}	B_{12}	A_{14}	C_{15}	A_{15}	A_{13}	C_{11}	A_{12}
	河北	B_{14}	B_{12}	A_{14}	C_{15}	B_{13}	A_{15}	A_{13}	C_{11}
	甘肃	B_{14}	B_{12}	A_{14}	A_{15}	A_{13}	C_{11}	C_{15}	A_{12}
	辽宁	B_{14}	B_{12}	A_{14}	B_{13}	A_{15}	C_{15}	A_{13}	C_{11}
	山西	B_{14}	B_{12}	A_{14}	C_{15}	A_{15}	A_{13}	C_{11}	B_{13}
	宁夏	B_{14}	B_{12}	A_{14}	C_{15}	A_{15}	A_{13}	C_{11}	B_{13}

第三章
产业链现代化指数测度与制约因素诊断

续表

类型	地区	障碍度排序							
		1	2	3	4	5	6	7	8
追随型	吉林	B_{14}	B_{12}	A_{14}	A_{15}	A_{13}	B_{13}	C_{11}	C_{15}
	贵州	B_{14}	B_{12}	A_{14}	A_{15}	B_{13}	A_{13}	C_{15}	C_{11}
	内蒙古	B_{14}	B_{12}	A_{14}	C_{15}	A_{15}	B_{13}	A_{13}	C_{11}
	云南	B_{14}	B_{12}	A_{14}	A_{15}	B_{13}	C_{15}	A_{13}	C_{11}
	黑龙江	B_{14}	B_{12}	A_{14}	A_{15}	B_{13}	A_{13}	C_{15}	C_{11}
	海南	B_{14}	B_{12}	A_{14}	C_{15}	A_{15}	A_{13}	B_{13}	C_{11}
	广西	B_{14}	B_{12}	A_{14}	C_{15}	A_{15}	A_{13}	B_{13}	C_{11}

资料来源：作者计算整理。

表3-7中总共出现14类指标，总共出现224次，其中，85次出现在基础创新能力子系统中，占37.94%；70次出现在高端引领能力子系统中，占31.25%；65次出现在协同创新能力子系统中，占29.01%；出现在产业支撑与控制力子系统和绿色可持续发展子系统中的指标只有4个，占1.79%。这与前面五大子系统障碍度的分析结论基本一致，因此，制约我国产业链升级的主要障碍是基础创新能力、高端引领能力和协同创新能力三个系统。

表3-7表明，除江苏和广东外，产业链尖端产品技术引领性（B_{14}）是制约所有地区产业链技术提升的首要因素，指标平均障碍度达到13.46%；产业链头部技术产出水平（B_{12}）是制约产业链现代化的第二大因素，指标平均障碍度达到11.72%；产业链内创新技术产出（A_{14}）是第三大制约因素，障碍度达9.16%；协同创新产出效果（C_{15}）是第四大制约因素，障碍度达8.18%；此外，产业链头部技术的尖端性（B_{13}）、产业链上新产品产出（A_{15}）、产业链协同的资金保障度（C_{11}）、产业链科研人员投入强度（A_{13}）、产业链内高级研发机构数量（A_{12}）亦是制约产业链现代化的关键障碍，障碍度平均值均大于5%。此外，对于广东、江苏等产业链引领型区域，协同创新产出效果（C_{15}）和产业链工业污染治理能力（E_{15}）两个因子的障碍度较大。

三、关键制约因素分析

（一）以"工业五基"为代表的产业基础比较薄弱

以基础零部件和元器件、基础材料、工业基础软件、基础制造工艺及装备、产业技术基础为代表的"工业五基"是现代产业的基础，也是产业链现代化的关键。然而，中国制造业产业链主要集中于产业链中下游的组装环节，属于中低端制造领域，产业链上游的核心技术设备和工业软件仍受制于人。

2022年7月26日，由中国工程院、国家制造强国建设战略咨询委员会指导，国家产业基础专家委员会编制的《产业基础创新发展目录（2021年版）》，是在工信部《工业"四基"发展目录（2016年版）》的基础上重新编制的创新发展目录，总共收录了1047项产业基础产品和技术，其中，基础零部件和元器件为289项，基础材料为269项，工业基础软件为100项，基础制造工艺及装备为260项，产业技术基础为129项，产业基础短板比较突出。

据工业和信息化部对全国130多种关键基础材料的调研发现，有32%的关键材料仍为空白，52%依赖进口，比如，高端射频器件、高端电容电阻、大型工程机构高端液压件等基础零部件，高纯度光刻胶、压电陶瓷和晶体、纳米材料等关键材料主要依靠进口，在装备制造领域，高档数控机床、装备仪器、航空发动机等关键生产线上的检测设备95%需要依靠进口。由于忽视工业互联网和工业软件建设，在集成电路产业，中国80%的研发设计软件、60%的生产控制软件被外企垄断，在高端装备制造的设计软件市场上，超过90%的市场份额被欧美软件公司占领（秦海林，2021）。

（二）尖端技术引领性不足，"卡脖子"问题依旧突出

2018年《科技日报》在系列专题报道"亟待攻克的核心技术"中列出了35项"卡脖子"技术清单，涉及技术包括掘进机主轴承、蛋白质3D高清透射式电镜、扫描电镜、射频器件、芯片、操作系统、工业机器人算法、EDA工业软件、光刻胶、航空钢材、创新药"靶点"和航空的适航标准，等等。中国制造在这些领域的研发和生产依然存在亟须攻破的技术难题。比

如，生产芯片的关键装备光刻机主要被荷兰 ASML 公司垄断，其中的透镜由德国蔡司公司供应，高端芯片制造落后国际先进水平 2 代以上，95% 的高端专用芯片、70% 以上智能终端处理器依赖进口（盛朝迅，2019）。我国在这个领域只能够生产 14nm 芯片，而且同样大量依赖从美国进口设备、材料和软件，尚无法实现自主可控。

（三）产业链创新主体的协同性不强，创新链对产业链的支撑不足

我国尚未形成不同创新主体互利共生的创新生态系统，产业链上下游企业间的合作关系有待加强。据统计，2021 年，我国研发支出占 GDP 的比重为 2.44%，而日本和美国在 2019 年为 2.8%，以色列和韩国高达 4.5%，创新投入不足制约了产业链的高端技术产出。[①] 研发的分工与协作性不强造成低水平重复研发，创新资源浪费造成本来就有限的研发经费无法带来最大的创新产出，2019 年，我国科技进步贡献率仅为 59.5%，与创新型国家 70% 的贡献率还有较大差距。同时，国内消费需求对产业链的带动作用不强，消费结构中住房、教育和医疗占比偏高，而对战略性新兴产业产品的消费需求占比偏低。因此，要尽快改变各自为战的研发局面，提升产业链、创新链、资金链和人才链之间的协同度。

（四）要素禀赋结构与产业链结构的协同性不足带来"断链"和"掉链"风险

一直以来，劳动力成本较低是中国制造业竞争优势的主要来源，但随着人口红利的逐渐消失，劳动力不足与成本上升在未来将成为中国的常态，而且劳动成本上升速度高于劳动生产率增速（白雪洁、于庆瑞，2019）。传统劳动密集型产业成本优势逐渐弱化，而印度、马来西亚、越南等新兴经济体的成本优势明显，加上各国系列产业扶持政策的吸引，资本转移对中国低端产业链构成较大竞争。同时，我国在向中高端产业迈进过程中亦受到发达国家的技术封锁和产品断供威胁，如果产业链结构调整无法与要素禀赋结构相协调，"双重挤压"容易出现"断链"和"掉链"风险（中国社会科学院工业经济研究所课题组，2021）。

---

① 国际在线：2021 年研发经费与 GDP 之比持续提升达到 2.44% ［EB/OL］. https：//baijiahao.baidu.com/s? id = 1723008248915161944&wfr = spider&for = pc，2022 – 03 – 30.

（五）新型基础设施服务水平与社会需求不匹配

数字经济生成的数据呈现指数级增长，物联网、云计算、大数据、人工智能等新一代信息技术发展对基础设施提出更高要求，制造业的数字化转型需要工业互联网的支撑，生活中的水、电、气等城市公共设施的智能化需要城市物联网的支撑。然而，我国目前工业互联网、数据库、新兴产业发展试验场所建设力度不足，制造业关键工序数字化程度偏低，加快新型基础设施的建设势在必行。

第五节 本章小结

本章根据产业链现代化的特征，从基础创新能力、高端引领能力、协同创新能力、产业支撑与控制力和绿色可持续发展能力5个维度构建产业链现代化评价指标体系，利用信息熵，结合2014~2020年全国28个地区的指标数据计算各指标的熵权权重，构建基于熵权TOPSIS的产业链现代化评价模型和产业链现代化障碍度分析模型，作为产业链指数测算的基础。

运用熵权TOPSIS模型对28个地区的产业链现代化指数进行实证研究发现：中国产业链现代化指数总体呈上升趋势，指数从2014年的0.372上升到2020年的0.429，但产业链的现代化程度不高，产业链引领型主要分布在东部地区，产业链追随型大多位于中部地区；5大子系统指数体现为产业支撑与控制力子系统＞绿色可持续发展子系统＞协同创新能力子系统＞基础创新能力子系统＞高端引领能力子系统，说明我国产业链现代化进程中基础创新能力、高端引领能力和协同创新能力有待强化；障碍因子诊断结果表明，产业链尖端产品技术引领性、产业链头部技术产出水平、产业链内创新技术产出、协同创新产出效果、产业链头部技术的尖端性、产业链上新产品产出、产业链协同的资金保障度、产业链科研人员投入强度、产业链内高级研发机构数量是制约产业链现代化的关键障碍。

第四章
财政分权对产业链现代化的影响机理

在市场经济体制下,财政调控作为弥补市场失灵的"有形之手",财政分权对产业链的影响机理如何?财政分权作为促进产业系统升级的关键核心变量,其是否通过政府创新偏好的中介作用进而实现产业系统优化升级?本章将就此展开论述。

第一节 文献综述

市场通过优胜劣汰来调节资源配置,进而实现产业系统的升级,但市场也存在外部性、公共物品供给不足及信息不对称等问题,市场失灵容易造成资源无法实现高效配置,产业技术创新动力不足进而阻碍产业系统的升级。财政作为国家治理的基础,其分权制度改革的重要性不言而喻,1992年,党的十四大率先在财政领域开启了分税制改革,建立了规范的分级财政体制,重塑了中央政府与地方政府的分配框架和激励模式。财政分权赋予地方政府相对独立的财政支配权力,这种独立的财政支配权力有助于地方政府结合地区资源禀赋,合理优化自身产业布局,实现各级政府资源配置的帕累托最优(Pauly,1973)。财政分权有利于弥补市场制度缺陷,加快经济动能新旧转换步伐,作为中央与地方财政权力关系的一种制度安排,在很大程度上决定了财政资源配置的方式、效率与水平(李政、杨思莹,2018),促进产业结构合理化和高级化,进而实现产业链的现代化。

关于财政分权对产业系统升级的影响,现有的研究更多聚焦于财政分权与产业结构合理化、产业结构高级化和产业结构调整之间的关系,总体而言,存在"促进论""抑制论"和"非对称论"三种观点。针对政府创新偏好的作用亦存在不同的研究结论。

一、财政分权有利于产业结构的优化升级

达尔(Darrat,1999)和瓦哈布(Wahab,2011)研究发现,差别化税率、财政补贴和财政支出的倾斜性有利于产业结构的升级。财税政策在产业间的差异性配置,及其向更加依赖外部融资的产业部门倾斜的结构性调整政策显著带动了产业结构升级(安苑、宋凌云,2016)。"省直管县"改革赋予直管县更多的财政收支权,大大激活地方经济的发展活力,对县域产业结构升级产生了显著的正向推动作用,影响随着时间的推移愈发显著(王立勇、高玉胭,2018)。萨尔维诺(Salvino,2019)利用美国各州数据进行实证研究,发现财政支出分权比收入分权更能限制行业群体数量,进而影响各州产业结构升级。分权下地方政府可以通过推行可再生能源发展和服务业扩张来支持生态投资,促进产业结构升级(Elheddad,2020)。

二、财税政策不完善对产业结构促进作用有限,甚至具有反向抑制效应

财政分权下地方政府投资存在"重第二产业而轻第三产业"的偏向,阻碍了产业结构优化升级(周光亮,2012)。从地区分布上看,西部地区产业结构失衡程度受财政分权影响大于中东部地区(张浩天、李鑫,2017),但高玉胭(2022)持相反观点,认为西部地区财政分权对产业结构升级具有正向促进作用,但在东中部不显著。

三、财政分权与产业结构之间存在非对称或非线性关系

崔志坤、李菁菁(2015)研究发现,财政分权对产业结构升级存在非对称影响,收入分权存在负向作用,而支出分权作用不显著。李光龙、黄琼(2018)指出,财政支出分权与第二产业、第三产业发展呈线性正相关关系,收入分权与第二产业发展呈倒"U"型关系,与第三产业发展呈"U"

第四章
财政分权对产业链现代化的影响机理

型关系。若从产业结构合理化与高度化视角，财政分权会显著促进产业结构合理化，但会抑制产业结构的高级化（甘行琼、李玉姣、蒋炳蔚，2020）。

四、政府创新偏好对产业结构升级的影响

在财政分权体制下，地方政府具有一定的财政资源配置自主权，可依据地区财力和创新战略自主确定科技创新投入水平以促进产业结构升级和产业链现代化。激励地方政府科技投入需要明确科技投入的生产要素性质，地方政府会在支出中选择最能增加边际效用的支出类别，地方财政分权度增加能够促进地方政府增加科技投入（周彬、邹娟，2015），但这种促进作用存在边际效应递减规律（高志勇，2019），同时当官员任期超过6年，科技投入水平会随着任期的延长而增加，地方政府为创新而竞争会促进科技投入水平的提高（李恩极、李群，2020）。而针对政府科技投入行为对产业结构的影响机制，甘行琼、李玉姣、蒋炳蔚（2020）指出，财政科技投入对产业结构合理化具有正向促进作用，证明财政分权存在影响科技投入行为，进而影响产业结构合理化的机制效应，地方政府科技投入产生部分中介效应。陶长琪、徐茉、喻家驹（2020）运用空间杜宾模型和面板平滑转移回归模型，实证分析了政府创新投入与产业结构升级的关系。研究表明，政府创新投入对产业结构升级的影响，随着时间的演进由不显著到显著为正。当然，也有一些观点认为中央与地方间的财政分权，造成了地方政府的短视性投资偏好，形成"投资—基建—发展"的循环格局，强化了投资冲动（李京晓、张庆昌、王向，2012），在唯GDP论的标尺竞争下，资源不断向建设性领域转移，造成公共资金偏向性配置引发重复建设（陈志勇、陈思霞，2014），而地方政府在企业投资决策的羊群行为中作为领头羊的角色（俞俊利、徐汇丰、王亮亮，2020），导致大量社会资源向短期获利快的投资领域转移，社会科技创新支出比例减少，阻碍了产业结构升级和产业链现代化。

综上所述，针对财政分权、政府创新偏好对产业结构升级的影响机制的研究成果比较全面，但研究结论仍存在较大分歧。产业链现代化离不开产业结构合理化和高级化的支撑，但产业链现代化有其特有特征，因此，现有研究成果无法直接阐释财政分权对产业链现代化的影响机理，在财政分权体制

下，政府创新偏好对产业链现代化的中介效应也有待进一步检验。因此，本章结合现有研究成果，提出财政分权、政府创新偏好对产业链现代化影响的理论假说；根据第三章测算的2014~2020年中国各地区产业链现代化指数；结合财政分权、政府创新偏好的省级面板数据，实证检验财政分权对产业链现代化的影响机理，政府创新偏好的中介效应，并根据产业链指数将全国分为两类样本，探讨影响机理的区域异质性问题。

第二节 理论分析与研究假设

根据已有的研究文献系统阐释财政分权、政府创新偏好与产业链升级间的逻辑关系，提出相应的理论假说。

一、财政分权与产业链升级

财政分权在影响地区公共物品的供给及经济增长的同时，也深刻地影响区域产业系统的变迁，其可通过两种结构性调整方式影响产业结构的合理化和高度化，进而影响产业链现代化。财政收入分权赋予地方政府在不同产业间差异性配置财税资源的权力，能够保障财政资源配置的自主性、灵活性和高效性，在政治绩效激励下，地方政府会推动地区基础设施建设以推进产业集聚和经济发展，提升产业全要素生产率（刘秉镰、武鹏、刘玉海，2010），并通过创造良好商业环境促进产业发展（杨其静，2010），通过各项财税倾斜政策促使资源不断地从生产率水平低向水平高的部门转移，实现产业的优胜劣汰（安苑、宋凌云，2016）。通过财税政策倾斜降低各种约束对企业提高生产率的束缚，如缓解企业融资约束而促进生产效率提升（Otsuka，2015；Aghion，2014），通过资源支持途径和信号释放途径实现企业的融资需求（储德银、建克成，2014），亦能为区域创新活动开展提供良好的公共产品，促进区域创新效率提升，实现产业链现代化。然而，支出分权体制给地方政府带来的财政支出压力容易造成目标短视（甘行琼、李玉姣、蒋炳蔚，2020），造成重复建设与过度投资，降低了产业效率，阻碍产业链升

级,据此提出以下假说:

假说 H_{1a}:财政收入分权激励地方政府改善投资和技术环境,促进产业链升级。

假说 H_{1b}:财政支出分权容易造成投资短视,阻碍产业链升级。

二、财政分权、政府创新偏好与产业链升级

随着新一轮科技革命和产业变革的加速演进,颠覆性技术不断涌现,世界竞争格局正在被重塑,创新驱动成为许多国家谋求竞争优势的核心战略(朱斌,2022)。政府创新投入作为产业发展引擎,与产业发展环境相辅相成,两者均影响产业结构升级,而且创新投入具有累积效应,只有当政府创新投入达到一定门槛值,才能有效带动经济增长,促进金融环境、基础设施等产业发展配套环境的改善,财政作用于产业结构升级的正向影响才能够显现(陶长琪、徐茉、喻家驹,2020)。财政扶持的创新产出产生的知识外溢不仅能提升本地产业的基础能力,还有助于推进创新企业在细分尖端领域的技术攻关,实现本地产业系统升级以助推经济的强劲增长。因此,在财政支出分权体制机制下,地方政府会通过增加科技创新的投入以加快区域创新系统建设,实现地区产业系统技术水平的整体提升。所以收入视角下财政分权显著促进了政府科技创新投入,而支出视角下的财政分权却显著抑制政府创新投入(包健、慰喆雅,2019)。由于政府创新偏好所带来的科学与技术支出具有公共物品的属性(白俊红、戴玮,2017),地区的科技成果容易被其他地区复制和模仿,这不符合地方政府的施政目标。并且科技创新的产出不确定性和创新周期长,具有"政治人"属性的地方官员片面追求任期内的经济增长和财政增收,容易将财政资源配置到见效快的资本密集型行业中,挤占了创新应有的支出。同时,政府行为的示范效应会引导区域内企业创新资金投向,在政府资源错配的前提下,导致地区陷入产业创新扭曲的恶性循环。加之地方保护主义思想阻碍创新要素的流动,地区间资源配置效率不足,造成产业链现代化所需的创新资源投入不足,创新要素协同性差,尖端技术产出不足,阻碍产业链的现代化进程,据此提出如下研究假说:

假说 H_{2a}:财政收入分权会提升政府创新偏好,增加尖端领域创新投

入，促进产业链的现代化。

假说 H_{2b}：财政支出分权会抑制政府创新偏好，阻碍政府创新基础性和引领性功能的发挥，制约产业链的现代化。

三、财政分权与产业链升级的区域异质性

财政分权对产业结构变迁的影响存在明显的区域差异特征（江三良、胡安琪，2018），而且影响是有条件的，这些条件多是通过门槛变量、调节变量或者中介变量引入模型进行分析（李政、杨思莹，2018）。黄琼、李光龙（2019）采用门槛模型分析发现，财政分权与产业结构升级之间存在倒"U"型非线性关系，当财政分权低于 0.7332 时，分权显著促进产业结构升级，反之，则抑制结构升级，可以预见财政分权对产业链现代化的影响也存在区域异质性特征。产业链引领型地区经济较发达，创新企业、人才、资金和平台等能够推动产业链技术升级的要素资源丰富，创新氛围浓厚且创新动机强烈，地方政府可以逐步退出创新领域，将更多的财政资源配置到民生工程或者新兴产业。而产业链追随型地区多数分布于中西部，受地域环境和经济基础的制约，其创新基础薄弱、企业创新意识和创新实力尚需引导和扶持，地方政府在创新引领地区产业链升级进程中仍需扮演着引领和主导的角色，但其创新财政支出力度仍受政府财政实力的制约，据此提出如下假说：

假说 H_{3a}：在产业链较发达的地区，财政收入分权会抑制政府创新偏好。

假说 H_{3b}：在产业链较发达的地区，财政支出分权会抑制政府创新偏好。

假说 H_{3c}：在产业链较弱的地区，财政收入分权会促进政府创新偏好。

假说 H_{3d}：在产业链较弱的地区，财政支出分权会抑制政府创新偏好。

第三节 研究设计

基于前面的理论假设，本节构建检验财政分权、政府创新偏好与产业链现代化间关系的面板数据回归模型和中介效应检验模型，明确相关变量的取值方法，并对变量数据进行描述性统计分析。

第四章 财政分权对产业链现代化的影响机理

一、模型设计

本节构建了财政分权、政府创新偏好与产业链现代化间关系的面板数据回归模型：

$$icm_{it} = \alpha_0 + \alpha_1 \times fd_{it} + \phi \times Z_{it} + u_i + v_t + \varepsilon_{it} \quad (4-1)$$

其中，icm_{it} 表示 i 地区第 t 年的地区产业链现代化指数，fd_{it} 为地区财政分权变量，在后续研究中将其细分为收入分权 $fdsr_{it}$ 和支出分权 $fdzc_{it}$，Z_{it} 为控制变量，u_i 和 v_t 分别代表个体固定效应、时间固定效应，α_i 为回归系数，ε_{it} 为误差项。

在财政分权体制下，地方政府出于地方经济增长和财政增收的目标考量，会调节财政资源的配置领域和效率，其中，创新资源的投入规模和配置效率会极大地影响地区产业链技术水平。为此，将政府创新偏好引入研究模型中，探讨财政分权、政府创新偏好和产业链升级间的传导机制。构建如式（4-2）和式（4-3）所示的中介效应检验模型（温忠麟、张雷、侯杰泰等，2004）。其中，pf_{it} 代表政府创新偏好中介变量，体现政府创新活跃度。

$$pf_{it} = \beta_0 + \beta_1 \times fd_{it} + \phi \times Z_{it} + u_i + v_t + \varepsilon_{it} \quad (4-2)$$

$$icm_{it} = \gamma_0 + \gamma_1 \times pf_{it} + \phi \times Z_{it} + u_i + v_t + \varepsilon_{it} \quad (4-3)$$

检验过程采用逐步回归法，首先，以政府创新偏好为被解释变量，运用式（4-2）检验财政分权对政府创新偏好的影响；其次，以地区产业链现代化指数为被解释变量，以政府创新偏好为解释变量，运用式（4-3）检验政府创新偏好对产业链现代化的影响。为检验政府创新偏好在财政分权与产业链现代化进程中是否起到完全中介作用，即控制了政府创新偏好后，财政分权是否依旧显著影响产业链水平，进一步构建回归方程（4-4）进行检验。

$$icm_{it} = \delta_0 + \delta_1 \times fd_{it} + \delta_2 \times pf_{it} + \phi \times Z_{it} + u_i + v_t + \varepsilon_{it} \quad (4-4)$$

二、被解释变量

产业链现代化是产业结构升级的必然结果，包括产业基础提升、运行模式优化、产业链控制力增强和治理能力提升（戴圣良，2020）。产业链现代化标准可以从多个维度来考察：一是关键核心技术自主可控，技术对外依存度低；二是具备较强的抗冲击力和应变能力，产业链间高度协同，产业韧性好；三是产业链"链主"要具备价值链的治理能力，能够在全球范围内配置资源；四是创新要素间的高度协同，为产业链现代化提供关键支撑（刘志彪，2019）；五是绿色和可持续是支撑产业链现代化的"长板"（杨丹辉，2021）。运用第三章测算的中国 28 个地区 2014~2020 年的产业链现代化指数数值作为被解释变量的基础数据，鉴于区域异质性研究的需要，根据 7 年指数均值将 28 个地区的产业链指数以 0.4 为分界线分成引领型和追随型两组①，如表 4 - 1 所示。

表 4 - 1　　　　　28 个地区 7 年间的产业链现代化指数均值

地区	产业链现代化指数均值	属性	地区	产业链现代化指数均值	属性
广东	0.614	引领型	四川	0.382	追随型
江苏	0.574	引领型	河北	0.368	追随型
北京	0.515	引领型	宁夏	0.366	追随型
河南	0.483	引领型	甘肃	0.353	追随型
浙江	0.476	引领型	江西	0.351	追随型
上海	0.467	引领型	辽宁	0.351	追随型
天津	0.466	引领型	山西	0.336	追随型
山东	0.452	引领型	内蒙古	0.327	追随型
安徽	0.415	引领型	吉林	0.326	追随型
重庆	0.399	追随型	云南	0.324	追随型
湖北	0.396	追随型	海南	0.314	追随型
陕西	0.396	追随型	贵州	0.309	追随型
湖南	0.392	追随型	黑龙江	0.205	追随型
福建	0.384	追随型	广西	0.279	追随型

资料来源：作者计算整理。

---

① 本书没有按照传统东、中、西部分类，主要考虑到同属于一个区域，经济发展仍有较大差距，导致回归数据平稳性不足，因此，本书根据产业链现代化指数进行分类，目的在于探究处于不同梯队的地区，财政分权、政府创新偏好与产业链之间的影响机理有何差异，这符合本书的研究目标。

第四章
财政分权对产业链现代化的影响机理

三、解释变量和控制变量

本书的核心解释变量为财政分权。财政分权的衡量主要有三种方法：一是从财政收入视角，即用地方人均财政收入除以地方人均财政收入和中央本级人均财政收入之和（侯世英、宋良荣，2020；甘行琼、李玉姣、蒋炳蔚，2020）；二是从财政支出视角，即用地方人均财政支出除以地方人均财政支出和中央本级人均财政支出之和（Zhang & Zou，1988；李政、杨思莹，2018）；三是从财政自有收入角度度量财政分权，即用自有收入的边际增量来衡量，认为地方政府财政自给率更能体现财政困难（张晏、龚六堂，2005；林春，2017；江红莉、蒋鹏程，2019）；考虑到财政收入和支出分别代表不同的逻辑事实，为清晰体现二者对产业链现代化影响机理的差异，本书借鉴甘行琼、李玉姣、蒋炳蔚（2020）的做法，计算时剔除地区人口规模和GDP对指数的影响，给出如式（4-5）和式（4-6）所示的财政收入 $fdsr$ 与支出分权 $fdzc$ 的计算公式：

$$fdsr = \frac{地方本级人均财政收入 \times \left(1 - \frac{地方\ GDP}{全国\ GDP}\right)}{地方本级人均财政收入 + 中央本级人均财政收入} \quad (4-5)$$

$$fdzc = \frac{地方本级人均财政支出 \times \left(1 - \frac{地方\ GDP}{全国\ GDP}\right)}{地方本级人均财政支出 + 中央本级人均财政支出} \quad (4-6)$$

地方政府的创新偏好会影响财政资源在创新领域的配置规模和效率，影响地区的创新基础，决定地区技术的高端引领能力和产业链的抗风险能力，从而影响地区的产业链升级。政府的创新偏好主要通过政府财政支出行为产生（Lee，2011；李政、杨思莹，2018），即财政分配使得具有创新偏好的地方政府通过增加财政支出中的科学技术支出的占比以促进产业链技术水平的提升。因此，中介变量政府创新偏好以地方财政科学技术支出在地方财政一般预算支出中的占比来衡量。

控制变量主要包括：（1）金融发展水平 $finsize$，用地区年末存款余额/地区GDP来表示；（2）人力资本 hc，用平均受教育年限来衡量，计算公式为：$hc = 9 \times$（初中在校生/总人口数）$+ 12 \times$（普通高中在校生/总人口数）$+ 12 \times$（中职在校生/总人口数）$+ 16 \times$（普通高校在校生/总人口数）；（3）固定资产总额 inv，运用规模以上工业企业固定资产总额来表示，回归前先进行标准化处理；(4) 市场化程度 mark，直接采用"中国分省份市场化指数数据库"中的统计数据①；(5) 对外开放度 pfdi，用进口和出口总额占 GDP 的比重表示；(6) 经济发展水平 pgdp，以 2010 年为基期的人均实际 GDP 来表示，回归前先进行标准化处理；(7) 技术创新水平 tec，运用三种专利授权量来表示，回归前先进行标准化处理；(8) 城市化水平 urban，通过城市人口占比来衡量。

四、各变量的描述性统计

通过查阅 2015～2021 年的《中国科技统计年鉴》《中国统计年鉴》和《中国高技术产业统计年鉴》和中国市场化指数数据库，各变量的统计特征如表 4-2 所示。

表 4-2　　　　　　　　　各变量的描述性统计

类别	变量名称	符号	样本量	平均值	最大值	最小值	标准差
被解释变量	产业链现代化指数	icm	196	0.397	0.631	0.273	0.085
解释变量	财政收入分权	fdsr	196	0.502	0.800	0.346	0.088
	财政支出分权	fdzc	196	0.963	0.996	0.890	0.022
中介变量	政府创新偏好	pf	196	0.023	0.068	0.005	0.015
控制变量	金融发展水平	finsize	196	3.395	8.131	1.754	1.169
	人力资本	hc	196	0.033	0.087	0.005	0.019
	固定资产总额	inv	196	0.248	1.000	0.003	0.202
	市场化程度	mark	196	8.408	11.494	4.936	1.568
	对外开放度	pfdi	196	0.263	1.134	0.027	0.253
	经济发展水平	pgdp	196	0.260	1.000	0.000	0.217
	技术创新水平	tec	196	0.102	1.000	0.001	0.142
	城市化水平	urban	196	0.615	0.893	0.403	0.114

资料来源：作者计算整理。

---

① 由于分省份市场化指数数据库只更新到 2019 年，2020 年数据采用 2018 年和 2019 年的平均值。

第四章
财政分权对产业链现代化的影响机理

第四节 财政分权对产业链现代化影响的实证检验

一、财政分权对产业链现代化的基准回归检验

先运用式（4-1）检验财政分权对产业链现代化的影响，结果如表4-3中模型1和模型2所示，收入分权正向促进产业链现代化，回归系数为0.1552，且在5%的水平下显著，假设H_{1a}得到证实，而支出分权的回归系数为-0.3607，未能通过显著性检验，假设H_{1b}未能通过检验。其成因可能是：一方面，随着地方政府财政收入分权度的提升，伴随着地方土地出让收入的增加，在财政资源支配过程中，地方政府拥有更大的财政支配权和更强的财政基础，有利于地方政府通过有效的税收安排和产业政策引导要素资源在产业链中流动，引领政、产、学、研创新资源协同共享，从而强化产业的创新基础和技术引领，提升对产业链的技术把控程度。同时，较强的财政支配能力也有助于提升区域公共资源供给质量，减少地区政府一味追求财政收入而盲目投资造成的生态环境破坏现象，提升产业链的绿色度；另一方面，在财政收入一定的前提下，支出分权意味着地方政府要承担更多的事权，这会加重地方政府的经济负担，致使地方政府容易将社会资源配置到见效快、财政收入高的房地产项目，而忽视了科技创新所带来的生产效率提高的长期增长效应（甘行琼、李玉姣、蒋炳蔚，2020），资源的错配极大地削弱了产业链的技术尖端和引领性，制约了产业链的升级。

从控制变量的影响上看，区域人力资本对产业链现代化的促进作用最强，而且均在1%的水平下显著，核心技术可控和技术引领是产业链现代化的前提，因此，只有促进地区教育事业发展、提升地区人均受教育水平和引进高精尖创新人才才能为地区产业链现代化提供智力保障；固定资产投资总额和区域市场化程度对产业链现代化具有正向促进，但仅在模型1、模型3和模型4中显著，说明投资对于产业链现代化的促进作用有待强化，产业政策的立足点要注重引导投资资金流向，优化投资的质量，同时也要注重优化

本地市场环境,为产业链升级提供更好的营商环境;对外开放对地区产业链现代化的促进作用为负,这说明传统以市场换技术战略的失败,改革开放以来,我国贸易总额屡创新高,但出口产品技术含量低,高端技术进口受限,贸易倒逼产业链技术提升效应未能实现;地区经济发展水平、区域技术创新水平、城镇化水平和金融发展水平是产业链现代化的基础,能为产业链提供充足的社会资源、技术资源、需求资源和资金资源,它们的作用效果均显著。

表4-3　　财政分权、政府创新偏好对产业链升级影响的回归结果

变量	OLS 检验			GMM 检验		
	模型1	模型2	模型3	模型4	模型5	模型6
$fdsr$	0.1552** (2.425)				0.2304*** (2.807)	
$fdzc$		-0.3607 (-1.390)				-0.3239 (-1.112)
$fdsrdl$			0.1033** (2.205)			
$fdzcdl$				-0.0595** (-2.229)		
pf						
hc	1.6949*** (5.354)	1.2756*** (4.005)	0.7456 (1.553)	1.3160*** (3.417)	1.7092*** (4.789)	1.1849*** (3.263)
inv	0.0753** (2.031)	0.0528 (1.223)	0.1936*** (2.843)	0.1910*** (3.756)	0.0547 (1.360)	0.0473 (1.029)
$mark$	0.0067* (1.807)	0.0052 (1.407)	0.0049* (1.802)	0.0072** (2.047)	0.0114** (2.290)	0.0086* (1.787)
$pfdi$	-0.0446* (-1.662)	-0.0191 (-0.798)	0.0999*** (3.825)	0.0757** (2.488)	-0.0885** (-2.215)	-0.0378 (-1.126)
$pgdp$	0.0594* (1.963)	0.0692** (2.220)	0.1153*** (4.010)	0.0827*** (2.694)	0.0563* (1.688)	0.0782** (2.255)

第四章
财政分权对产业链现代化的影响机理

续表

变量	OLS 检验			GMM 检验		
	模型 1	模型 2	模型 3	模型 4	模型 5	模型 6
tec	0.1201*** (3.056)	0.1178*** (2.960)	-0.0026 (-0.062)	-0.0415 (-1.202)	0.1486*** (3.291)	0.1283*** (2.851)
$urban$	0.1227* (1.894)	0.1898*** (2.945)	0.2316*** (3.370)	0.1453* (1.970)	0.0792 (1.040)	0.1643** (2.211)
$finsize$	0.0131*** (3.451)	0.0096** (2.495)	0.0202*** (5.767)	0.0140*** (3.629)	0.0143*** (3.093)	0.0104** (2.237)
$constant$	0.0552 (1.217)	0.4738* (1.841)	-0.0330 (-0.746)	0.0787* (2.185)	0.0118 (0.202)	0.4259 (1.460)
省份固定	否	否	是	否	否	否
时间固定	否	否	否	否	否	否
调整 R^2	0.824	0.820	0.970	0.634	0.828	0.824
obs	196	196	196	196	168	168

注：***、**、*分别表示在显著性水平 1%、5%、10% 下显著，括号内值为 t 值。

二、稳健性检验

（一）更换核心解释变量再检验

表 4-3 中模型 1 和模型 2 的核心解释为收入分权 $fdsr$ 和支出分权 $fdzc$，考虑到财政分权代理变量的选择差异对实证结果会有显著的影响（张倩、邓明，2017），在此用财政自主度作为收入分权的代理变量，财政自主度 $fdsrdl$ = 地方政府一般预算收入/地方政府一般预算支出，用 $fdzcdl$ =（地方本级人均预算财政支出 - 地方本级人均财政转移支付）/（地方本级人均预算财政支出 + 中央本级人均预算财政支出），作为财政支出分权代理变量（高志勇，2019），检验结果如表 5-3 的模型 3 和模型 4 所示。代理变量 $fdsrdl$ 对产业链升级的回归系数为 0.1033，与 $fdsr$ 的作用方向一致，也均通过显著性检验，说明收入分权度的提升显著促进产业链升级；代理变量 $fdzcdl$ 对产业链升级的回归系数为 -0.0595，且在 5% 的水平下显著，与 $fdzc$ 的作用方向一致，说明回归所得结论具备稳健性。

(二) 更换检验方法的再检验

采用系统 GMM 模型对基准数据进行再回归,以滞后一期的解释变量作为工具变量,回归结果如表 4-3 的模型 5 和模型 6 所示,回归结果表明,收入分权对产业链现代化具有正向促进作用,支出分权与产业链现代化呈负相关关系,结果与模型 1 和模型 2 保持一致。

三、政府创新偏好中介效应检验

首先,运用式(4-3)检验政府创新偏好对产业链的作用机理,回归结果如表 4-4 所示,无论是运用普通最小二乘法检验的模型 7,还是运用系统 GMM 方法估计的模型 8,政府创新偏好都显著影响地区产业链现代化水平,只有不断加强创新投入,地区才能具有坚实的创新基础,产业链头部企业才能具备技术引领能力,产业系统的技术支撑力才能得以强化。只有地方政府具备较强的创新偏好,拥有明确的技术强省(市)战略规划,注重提升政府财政支出中科学与技术支出的比例,合理引导区域创新资源配置,才能为地区创新提供更优质的平台,增加地区共性技术供给,着力打造良好的创新生态环境,促进科技成果产业化,缩短产业链技术生命周期,推动产业链升级。

表 4-4　　　　政府创新偏好对产业链影响的回归结果

变量	OLS 检验	GMM 检验
	模型 7	模型 8
pf	1.1955 *** (3.445)	1.2508 *** (2.926)
hc	1.3463 *** (4.597)	1.2163 *** (3.723)
inv	0.1028 *** (2.791)	0.0943 ** (2.383)
mark	0.0024 (0.650)	0.0054 (1.137)

第四章
财政分权对产业链现代化的影响机理

续表

变量	OLS 检验	GMM 检验
	模型 7	模型 8
$pfdi$	-0.0284 (-1.227)	-0.0416 (-1.289)
$pgdp$	0.0545* (1.870)	0.0648** (2.125)
tec	0.0613 (1.483)	0.0666 (1.373)
$urban$	0.1871*** (3.054)	0.1569** (2.250)
$finsize$	0.0093** (2.558)	0.0089** (2.010)
$constant$	0.1233*** (3.412)	0.1203*** (2.684)
省份固定	否	否
时间固定	否	否
调整 R^2	0.829	0.838
obs	196	168

注：***、**、*分别表示在显著性水平1%、5%、10%下显著，括号内值为 t 值。

其次，运用式（5-2）检验财政收入分权、支出分权对政府创新偏好的影响，表4-5中普通最小二乘法和系统 GMM 检验结果保持一致，回归结果稳健。模型9表明，财政收入分权显著促进政府创新，假说 H_{2a} 得到证实；模型10显示，支出分权对政府创新的相关系数为负数，假说 H_{2b} 也得到印证。一方面，收入分权提升地方政府的创新偏好，政府创新偏好需要强大财政资源的支撑，随着财政收入分权度的提升，地方政府可支配的财政资源更多，这为有创新意识的政府官员施政创造条件，而且创新与财政收入提升具有良好的循环累积效应，螺旋式推动创新偏好的实施；另一方面，财政支出分权却抑制了政府的创新偏好，由于创新成果具有公共物品属性和技术外溢性特征,地区技术创新成果容易在短期内外溢,从而助推其他地区的经济发展(李政、杨思莹,2018),同时,地方官员的任期也容易带来短视心理,倾向于将财政资源支配到见效快的投资领域。

表 4-5　　　　　　　财政分权对政府创新偏好的回归结果

变量	OLS 检验		GMM 检验	
	模型 9	模型 10	模型 11	模型 12
$fdsr$	0.0298 ** (2.271)		0.0601 *** (3.422)	
$fdzc$		-0.1707 *** (-3.284)		-0.1456 ** (-2.398)
hc	0.1182 * (1.819)	-0.0046 (-0.072)	0.1953 ** (2.559)	0.0293 (0.387)
inv	-0.0180 ** (-2.367)	-0.0308 *** (-3.565)	-0.0241 *** (-2.808)	-0.0301 *** (-3.138)
$mark$	0.0024 *** (3.118)	0.0022 *** (2.986)	0.0031 *** (2.871)	0.0024 ** (2.393)
$pfdi$	0.0083 (1.505)	0.0109 ** (2.264)	-0.0067 (-0.779)	0.0053 (0.763)
$pgdp$	0.0222 *** (3.570)	0.0189 *** (3.032)	0.0142 ** (1.988)	0.0167 ** (2.304)
tec	0.0441 *** (5.463)	0.0452 *** (5.676)	0.0556 *** (5.757)	0.0499 *** (5.322)
$urban$	-0.0242 * (-1.823)	-0.0054 (-0.420)	-0.0257 (-1.576)	-0.0002 (-0.013)
$finsize$	0.0017 ** (2.231)	0.0007 (0.894)	0.0028 *** (2.870)	0.0016 (1.647)
$constant$	-0.0153 (-1.645)	0.1646 *** (3.194)	-0.0353 *** (-2.813)	0.1328 ** (2.182)
省份固定	否	否	否	否

续表

变量	OLS 检验		GMM 检验	
	模型9	模型10	模型11	模型12
时间固定	否	否	否	否
调整 R^2	0.771	0.778	0.763	0.769
obs	196	196	168	168

注：***、**、*分别表示在显著性水平1％、5％、10％下显著，括号内值为 t 值。

综上所述，财政收入分权助推产业链现代化，同时也显著促进政府创新偏好，通过政府创新偏好的实施进一步提升产业链现代化水平。结合中介效应的评判标准（温忠麟、张雷、侯杰泰等，2004），由于表4-5中的模型9中的 γ 与表4-4中的模型7中 α 系数均显著，而且 $\gamma\alpha$ 乘积与表4-3中的模型1中的 β 值符号一致，说明财政收入分权通过影响政府创新偏好进而推进产业链现代化的中介效应为0.0356。为考察政府创新偏好是完全中介效应还是部分中介效应，运用式（5-4）对政府创新偏好的间接效应进行再检验，结果如表4-6所示，模型13和模型15的 δ_1 和 δ_2 均通过显著性检验，而且系数比模型1和模型5中的要小，说明财政收入分权对产业链现代化的影响既存在直接效应，又存在通过政府创新偏好影响的间接效应，结合模型13中的回归系数，调整后的间接效应值为0.0323。由于模型14和模型16中的 δ_1 不显著，δ_2 显著，所以，财政支出分权对产业链现代化的影响完全通过政府创新偏好来实现，不存在直接效应，是完全中介效应。

表4-6   政府创新偏好间接效应检验结果

变量	OLS 检验		GMM 检验	
	模型13	模型14	模型15	模型16
fdsr	0.1228* (1.937)		0.1681** (1.981)	
fdzc		-0.1657 (-0.636)		-0.1466 (-0.511)

续表

变量	OLS 检验		GMM 检验	
	模型 13	模型 14	模型 15	模型 16
pf	1.0844*** (3.105)	1.1423*** (3.195)	1.0376** (2.298)	1.2176*** (2.781)
hc	1.5668*** (5.019)	1.2808*** (4.120)	1.5066*** (4.257)	1.1493*** (3.293)
inv	0.0949** (2.579)	0.0881** (2.020)	0.0797** (1.982)	0.0840** (1.822)
mark	0.0041 (1.110)	0.0027 (0.724)	0.0083 (1.608)	0.0057 (1.182)
pfdi	-0.0536** (-2.030)	-0.0315 (-1.329)	-0.0816** (-2.096)	-0.0443 (-1.375)
pgdp	0.0354 (1.156)	0.0476 (1.527)	0.0416 (1.277)	0.0579* (1.702)
tec	0.0723* (1.747)	0.0661 (1.572)	0.0909* (1.795)	0.0675 (1.382)
urban	0.1490** (2.331)	0.1960*** (3.114)	0.1059 (1.415)	0.1646** (2.304)
finsize	0.0112*** (2.983)	0.0088** (2.341)	0.0114** (2.394)	0.0085* (1.855)
constant	0.0718 (1.607)	0.2858 (1.107)	0.0485 (0.808)	0.2642 (0.925)
省份固定	否	否	否	否
时间固定	否	否	否	否
调整 R^2	0.832	0.829	0.841	0.838
obs	196	196	168	168

注：***、**、*分别表示在显著性水平1%、5%、10%下显著，括号内值为 t 值。

四、财政分权对产业链现代化效应的异质性检验

为检验财政分权对产业链现代化是否存在区域异质性特征，根据表4-1

第四章
财政分权对产业链现代化的影响机理

的划分标准,分成两个子样本分别回归。产业链第一梯队地区包括北京、天津、山东、江苏、上海、浙江、广东、河南和安徽9个地区,其中有77.78%位于东部沿海地区,2021年地区生产总值占全国50.70%,[①] 地区经济基础好且政府财政实力雄厚,区域科技创新投入规模较大且资金来源渠道多样。其余19个地区属于产业链第二梯队区域,产业链升级过程中尚存在特定短板,将产业链分成两类区域,分别研究财政分权、政府创新偏好对产业链的影响,对于精准把握政府"有形之手"的调控力度、实现科学的政策干预具有参考价值。

表4-7为产业链引领型区域的回归结果,模型17表明,在产业链引领型区域,财政收入分权度的提升在1%的水平下显著促进产业链现代化,而且系数比模型24中对应的系数大,说明产业链现代化程度越高,财政收入分权的促进作用越强,财政收入分权与产业链现代化具有相互促进功能。然而,财政收入分权对于政府创新偏好具有显著的负向作用,即财政收入分权抑制了政府创新偏好,这与李政、杨思莹(2018)的研究结论一致,假说H_{3a}得到证实,这可能与我国地方政府财政自给率较低,财政资金缺口较大有关(江红莉、蒋鹏程,2019)。政府创新偏好对产业链现代化也呈抑制作用,但结果不显著,这与模型7的结果明显相悖,同时,结合表4-8的模型28的回归系数,可以推测政府创新偏好与产业链现代化二者关系呈倒"U"型的变化关系。关于中介变量,由于模型21中的变量pf回归系数不显著,所以政府创新偏好的中介效应效果差。

在财政支出方面,财政支出分权在1%的显著水平下负向作用于产业链现代化,这与全国层面的回归结果保持一致。这可能与此类地区的创新主体向企业转移有关,政府的创新支出更多充当引领性角色,随着地区整体技术实力的提升,企业创新能力和活力的逐渐释放,经济越发达,企业逐渐替代政府充当创新主力军,政府可将更多财政资源配置于其他领域,所以,政府创新偏好对产业链现代化的促进作用在减弱。由于模型21中的变量pf回归系数不显著,所以政府创新偏好在财政支出分权与产业链间的中介效应效果

---

① 作者根据《中国统计年鉴》整理所得。

不显著,假说 H_{3b} 得到证实。

表 4-7　　　　　　　　产业链引领型区域的回归结果

变量	模型17	模型18	模型19	模型20	模型21	模型22	模型23
被解释变量	icm	icm	pf	pf	icm	icm	icm
c	-0.389*** (-3.069)	1.591*** (4.861)	0.080*** (2.851)	0.845** (2.664)	-0.258* (-1.977)	-0.486*** (-3.716)	1.525*** (4.464)
$fdsr$	0.559*** (3.357)		-0.131** (-2.514)			0.595*** (3.684)	
$fdzc$		-1.418*** (-3.726)		-0.990*** (-2.914)			-1.367*** (-3.514)
pf					-0.900 (-1.502)	-1.112** (-2.086)	0.385 (0.715)
hc	-2.799** (-1.790)	1.914*** (4.712)	-0.497*** (-3.375)	-1.666*** (-4.411)	-3.017 (-1.566)	-4.709*** (-2.669)	1.992*** (4.715)
inv	0.105 (0.977)	-0.215*** (-3.087)	-0.003 (-0.225)	-0.056** (-2.113)	0.206* (1.845)	0.063 (0.591)	-0.201*** (-2.784)
$mark$	0.005 (0.692)	-0.006 (-0.493)	-0.001 (-0.289)	0.003 (1.525)	0.014* (1.780)	0.007 (0.971)	-0.006 (-0.540)
$pfdi$	0.195*** (4.231)	0.018 (0.386)	0.027** (2.633)	0.012 (0.987)	0.198*** (3.843)	0.219*** (4.767)	0.013 (0.277)
$pgdp$	0.145*** (3.460)	0.066 (1.525)	0.004 (0.350)	0.012 (1.216)	0.115** (2.582)	0.162*** (3.926)	0.063 (1.438)
tec	-0.019 (-0.321)	0.202*** (4.632)	0.044*** (3.812)	0.043*** (2.955)	-0.044 (-0.672)	0.023 (0.375)	0.181*** (3.421)
$urban$	0.426** (2.228)	0.444*** (3.964)	0.040 (0.903)	0.242*** (5.065)	0.623** (2.498)	0.680*** (3.077)	0.458*** (4.009)
$finsize$	0.028*** (3.586)	-0.025*** (-3.466)	0.003 (1.668)	-0.002 (-0.820)	0.025*** (2.883)	0.025*** (3.358)	-0.025*** (-3.495)
省份固定	是	否	否	是	是	是	否
时间固定	否	否	否	否	否	否	否

第四章 财政分权对产业链现代化的影响机理

续表

变量	模型17	模型18	模型19	模型20	模型21	模型22	模型23
被解释变量	icm	icm	pf	pf	icm	icm	icm
调整R^2	0.939	0.793	0.724	0.918	0.928	0.943	0.791
obs	63	63	63	63	63	63	63

注：***、**、* 分别表示在显著性水平1%、5%、10%下显著，括号内值为 t 值。

表4-8为产业链追随型区域的回归结果，与引领型结果一样，财政收入分权显著正向促进产业链现代化，支出分权显著阻碍产业链升级，财政收入分权对政府创新偏好的促进作用不显著，而支出分权依旧抑制了政府创新偏好，原因依旧与地方政府的财政自给率相关。当然，与引领型地区最大的不同是，在追随型中，政府创新偏好在1%的显著水平下正向促进产业链现代化，原因是此类地区政府尚未摆脱其创新引领角色，在产业技术进步中，政府依旧充当主要引领角色，也从另一侧面反映出此类地区企业的创新实力有待进一步提升。在政府创新偏好的中介效应层面，政府创新偏好在财政收入分权与产业链现代化中的中介效应不显著，财政收入分权直接作用于产业链升级，假说 H_{3c} 得到证实。但在支出分权与产业链升级中则呈现完全中介效应，财政支出完全通过政府创新偏好进而影响产业链升级，假说 H_{3d} 得到证实。

表4-8 产业链追随型区域的回归结果

变量	模型24	模型25	模型26	模型27	模型28	模型29	模型30
被解释变量	icm	icm	pf	pf	icm	icm	icm
fdsr	0.081* (1.595)		0.015 (1.410)			-0.123 (-1.359)	
fdzc		-0.968* (-1.627)		-0.549** (-1.824)			-2.669 (-1.427)
pf					1.842*** (3.116)	1.956*** (3.288)	1.693*** (2.832)

续表

变量	模型24	模型25	模型26	模型27	模型28	模型29	模型30
被解释变量	icm	icm	pf	pf	icm	icm	icm
hc	-0.178 (-0.424)	-0.679 (-1.520)	-0.037 (-0.408)	0.090 (0.518)	-0.852 (-0.798)	-0.550 (-0.506)	-0.927 (-0.872)
inv	0.044 (0.921)	0.008 (0.130)	-0.012 (-1.198)	-0.028 (-1.273)	0.216 (1.572)	0.288** (1.965)	0.192 (1.394)
$mark$	0.017*** (4.923)	0.014*** (3.572)	0.003*** (4.356)	0.000 (0.209)	0.005 (1.204)	0.006 (1.307)	0.006 (1.315)
$pfdi$	-0.228*** (-7.052)	-0.217*** (-6.991)	-0.028*** (-3.987)	0.006 (0.644)	-0.020 (-0.320)	-0.026 (-0.429)	-0.017 (-0.271)
$pgdp$	0.143*** (3.340)	0.139*** (3.188)	0.018 (1.910)	0.022* (1.728)	-0.010 (-0.129)	-0.050 (-0.594)	-0.035 (-0.431)
tec	0.335** (2.351)	0.309** (2.196)	0.035 (1.129)	0.048** (2.088)	0.435*** (3.033)	0.428*** (2.989)	0.438*** (3.070)
$urban$	-0.065 (-1.107)	-0.016 (-0.249)	-0.022* (-1.756)	0.012 (0.515)	0.048 (0.329)	0.039 (0.267)	0.059 (0.407)
$finsize$	0.021*** (5.724)	0.024*** (5.670)	-0.001 (-0.656)	-0.002** (-1.896)	0.021*** (3.901)	0.020*** (3.507)	0.027*** (3.982)
$constant$	0.141*** (3.246)	1.137* (1.938)	-0.001 (-0.124)	0.544** (1.865)	0.166*** (3.178)	0.217*** (3.388)	2.755 (1.518)
省份固定	否	否	否	是	是	是	是
时间固定	否	否	否	否	否	否	否
调整R^2	0.703	0.703	0.435	0.866	0.876	0.877	0.878
obs	133	133	133	133	133	133	133

注：***、**、*分别表示在显著性水平1%、5%、10%下显著，括号内值为t值。

第五节 本章小结

本章在财政分权、政府创新偏好与产业链现代化理论关系假说的基础

第四章
财政分权对产业链现代化的影响机理

上,通过构建线性回归模型,揭示财政收入分权、支出分权、政府创新偏好与地区产业链升级之间的内在机理。研究发现:(1)在全国层面,财政收入分权显著提升了产业链现代化水平,而支出分权却抑制了产业链升级,但回归系数不显著,替换核心解释变量和变更检验方法,结果依旧稳健。(2)财政收入分权能够显著激发政府创新偏好,但支出分权却抑制政府创新,收入分权对产业链现代化存在直接效应和通过政府创新偏好间接影响的双重效应,但财政支出分权完全通过抑制政府创新偏好间接阻碍产业链现代化。(3)在分区域层面,处于产业链引领型地区的财政收入分权虽然显著促进产业链现代化,但却抑制了政府创新偏好,由于政府创新偏好对产业链影响的中介效应不显著,因此,财政收入分权直接正向促进产业链升级,不存在间接效应,财政支出分权对产业链现代化的抑制效应,也仅存在直接效应;产业链追随型地区财政收入分权和政府创新偏好均显著促进产业链现代化,但财政收入分权对政府创新偏好的促进作用不显著,因此,收入分权直接正向提升产业链水平,不存在通过政府创新偏好的间接效应。然而,支出分权则完成通过抑制政府创新偏好进而阻碍产业链的现代化水平,存在完全中介效应。

第五章
税收优惠对产业链现代化的影响机理

税收政策是调节社会资源配置的重要手段,税收优惠通过调节税负负担影响市场的供需结构和经济主体的行为选择,进而优化社会资源在产业部门间的分配以弥补市场机制的不足,为产业结构升级和产业链现代化创造良好的制度环境。本章在文献梳理的基础上提出研究假设,通过构建面板回归模型,引入企业创新中介变量,实证检验税收优惠对产业链现代化的影响。

第一节 文 献 综 述

产业链是国民经济各产业部门依据特定的产业关系和时空分布所形成的相互交织的产业网络关系,产业链现代化表现为现行的产业体系已经具备强大的创新基础能力、强大的技术引领能力、强大的创新能力、较强的全球产业治理能力(盛朝迅,2019),现有成果专题研究税收优惠与产业链升级的文献较少,但产业链现代化是产业结构合理化、高级化的体现,产业结构升级间接促进产业链现代化(施思,2023),因此,本书主要从税收优惠与产业结构升级的视角对文献进行梳理。

一、政府税收优惠政策促进产业链升级

税收作为经济高质量发展和现代化经济体系建设的"助推器",能够发挥积极的政策支持和保障作用,促进产业链升级(李香菊、杨欢,2019)。从税收总量调节视角,税收政策具有产业推动效应,差别化和倾斜式的税率

政策能有效促进产业结构升级（Wahab，2010），税收优惠能够有效降低企业研发成本，提升研发质量，所得税税率和税基的变化对于企业创新链投入、产出以及效率环节均有显著激励作用（Gemmell，2018；宋建、包辰，2023），税收优惠对于企业开展突破性创新具有显著的带动作用，并通过缓解融资约束以提升企业的技术创新水平（毛雪颖，2024）。因此，高新技术制造业是减税降费政策的最大受益者，针对高新技术企业的税收优惠政策能够显著提升企业的技术创新水平，进而实现产业链的技术把控度（白景明、张学诞、梁季等，2019；陈诗一、吴绪成、王川杰，2023）。在不同税种的分层次研究方面，张学升（2021）利用31个省区市的面板数据从总量和结构两个层面进行研究，发现不仅税收总量竞争促进产业结构升级，而且增值税、企业所得税和城市维护建设税优惠也均促进产业结构升级。肖鹏、代龙涛（2023）发现，所得税税收优惠、流转税税收优惠和财政补贴均对企业创新具有正向激励作用，但流转税税收优惠的激励作用优于所得税优惠和财政补贴。可见，税收总量优惠、税制结构调整通过激励企业创新，进而促进产业链技术水平提升已经得到部分学者的认可。

二、政府税收优惠政策抑制产业链升级

受财政收入职能和调控方式单一等因素的制约，税收政策不能有效调整产业结构（周波，2012），只有通过精心设计和合理利用才能有效发挥政策效应（Okazaki，1996）。肖叶、刘小兵（2018）指出，从税收总量上看，税收竞争抑制了产业结构转型升级，但不同税种效果不同，增值税竞争与营业税竞争促进了产业结构转型升级，而企业所得税竞争则抑制了产业结构转型升级。张国庆、李卉（2019）运用空间面板模型和门槛效应模型分析，结果显示，总量税收竞争不存在显著的空间外溢性，总量税收竞争和分税种税收竞争会显著地抑制产业结构升级。侯卓（2020）指出，税收竞争会形成激励扭曲，引导资源不合理流动，阻碍统一市场的建立，导致产业结构不合理。王玮、曾智涵（2020）指出，地方利用税收优惠、税收返还以及放松征管力度等方式招商引资会导致产业同质化严重，扭曲资源配置，不利于引导工业企业转型升级。

三、政府税收优惠与产业链升级呈非线性关系

唐飞鹏、叶柳儿（2020）研究发现，税收竞争行为对产业转型升级的影响与区内资本相对劳动配置相关，当区内资本相对劳动配置过度时，中国地方政府的税收竞争行为扭曲了空间资本配置，进而阻止了产业转型升级进程；反之，地方税收竞争则优化了空间资本配置，进而促进本地经济的提质增效。任爱华、刘洁、陈小荣（2022）采用三维脉冲分析方法研究地方财政税收对区域内产业结构的溢出效应，研究发现，无论是区域结构还是时间维度，溢出效应均存在显著的非线性特征。徐艺、陈小兰、秦绪娜（2022）从绿色税收视角，指出无论是狭义和广义的绿色税收，在短期内都不利于产业结构升级，狭义绿色税收对产业结构高级化、广义绿色税收对产业结构升级都存在滞后效应，绿色税收对产业结构升级呈现"U"型非线性关系。杨其乐（2022）认为，税收竞争程度越激烈越不利于地区产业结构升级，而增值税税收竞争能够促进产业结构升级。此外，税收竞争对产业结构升级的影响存在以地区金融发展水平为门槛变量的门槛效应，呈"U"型特征。

综上所述，针对税收优惠与产业结构升级之间关系的研究成果较多，这为本章的后续研究提供了坚实的理论基础，产业链现代化是产业结构升级的更高形态，本章将在现有成果的基础上进行拓展，引入企业创新中介变量深入剖析税收优惠对产业链升级的影响机理。首先，提出税收优惠、企业创新与产业链升级间影响关系的理论假设；其次，构建回归模型，实证检验税收优惠、增值税优惠、企业所得税优惠和城市维护建设税优惠对产业链升级的影响机理；最后，探讨企业创新在各个不同税种优惠间的中介效应。

第二节 理论分析与研究假设

本节根据已有的研究文献系统阐释税收优惠、企业创新与产业链升级间的逻辑关系，提出相应的理论假说，作为后续实证研究的理论基础。

第五章
税收优惠对产业链现代化的影响机理

一、税收优惠与产业链升级

产业链现代化是产业结构合理化、高级化的更高形态,财税政策在助力产业结构升级的同时也会间接促进产业链现代化。从产业集聚视角上看,税收优惠将产生虹吸效应,吸引企业向"税收洼地"集聚,集聚圈内的企业可享受技术、产品和工艺外溢效应,集聚圈内企业的研发能力显著提升(Krugman,1991),产业集聚区内的税收优惠政策将导致集聚效应不断强化,贸易便利化产生的正外部性将增加地区对产业链上下游企业的吸引力,释放产业关联效应(张学升,2021),也有利于降低企业间的交易成本,强化产业精细化分工以及产业纵横协作(张治栋、黄钱利,2021),实现地区产业链升级;从产业政策层面上看,政府的产业发展战略、发展方向通过其实施的财税政策体现,通过税收总量减免、税率结构调整和财政补贴激励战略性新兴产业和高技术企业进行技术创新,以摆脱中国产业链长期处于中低端的不良局面,实现产业向产业链的上游延伸,提升产业链的整体把控力和话语权;从企业微观层面分析,税收优惠能优化企业财务状况以促进企业创新(Mukherjee,2017),考虑到产业链上企业创新的溢出效应,税收优惠能够弥补企业研发投入的正外部性损失,实现帕累托改进(陈诗一、吴绪成、王川杰,2023)。此外,税收优惠也有助于优化企业内部现金流,降低企业融资约束,提升企业资金充裕度,为研发提供资金支持,助力产业链技术升级。基于以上分析,提出如下假说:

假说 H_1:政府税收优惠有助于产业链升级。

二、税收优惠、企业创新与产业链升级

加大创新投入力度,开展颠覆性创新,彻底解决"卡脖子"核心技术问题,缓解工业"五基"受制于人是实现产业链现代化的根本出路。随着创新驱动战略的实施,企业创新在我国产业链现代化全局中处于核心地位,其中,政府行为在创新驱动战略中扮演着关键角色,税收优惠是激励创新的主要形式,也是促进创新发展政策落地的重要抓手(许多奇,2018)。一方面,地方政府倾向于通过税收优惠吸引更多的创新型企业,以创新企业集聚

为代表的产业集聚会产生"知识溢出效应",提升地区的技术产出效率(于斌斌,2019)。另一方面,税收优惠和财政补贴对企业研发投入均会产生积极的正向影响(蒲静、邵娇娇、张建强,2023),税收优惠对高新技术企业创新具有显著的促进效应,特别是对经济发达地区内、研发强度强的企业的促进作用更强(孙文浩、张杰,2021),税收优惠通过加大高新技术企业科技创新投入促进企业研发产出(王培浩、李阳,2024),减税政策能够显著提高高新技术企业技术创新能力,减税政策对企业实质性和策略性创新都产生了正向激励效应(周宇、袁欣融,2024)。税收优惠对企业开展突破性创新具有显著的激励效应,税收优惠通过缓解企业的融资约束来提升企业的突破性创新水平,对于民营企业和高科技企业的激励作用表现更显著(毛雪颖,2024)。基于以上分析,提出如下假设:

假设 H_2:政府税收优惠通过企业创新中介作用促进产业链升级。

第三节 研究设计

本节构建检验税收优惠、企业创新与产业链现代化间关系的面板数据回归模型和中介效应检验模型,明确相关变量的取值方法,并对变量数据进行描述性统计分析。

一、模型构建

为考察税收优惠对产业链升级的总体效应,构建面板回归方程(5-1):

$$icm_{it} = \alpha_0 + \alpha_1 tax_{it} + \sum \alpha_j controls + u_i + v_t + \varepsilon_{it} \quad (5-1)$$

其中,icm_{it}代表地区产业链现代化指数,利用产业链现代化评价指标体系进行测算,tax_{it}为关键核心解释变量,表示地区税收优惠指数,根据研究的需要,将分别引入总税收优惠 $ttax_{it}$、增值税优惠 $zztax_{it}$、企业所得税优惠 $sdtax_{it}$和城市维护建设税优惠 $cjtax_{it}$ 4个变量,$controls$ 为控制变量,α_i为回归系数,u_i和v_t分别代表个体固定效应、时间固定效应,ε_{it}为误差项,i 代表省份,t 代表年份。

为检验企业创新在税收优惠促进产业链升级中的中介效应，本书采用逐步回归法进行检验，借鉴男爵和肯尼（Baron & Kenny，1986）对中介效应模型的设计思路，先构建回归方程（5-2），以企业创新投入 $rdtr$ 为被解释变量，以税收优惠指数 tax 为解释变量，检验地区税收优惠对企业创新产出的影响；再构建方程（5-3），以产业链现代化指数为被解释变量，以企业创新产出为解释变量，检验企业创新对产业链现代化的影响机理。

$$rdtr_{it} = \beta_0 + \beta_1 tax_{it} + \sum \beta_j controls + u_i + v_t + \varepsilon_{it} \qquad (5-2)$$

$$icm_{it} = \gamma_0 + \gamma_1 rdtr_{it} + \sum \gamma_j controls + u_i + v_t + \varepsilon_{it} \qquad (5-3)$$

如果政府税收优惠政策通过企业创新中介再影响产业链升级，那么 β_1 和 γ_1 都应该显著，如果 $\beta_1\gamma_1$ 与 α_1 同号，政府税收调节政策通过影响企业创新产出再促进产业链升级的中介效应是 $\beta_1\gamma_1$；如果 $\beta_1\gamma_1$ 与 α_1 符号相反，政府税收调节政策通过企业创新产出间接作用于产业链升级表现为遮掩效应，其大小为 $\beta_1\gamma_1$，即企业创新的间接作用在一定程度上掩盖了税收优惠对产业链升级的影响。为进一步考察企业创新是完全还是部分中介，构建方程（5-4）检验控制了企业创新的间接效应后，税收优惠对产业链升级的促进作用是否依旧显著。

$$icm_{it} = \delta_0 + \delta_1 tax_{it} + \delta_2 tec_{it} + \sum \delta_j controls + u_i + v_t + \varepsilon_{it} \qquad (5-4)$$

若税收优惠对产业链升级的影响既存在直接效应，又存在通过企业创新的中介效应，则 δ_1 和 δ_2 均应通过显著性检验，在控制税收优惠对产业链的影响前提下，调整后的企业创新间接效应值为 $\beta_1\delta_2$；如果税收优惠对产业链升级的影响完全通过企业创新的间接效应，则 δ_1 不显著而 δ_2 显著，此时企业创新为完全中介（李政、杨思莹，2018；蒙昱竹、李波、潘文富，2021）。

二、被解释变量

产业链现代化指数为被解释变量。沿用第三章构建的评价模型，鉴于西藏、新疆和青海三省份数据不全，仅测算中国其余28个地区2014~2021年的产业链现代化指数。计算得到各省份8年间的产业链现代化指数均值介于

[0.25，0.65]之间，结合异质性研究需要，以0.4为分界线，将28个地区分为产业链引领型和追随型两个子样本，如表5-1所示。

表5-1　　　　　28个地区8年间的产业链现代化指数均值

地区	产业链现代化指数均值	属性	地区	产业链现代化指数均值	属性
广东	0.613	引领型	四川	0.369	追随型
江苏	0.568	引领型	河北	0.360	追随型
北京	0.505	引领型	宁夏	0.355	追随型
浙江	0.484	引领型	辽宁	0.344	追随型
天津	0.459	引领型	江西	0.342	追随型
河南	0.457	引领型	甘肃	0.331	追随型
上海	0.455	引领型	山西	0.327	追随型
山东	0.451	引领型	吉林	0.313	追随型
安徽	0.414	引领型	内蒙古	0.310	追随型
湖北	0.389	追随型	云南	0.309	追随型
重庆	0.386	追随型	贵州	0.300	追随型
陕西	0.381	追随型	黑龙江	0.298	追随型
湖南	0.381	追随型	海南	0.297	追随型
福建	0.378	追随型	广西	0.279	追随型

资料来源：作者计算整理。

三、解释变量和控制变量

税收优惠为核心解释变量。税收优惠是政府推动产业链上企业进行技术创新的重要政策工具之一，是指政府部门通过调整税收收入构成或改变税率等方式影响产业链上企业的业务行为，如通过研发加计扣除、税收减免或政府补贴等形式增加企业的利润率，确保企业有足够的资金用于研发投入。由于各类减税措施最终表现为政府税收收入规模的变化，借鉴崔惠玉（2022）的做法，以各地区税收收入占地区GDP的比重衡量税收优惠程度，数值越小优惠力度越大，因此，回归时用 $1-\dfrac{税收总额}{GDP}$ 表示税收优惠指数。据此分

别计算总税收优惠 $ttax_{it}$、增值税优惠 $zztax_{it}$、企业所得税优惠 $sdtax_{it}$ 和城市维护建设税优惠 $cjtax_{it}$ 4 个优惠指数,考虑到变量影响时间滞后,回归时将解释变量滞后一期。

中介变量为企业创新 $rdtr$。企业创新可以从投入和产出视角来衡量,鉴于本书以省为单位,考虑到变量间影响的时间滞后性,以下一年度规模以上工业企业 R&D 经费投入总额作为企业创新代理变量。在稳健性检验中,从产出视角,用三种专利授权量 tec 表示地区企业的技术创新水平,回归前均进行数据标准化处理。

控制变量包括:地区金融发展水平 $finsize$,用地区年末存款余额/地区 GDP 来表示;固定资产总额 inv,运用标准化处理后的规模以上工业企业固定资产总额来表示;市场化程度 $mark$,直接采用"中国分省份市场化指数数据库"中的统计数据;经济发展水平 $pgdp$,以 2010 年为基期的人均实际 GDP 来表示,回归前先进行标准化处理;城市化水平 $urban$,以地区城市人口占比来表示;对外开放度 $pfdi$,用进口和出口总额占 GDP 比重表示;人力资本 hc,用平均受教育年限来衡量。

四、各变量的描述性统计

各变量的描述性统计结果如表 5-2 所示。

表 5-2　　　　　　　　　变量的描述性统计

类别	变量	符号	样本量	平均值	最大值	最小值	标准差
被解释变量	产业链现代化指数	icm	224	0.388	0.629	0.258	0.071
解释变量	总税收优惠	$ttax$	224	0.916	0.955	0.812	0.021
	增值税优惠	$zztax$	224	0.974	0.993	0.925	0.009
	企业所得税优惠	$sdtax$	224	0.987	0.994	0.955	0.005
	城市维护建设税优惠	$cjtax$	224	0.995	0.997	0.991	0.001
中介变量	企业创新	$rdtr$	224	0.154	1.000	0.000	0.130
控制变量	金融发展水平	$finsize$	224	1.511	2.691	0.787	0.315
	固定资产总额	inv	224	0.221	0.994	0.002	0.129

续表

类别	变量	符号	样本量	平均值	最大值	最小值	标准差
控制变量	市场化程度	mark	224	8.556	12.390	4.936	1.344
	经济发展水平	pgdp	224	0.243	1.000	0.000	0.150
	城市化水平	urban	224	0.620	0.893	0.366	0.088
	对外开放度	pfdi	224	0.264	1.134	0.019	0.193
	人力资本	hc	224	0.033	0.091	0.005	0.016

资料来源：作者计算整理。

第四节 税收优惠对产业链现代化影响的实证检验

根据第三节构建的回归模型，分别从全国层面和区域异质性层面检验税收优惠对产业链现代化的影响机理及企业创新的中介效应。此外，为探讨不同税种对产业链升级的影响差异，分别从增值税、企业所得税和城市维护建设税三个层面检验各类税收优惠对产业链升级的影响。

一、全国层面税收优惠对产业链升级的影响机理

基于回归方程（5-1）、方程（5-2）和方程（5-3）实证检验税收优惠政策对产业链升级的影响机理，表5-3中的模型1表明，在未加入企业创新中介变量并控制其他经济变量的前提下，税收优惠程度提升显著，正向促进产业链升级，回归系数为0.622，且在1%的水平下显著，回归结果显著验证了假设 H_1，中国现有的税收优惠政策对产业链升级具有显著的促进作用。

其原因可能是：一是政府实施差异化产业税收优惠税率政策具有资源引导效应。产业创新能力颠覆式提升是产业链现代化的前提，颠覆式创新具有高投入和高风险性特征，创新资源的投入领域除了依靠市场力量外，还需要各级政府对产业链"卡脖子"核心技术进行梳理，从国家创新战略层面进行针对性创新引导，调动创新资源对战略性新兴产业和未来产业等重点领域

第五章
税收优惠对产业链现代化的影响机理

进行核心技术攻关,而税收调节正好能够有效引导社会资源在不同产业部门和产业链不同节点间转移,具备创新资源引导功能。二是政府税率优惠政策具有信息释放功能,能够增强产业链内企业的创新信心指数。在资源要素禀赋和地区创新基础差异化背景下,产业间税率调节政策代表地方政府的产业发展意志,能够针对性地引导本地区企业的技术创新方向与重点,提升本地企业的创新信心,产业链头部企业得到扶持与成长,产业链的技术把控程度得到强化。三是税收优惠具有创新主体协同创新调节功能,税收政策能够引导产业链内产、学、研协同创新,提升协同创新的资金保障度、协同创新的广度和深度,还可以调节技术市场成交额以提升协同创新产出效果。四是税收优惠通过促进产业绿色化以实现产业链现代化,为实现碳中和和碳达峰的战略目标,各地大力实施能源替代计划,新能源是未来产业的战略重点与产业升级方向,通过多年的税收优惠,中国的新能源产业在世界产业链中已经具有一定的话语权。

表 5-3　　　　税收优惠、企业创新对产业链升级的回归结果

变量	模型1	模型2	模型3	模型4
被解释变量	icm	$rdtr$	icm	icm
$ttax$	0.622*** (9.833)	0.491*** (9.861)		0.416*** (7.393)
$rdtr$			0.230*** (6.316)	0.206*** (5.922)
inv	0.158*** (14.064)	0.893*** (45.241)	-0.066* (-1.671)	-0.047 (-1.410)
$mark$	0.004 (1.457)	0.025*** (11.788)	0.002 (0.556)	-0.001 (-0.228)
$pgdp$	0.220*** (12.001)	0.088*** (4.885)	0.178*** (12.729)	0.196*** (10.781)
$finsize$	0.048*** (16.156)	0.029*** (8.392)	0.039*** (15.811)	0.048*** (15.272)

续表

变量	模型1	模型2	模型3	模型4
被解释变量	icm	$rdtr$	icm	icm
$pfdi$	0.037*** (2.713)	0.009 (0.634)	0.005 (0.223)	0.024 (1.338)
$urban$	0.063* (1.915)	-0.251*** (-19.145)	0.089*** (2.981)	0.117*** (3.886)
hc	1.322*** (13.210)	-0.239*** (-3.220)	1.564*** (9.041)	1.477*** (11.522)
$constant$	-0.460*** (-6.943)	-0.593*** (-11.869)	0.143*** (6.507)	-0.250*** (-4.328)
省份固定	否	否	否	否
时间固定	否	否	否	否
obs	196	196	196	196
调整后R^2	0.935	0.952	0.948	0.956

注：***、**、*分别表示在显著性水平1%、5%、10%下显著，括号内值为t值。

表5-3的模型2表明，税收优惠对于企业创新同样具有显著的正向激励作用，回归系数为0.491，且在5%的水平下显著。首先，税收优惠激励企业加强研究投入，税收优惠政策是政府推动企业自主创新的重要政策工具，通过研发加计扣除、税收减免、财政研发补贴等方法转移一部分收入给企业，确实降低企业的税收负担，提升企业创新投入能力；其次，税收优惠可以使企业获得更多的资金支持，缓解企业的融资约束，确保研发投入的持续性，研发过程中更高效地分配资金资源，有助于创新型企业实现突破性创新（毛雪颖，2024）；最后，税收优惠可以改善企业研发环境，改善研发软硬件条件，充足的资金可以确保制定富有成效的激励机制，提升员工研发积极性。

模型3展示了企业创新投入对产业链升级的促进作用，回归系数为0.230，且在1%的水平下显著，根据李政、杨思莹（2018）的中介效应检验规则，企业创新在政府税收优惠与产业链升级中具有中介效应。运用式

(5-4)进行再检验,表5-3中的模型4的$\delta_1 = 0.416$、$\delta_2 = 0.206$为正值,且均在1%的水平下显著,表明控制了企业创新间接效应,税收优惠对产业链升级的促进作用依旧显著,说明税收优惠对产业链升级既存在直接影响,又存在通过企业创新中介变量的间接影响,其间接效应值为0.1。

二、稳健性检验

为避免出现伪回归,确保检验结果准确,采用更换解释变量方法进行稳健性检验,借鉴张学升(2021)的做法,构建税收优惠指数:

$$com = \frac{Tax_{tj}/GDP_t}{Tax_{itj}/GDP_{it}} \quad (5-5)$$

首先,Tax_{tj}表示第t年全国样本省市第j项税收收入总和,GDP_t为第t年全国国内生产总值;Tax_{itj}表示第t年i省市第j项税收收入总和,GDP_{it}为第t年i省地区生产总值;因此,com表示全国实际税率水平与某一省市的实际税率之比,com越大,表示该地区相对税率越低,税收优惠幅度越大。回归结果报告在表5-4中的模型5中,从回归系数上看,税收优惠依旧显著正向促进产业链升级。其次,用产业链现代化评价指标体系中的高端引领能力子系数指数(icmgd)作为产业链现代化指数的代理变量,同时替换被解释变量和解释变量,回归结果如模型6所示,税收优惠依旧正向促进产业链现代化,结果稳健。最后,同时替换被解释变量、解释变量和中介变量,运用三种专利授权量(tec)作为企业创新代理变量,模型8表明,企业创新对产业链现代化的作用系数为0.1,且在1%的水平下显著,模型9表明,企业创新依旧呈现部分中介功能,回归结果稳健。

表5-4　　　　　　　　替换相关变量的稳健性检验结果

变量	模型5	模型6	模型7	模型8	模型9
被解释变量	icm	icmgd	tec	icm	icm
com	0.035 *** (4.108)	0.096 *** (6.666)	0.030 *** (2.678)		0.039 *** (4.905)
tec				0.100 *** (5.589)	0.110 *** (5.815)

续表

变量	模型5	模型6	模型7	模型8	模型9
被解释变量	icm	$icmgd$	tec	icm	icm
inv	0.185*** (30.500)	0.101*** (3.447)	1.196*** (10.454)	0.083*** (6.245)	0.106*** (13.082)
$mark$	0.006* (1.916)	0.014*** (5.571)	0.007*** (3.233)	0.006* (1.910)	0.003 (0.884)
$pgdp$	0.181*** (12.060)	0.419*** (10.825)	0.130** (1.977)	0.178*** (10.738)	0.168*** (9.902)
$finsize$	0.038*** (20.088)	0.095*** (17.285)	0.078*** (8.574)	0.025*** (12.511)	0.030*** (20.774)
$pfdi$	0.050** (2.458)	0.126*** (3.671)	0.012 (0.206)	0.022 (1.214)	0.046** (2.248)
$urban$	0.004 (0.154)	-0.511*** (-8.499)	-0.624*** (-9.064)	0.048* (1.704)	0.062** (2.238)
hc	1.048*** (12.097)	3.271*** (13.980)	6.511*** (10.315)	1.426*** (10.035)	1.090*** (13.112)
$constant$	0.115*** (7.035)	-0.048 (-1.555)	-0.220*** (-7.640)	0.148*** (7.622)	0.120*** (6.850)
控制变量	控制	控制	控制	控制	控制
省份固定	否	否	否	否	否
年份固定	否	否	否	否	否
obs	196	196	196	196	196
调整后R^2	0.919	0.838	0.958	0.916	0.918

注：***、**、*分别表示在显著性水平1%、5%、10%下显著，括号内值为t值。

三、税收优惠对产业链升级的区域异质性检验

表5-5以广东、江苏、北京、河南、浙江、上海、天津、山东和安徽9个产业链相对发达的地区为回归样本，实证检验在产业链升级的不同阶段，税收优惠的作用机理差异。从表5-5中的模型10可以看出，税收优惠

第五章 税收优惠对产业链现代化的影响机理

对产业链升级的作用系数为1.364，明显高于全国整体回归系数0.622，说明产业链越发达的地区，税收优惠的促进作用越强，原因是产业链引领型9省市中有77.78%位于东部沿海地区，2022年GDP占全国52.14%，地区产业创新基础好且政府财政实力雄厚，税收基数大且调节空间大，减税降费对区域科技创新投入规模影响力度较大，产业链技术提升促进作用显著。模型11~模型13表明，企业创新充当部分中介，其中介效应值为0.214，明显高于全国层面的0.1。

表5-5 产业链引领型地区税收优惠、企业创新与产业链升级的回归结果

变量	模型10	模型11	模型12	模型13
被解释变量	icm	rdtr	icm	icm
ttax	1.364*** (4.596)	1.230*** (2.705)		1.536*** (3.909)
rdtr			0.227*** (3.604)	0.174* (2.372)
finsize	0.038*** (4.732)	-0.036** (-1.851)	0.045** (2.486)	0.054*** (6.636)
hc	1.863*** (2.980)	1.013*** (3.542)	1.520*** (2.784)	2.142*** (3.093)
inv	0.093* (1.916)	0.986*** (46.309)	-0.051 (-0.779)	-0.138** (-2.343)
mark	0.002 (0.686)	0.071*** (13.336)	-0.018*** (-2.858)	-0.007 (-0.859)
pgdp	0.181*** (5.495)	-0.078 (-1.198)	0.102*** (3.056)	0.237*** (5.757)
pfdi	0.014 (0.735)	-0.102* (-1.685)	0.034 (1.071)	0.059* (1.899)
urban	0.366*** (4.455)	0.647*** (4.367)	0.114 (0.708)	0.257** (2.153)
constant	-1.260*** (-3.554)	-2.209*** (-5.174)	0.350*** (2.762)	-1.305** (-2.533)

续表

变量	模型10	模型11	模型12	模型13
被解释变量	icm	rdtr	icm	icm
省份固定	否	否	否	否
时间固定	否	否	否	否
obs	63	63	63	63
调整后 R^2	0.863	0.970	0.748	0.820

注：***、**、* 分别表示在显著性水平1%、5%、10%下显著，括号内值为 t 值。

表5-6是19个产业链相对较弱地区样本的回归结果，产业链追随型的地区税收优惠依旧显著促进产业链升级，但回归系数小于全国总体回归水平，主要与此类地区的经济规模与税收规模有关，在产业链追随型中处于中西部的占68.42%，地区经济总量较小，造成税收基数小，税收优惠对产业链内企业基础创新能力、高端引领能力、协同创新能力、产业支撑与控制力的促进作用相对有限。

与产业链引领型地区不同，在产业链追随型的地区税收优惠对企业创新的促进作用较低，低于全国总体的回归系数，这可能与地区税收优惠力度或者企业的整体创新投入实力有关。在产业链相对较弱的地区中，地区经济实力、企业的创新投入能力与产业链相对发达的东部地区相比还有较大差距，税收激励对企业创新的促进作用有限。模型16和模型17表明，处于产业链追随型地区的企业创新对产业链升级的促进作用依旧显著，企业创新在税收优惠与产业链现代化中呈部分中介效应。

表5-6　产业链追随型税收优惠、企业创新对产业链升级的回归结果

变量	模型14	模型15	模型16	模型17
被解释变量	icm	rdtr	icm	icm
ttax	0.313*** (3.099)	0.391*** (7.280)		0.065 (0.650)
rdtr			0.479*** (12.038)	0.469*** (11.760)

续表

变量	模型14	模型15	模型16	模型17
被解释变量	icm	$rdtr$	icm	icm
$finsize$	0.040*** (6.169)	0.015*** (5.211)	0.036*** (6.147)	0.038*** (6.023)
hc	0.139 (0.425)	2.262*** (12.925)	-0.967*** (-3.769)	-0.926*** (-3.234)
inv	0.112*** (4.130)	0.126*** (15.599)	0.085*** (3.666)	0.083*** (3.289)
$mark$	0.017*** (3.818)	0.010*** (5.792)	0.012*** (3.252)	0.012*** (2.832)
$pgdp$	0.252*** (6.193)	0.322*** (19.907)	0.087*** (3.163)	0.093*** (2.901)
$pfdi$	-0.170*** (-5.031)	-0.045*** (-3.724)	-0.124*** (-4.057)	-0.125*** (-3.973)
$urban$	-0.083 (-1.261)	0.042* (1.963)	-0.135*** (-3.231)	-0.126** (-2.411)
$constant$	-0.119 (-1.022)	-0.535*** (-8.625)	0.259*** (10.894)	0.195* (1.833)
省份固定	否	否	否	否
时间固定	否	否	否	否
obs	133	133	133	133
调整后R^2	0.639	0.939	0.704	0.702

注：***、**、*分别表示在显著性水平1%、5%、10%下显著，括号内值为t值。

综合表5-3、表5-5、表5-6的回归数据，税收优惠对产业链升级的促进具有积累效应，随着产业链现代化指数的提升，税收优惠对企业创新的促进作用愈发显著，对产业链升级的促进作用由弱转强。

四、税收优惠对产业链升级的结构异质性检验

为检验分税税种优惠差异对产业链升级的影响机理，本节将增值税优惠

（zztax）、企业所得税优惠（sdtax）和城市维护建设税优惠（cjtax）引入回归模型中，分别检验三类税收优惠对企业创新和产业链升级的影响，回归结果呈现在表5-7~表5-9中。其中，模型18、模型22和模型26为基础回归模型，表明在控制了其他变量后，增值税优惠和企业所得税优惠均显著正向促进产业链升级，回归系数分别为0.841和1.866，但城市维护建设税优惠的作用系数为负。

表5-7　　　　增值税优惠、企业创新与产业链升级的回归结果

变量	模型18	模型19	模型20	模型21
被解释变量	icm	rdtr	icm	icm
zztax	0.841*** (8.386)	0.508*** (7.001)		0.702*** (5.124)
tdtr			0.230*** (6.316)	0.215*** (5.003)
inv	0.164*** (20.514)	0.887*** (28.657)	-0.066* (-1.671)	-0.065 (-1.392)
mark	0.008*** (3.223)	0.028*** (14.920)	0.002 (0.556)	0.001 (0.297)
pgdp	0.201*** (12.223)	0.086*** (4.150)	0.178*** (12.729)	0.215*** (17.473)
finsize	0.047*** (11.614)	0.027*** (8.766)	0.039*** (15.811)	0.050*** (9.161)
pfdi	0.019 (1.556)	-0.018* (-1.790)	0.005 (0.223)	-0.002 (-0.122)
urban	0.029 (1.021)	-0.302*** (-14.686)	0.089*** (2.981)	0.100** (2.260)
hc	1.342*** (10.668)	-0.227* (-1.735)	1.564*** (9.041)	1.644*** (7.310)
constant	-0.712*** (-7.186)	-0.626*** (-7.956)	0.143*** (6.507)	-0.562*** (-4.057)
省份固定	否	否	否	否

第五章
税收优惠对产业链现代化的影响机理

续表

变量	模型 18	模型 19	模型 20	模型 21
被解释变量	icm	rdtr	icm	icm
时间固定	否	否	否	否
obs	196	196	196	196
调整后 R^2	0.933	0.942	0.948	0.934

注：***、**、*分别表示在显著性水平1%、5%、10%下显著，括号内值为 t 值。

由表5-7~表5-9的模型19、模型23和模型27可以看出，在控制了其他变量后，增值税优惠、企业所得税优惠均显著正向激励企业创新，回归系数分别为0.508和4.097，城市维护建设税优惠的作用系数为负数，但不显著，这与肖鹏、黎一璇（2011）的研究结论一致，企业研发活动与税收减免强度、企业自有资金和企业负债之间存在协整关系，所得税税率差异带来的税收减免极大地促进了企业开展创新活动，而企业创新有助于产业链升级已经被证实，可见政府通过减税降费激励企业实施创新驱动发展战略的政策具有其合理性。

表5-8　　企业所得税优惠、企业创新与产业链升级的回归结果

变量	模型 22	模型 23	模型 24	模型 25
被解释变量	icm	rdtr	icm	icm
sdtax	1.866 *** (3.979)	4.097 *** (7.341)		0.411 (1.217)
tdtr			0.230 *** (6.316)	0.221 *** (6.847)
inv	0.150 *** (10.100)	0.873 *** (26.743)	-0.066 * (-1.671)	-0.061 (-1.574)
mark	0.006 (1.556)	0.020 *** (9.424)	0.002 (0.556)	0.002 (0.496)
pgdp	0.213 *** (10.419)	0.116 *** (5.144)	0.178 *** (12.729)	0.180 *** (11.928)

续表

变量	模型22	模型23	模型24	模型25
被解释变量	icm	rdtr	icm	icm
finsize	0.035*** (14.204)	0.014*** (5.286)	0.039*** (15.811)	0.038*** (13.668)
pfdi	0.071*** (2.794)	0.106*** (8.184)	0.005 (0.223)	0.018 (0.685)
urban	0.006 (0.204)	-0.271*** (-15.326)	0.089*** (2.981)	0.083** (2.355)
hc	1.216*** (6.996)	-0.587*** (-3.038)	1.564*** (9.041)	1.495*** (7.623)
constant	-1.695*** (-3.751)	-4.131*** (-7.273)	0.143*** (6.507)	-0.260 (-0.802)
省份固定	否	否	否	否
时间固定	否	否	否	否
obs	196	196	196	196
调整后 R^2	0.911	0.931	0.948	0.939

注：***、**、*分别表示在显著性水平1%、5%、10%下显著，括号内值为 t 值。

由表5-7～表5-9的模型21、模型25和模型29可以看出，在控制了其他变量后，企业创新活动在增值税优惠、企业所得税优惠与产业链现代化中充当部分中介功能，中介效应占比分别为26.51%和16.79%，城市维护建设税优惠的中介效应不显著。可见，通过增值税和企业所得税减免方式激励企业加大创新投入，进而实现产业链升级的效果较好。

表5-9 城市维护建设税优惠、企业创新与产业链升级的回归结果

变量	模型26	模型27	模型28	模型29
被解释变量	icm	rdtr	icm	icm
cjtax	-10.06*** (-6.943)	-0.096 (-0.064)		-9.15*** (-7.584)

续表

变量	模型 26	模型 27	模型 28	模型 29
被解释变量	icm	$rdtr$	icm	icm
$tdtr$			0.230*** (6.316)	0.225*** (6.763)
inv	0.150*** (16.841)	0.912*** (34.392)	-0.066* (-1.671)	-0.072** (-2.020)
$mark$	0.010*** (3.650)	0.029*** (14.091)	0.002 (0.556)	0.003 (0.966)
$pgdp$	0.191*** (11.089)	0.041** (2.505)	0.178*** (12.729)	0.176*** (10.331)
$finsize$	0.025*** (7.696)	0.017*** (4.058)	0.039*** (15.811)	0.033*** (9.253)
$pfdi$	-0.025 (-0.959)	-0.013 (-1.016)	0.005 (0.223)	-0.034 (-1.158)
$urban$	0.066*** (2.977)	-0.301*** (-16.689)	0.089*** (2.981)	0.136*** (5.850)
hc	1.704*** (15.761)	-0.403*** (-2.939)	1.564*** (9.041)	1.864*** (13.691)
$constant$	10.117*** (7.030)	-0.019 (-0.013)	0.143*** (6.507)	9.220*** (7.732)
省份固定	否	否	否	否
时间固定	否	否	否	否
obs	196	196	196	196
调整后 R^2	0.921	0.942	0.948	0.944

注：***、**、*分别表示在显著性水平1%、5%、10%下显著，括号内值为 t 值。

第五节 本章小结

本章聚焦财政政策中的税收优惠政策对产业链升级的影响机理，在理论分析与研究假设的基础上,引入企业创新中介变量,实证检验税收优惠对产业链升级的影响。研究表明:(1)从全国层面上看,税收优惠显著正向促进产业链升级,税收优惠对产业链升级既存在直接影响,又存在通过企业创新中介的间接影响,其间接效应值为0.1,稳健性检验后依旧显著。(2)区域异质性检验表明,在产业链比较发达的引领型地区,税收优惠、企业创新均显著正向促进产业链升级,企业创新充当部分中介,其中介效应值为0.214,明显高于全国层面的0.1。产业链相对落后的追随型地区,税收优惠对企业创新的作用系数为0.391,企业创新在税收优惠与产业链现代化进程中的中介效应值为0.183。税收优惠对产业链升级的促进具有积累效应,随着产业链现代化指数的提升,税收优惠对企业创新的促进作用愈发明显,对产业链升级的促进作用由弱转强。(3)将增值税、企业所得税和城市维护建设税引入回归模型后,分别检验三类税收优惠对企业创新、产业链升级的影响,增值税优惠和企业所得税优惠均显著正向促进产业链升级,但城市维护建设税优惠反而阻碍了产业链升级,增值税优惠、企业所得税优惠均显著正向激励企业创新,企业创新活动在增值税优惠、企业所得税优惠与产业链现代化中充当部分中介功能,在城市维护建设税优惠中的中介效应不显著。

第六章
财政支出对产业链现代化的影响机理

本章研究财政支出和支出结构对产业链现代化的影响机理。首先，理论阐述财政支出、城市化与产业链现代化间的逻辑关系、财政资金使用效率、对外开放的调节效应，提出研究假设；其次，构建面板回归模型进行基础回归检验、中介效应检验和调节效应检验；最后，结合产业链发展水平进行异质性检验。本章研究结论对于优化财政资金配置效率，发挥财政资金的"定向诱导"功能，助力产业链升级具有积极的意义。

第一节 文献综述

产业链升级与产业资源配置效率相关，在产业资源配置过程中，不同的财政支出结构和支出效率对产业引领效果存在差异性，对于财政政策而言，"稳增长"和"调结构"并不矛盾，可以基于"稳增长"视角决定支出总量，继而从"调结构"视角确定财政在部门间配置以促进产业链升级。相关研究表明，财政支出可通过乘数效应、结构效应、聚集效应和要素配置效应加快城市化进程，而且城市化促进经济结构转型，推动生产性服务业、高技术产业和绿色产业成长，能够显著提升产业发展层次。产业链现代化的研究多以理论研究为主，在实证研究层面，现有研究主要聚焦于财政支出、结构和效率对产业结构升级的影响机理。

首先，从总量视角研究财政支出与产业结构升级。研究表明，财政支出对产业结构升级呈"双刃剑"特征，一方面，财政支出与货币政策相配合能有效改造提升传统产业，培育新兴产业，解决产业结构不合理问题（Oates，1972），能够扩大市场有效需求，改善需求结构（Arikan，2004），财政研发支出能够促进产业技术进步，改善高新技术产业内部结构（张同斌、高铁梅，2012），财政生产性支出推动资本和劳动力在三次产业间的流动来提升资源配置效率，推动产业结构升级（石奇、孔群喜，2012），支出规模对产业结构升级的政策效果受正向促进效应和负向倒逼效应的共同影响（杨志安、李梦涵，2019）；另一方面，由于政府行为的滞后性，市场应该在产业结构升级中起主导作用，财政经济建设支出是一种政府对市场的"越位"行为，财政对产业结构过多干预反而抑制结构转型升级（Barakat，2014）。而且抑制效果呈递增性，随着时间的推移，抑制作用逐渐显现（杨晓锋，2016），财政支出占比提高促进了产业结构高级化，但却抑制了产业结构的合理化（仲颖佳、孙攀、高照军，2020）。

其次，探讨财政支出结构对产业结构升级的影响。产业间财政结构性调整显著带动产业结构调整，并促使产业结构趋向高度化（安苑、宋凌云，2016）。生产性与非生产性支出之比以及两者之间的相互作用关系能够推动产业结构升级（Martinez-Vazquez，2018）。财政支出由生产性支出向消费性和服务性支出的偏向，激发清洁型产品需求，持续促进产业转型（刘俸奇、张同斌，2020）。财政部门配置及其经济关联也会促使受限制产业向高新技术产业转型（齐鹰飞、LI Yuanfei，2020），但存在类别和地区间的异质性，其中，投资性支出和民生性支出表现为促进作用，而消费性支出则表现为抑制性（杨志安、李梦涵，2019）。

最后，财政支出效率对产业结构升级的影响。王检、石大千、吴可（2016）通过对财政支出效率与产业结构的要素积累模型检验得到财政支出效率对产业结构具有显著的正向影响，并通过资本和劳动的积累促进产业结构调整。张权（2018）指出，公共支出效率通过影响家庭收入对产业结构升级产生恩格尔效应，促进农业产业向非农产业升级，劳动密集型制造业向资本、技术密集型产业升级，生活型服务业向生产型服务业升级。虽然地方财政支出效率能显著促进制造业绿色转型升级，但具有明显的区域、规模和地方官员晋升方式的异质性特征（李小奕，2021）。财政支出效率能促进产业结构合理化但抑制了产业结构高度化,且存在空间溢出效应(甘行琼、雷正,2022)。财政科技支出效率对产业结构高级化的作用始终是正向的,对产业结构合理化的作用短期内不明显,但在长期内会产生负向作用(李振、王秀芝,2022)。

针对财政支出、结构和效率对产业结构升级的影响机理,研究成果较多,但结论分歧较大,产业结构合理化与高级化是产业链升级的基础,但本质特征有别,财政支出对产业链升级的作用机理及实证检验,现有研究比较缺乏。因此,本章聚焦财政支出对产业链升级的影响机理,引入城市化为中介变量,引入财政支出效率和对外开放度为调节变量,通过理论探讨与实证检验揭示财政支出对产业链升级的作用机理。

第二节 理论分析与研究假设

本节系统阐释财政支出、支出结构与产业链升级间的逻辑关系,引入城市化为中介变量,财政支出效率和对外开放度为调节变量,提出相应的理论假说,作为后续实证研究的理论基础。

一、财政支出、支出结构与产业链升级

从总量上看,财政支出通过政府购买乘数和产业政策引领促进产业链升级。政府购买是财政支出的主要形式,通过购买乘数作用促进居民收入增长和市场需求结构的升级,引导产品结构和产业投资结构高级化。财政支出方向具备要素引领功能,可引导社会资金流向以拓宽企业融资渠道,增加地区资本要素供给。地区人才引进财政补贴可吸引各类创新型人才,充实企业研发团队,提升地区企业研发实力;财政补贴机制可引导不同创新主体开展协同创新,优化创新要素组合,挖掘资金、人才、设备和平台等创新要素的创新潜能,提升产业链各类创新主体间的协同效应,可见,财政支出从市场需求、要素供给和要素协同等视角促进产业链升级。

从支出结构上看,首先,在财政分权体制下,地方政府明显偏向于经济

性财政支出（Jia，2014），这可以显著提升地区基础设施水平、降低运输成本以及提升规模效率，削减运输成本是天然型的保护税率，它打破市场分割，促进区域间分工，加速区域一体化进程，在资源要素流动中起到降低摩擦，带动要素流动、知识外溢、实现资源配置状态向均衡点靠近，产生"资源优配效应"，提升地区技术水平（刘秉镰、武鹏、刘玉海，2010；范欣、宋冬林、赵新宇，2017；余永泽、王岳龙、李启航，2020）；其次，通过财政创新补贴和研发税收抵免等方式支持本土企业开展创新活动，撬动更多社会资金参与技术攻关，通过在产业间差异性配置财税资源，实现产业的优胜劣汰，财税倾斜政策对于外部融资依赖度较高产业的生产率提升可能发挥重要的作用（安苑、王珺，2014）；最后，财政支出通过信贷、税收、人才和土地等要素补贴，引进高水平外资企业和支持本地企业走出去，实现在全球范围内配置创新资源，通过联合技术攻关或技术外溢提升本地企业的技术能力。

假设 H_{1a}：财政支出从市场需求、要素供给和要素协同等渠道促进产业链升级。

假设 H_{1b}：财政支出结构决定财政资源的配置，对地区产业链升级的影响机理不同。

二、城市化的中介效应

城市化是一个要素资源汇聚与产业集聚发展的过程，经济集聚离不开公共产品的供给与配置，包括城市基础设施、住房保障、教育和科技支出、公共卫生服务等，公共产品的非排他性和非竞争性特征引发"搭便车"行为，容易造成私人供给不足，必须依靠财政支出实现公共产品的有效供给，而财政支出中的科学事业费、教育事业费、基础设施支出和卫生事业费对城市化具有显著的促进作用（徐曙娜、任超然、张远，2012）。在日本工业进程中，财政支出规模与城市化水平呈现同步增长的一致性特征，财政支出促进城市化发展（李晓鹏，2021）。

城市化进程促进全球产业分工与重组，加速现代新兴产业的协同集聚，专业分工和集聚经济使生产中的技术复杂水平和创新能力提高，形成产业升级的强大动力（蓝庆新、陈超凡，2013）。首先，城镇化显著正向促进资本积累（王金营、董正信，2005），提升社会资本供给量和资本积累水平，为城市空间扩张和基础设施完善提供充足资金，基础设施的资本存量积累所提供的服务有力地提升了城市的产业承载能力，对于城市产业分工和结构升级至关重要（吴福象、沈浩平，2013）。城市化创造大量的就业机会，吸引高端人才在城市空间聚集，考虑到驱动产业结构优化升级的技术进步更多地依赖于缄默知识，需要面对面地直接交流，城市化提高人口密度，在为产业技术进步提供智力资源的同时也增加了直接交流的机会，实现缄默知识的积累以推动技术创新。城市化正是通过对城市资本积累、劳动力数量和质量的影响，改变城市要素禀赋结构，进而内生决定地区产业结构层次和转型升级的潜力（李宝礼、胡雪萍，2016）。其次，城市化进程特别是智慧城市建设产生的高端产品需求能推进新型工业化，推动工业发展向集约循环、创新驱动方向转型（辜胜阻、刘江日，2012），推动高新技术产业空间聚集以加强产业互动、协同创新与技术溢出，带动生产性服务业、高技术产业和绿色产业成长，提高地区产业整体技术竞争力和生产专业化水平。最后，创新型城市建设具有高端辐射与技术引领作用，创新型城市的构成要素包括创新资源、创新机构、创新机制和创新环境，这为产业链创新活动提供了物质基础和行为主体，保证创新体系有效运转，促进高质量创新活动的开展。

假设 H_{2a}：城市化促进高端创新要素聚集并通过创新型城市建设，促进产业链升级。

假设 H_{2b}：城市化在财政支出与产业链升级中充当中介变量。

三、财政支出效率的调节效应

财政支出效率体现地方政府对公共财政的资源配置效率，西方国家通常用经济性、效率性和有效性的"3E"原则作为支出效率的评价标准。财政支出效率的调节机理主要体现在：一是通过供给侧调节，在财政收入既定下，地方政府如果能够科学合理地使用公共财政资源，将更多的财政资金投向基础教育、数字基础设施、环境保护、科技创新和改善创新环境领域，有效引导企业进行科技创新，组织产、学、研开展协同创新，提升地区产业创新基础、产业高端引领能力、协同创新能力、可持续发展能力和产业全要素生产率（李小奕，2021；刘建民、秦玉奇、洪源，2021）；二是财政资金具有市场需求调节功能，需求资金配置效率越高，政府采购针对尖端产品的市场带动性越强，对产业链升级的调节效果越好；三是财政支出效率与经济增长呈现正向关联（刘勇政、冯海波，2011），提升财政支出效率引致的经济增长效应可以扩大地区总税基，拓展地方政府的财源基础，提升财政支撑能力。

假设 H_3：财政支出效率提升正向调节财政支出与产业链升级。

四、对外开放的调节效应

对外贸易是发展中国家的经济发展与世界经济发展连接的桥梁，利用外贸的推动和传导作用，引进先进的技术设备，建立起新的主导产业，带动产业的发展，促进产业结构升级（李春平，1992）。研究表明，财政支出、对外开放以及两者之间的交互项显著地正向影响区域经济高质量发展水平，对区域产业结构升级和产业链现代化具有促进作用（张景波，2021）。贸易对外开放通过国际产品或技术贸易引进高科技产品或尖端技术，资本对外开放可以吸引高科技企业进驻，两种方式均可获得国外技术溢出，通过模仿再创新实现技术转移和超越（徐春华、刘力，2013；殷功利，2018）。

假设 H_4：对外开放正向调节财政支出与产业链升级。

图 6-1 展示了财政支出、财政支出结构与产业链升级之间影响机理的理论框架。

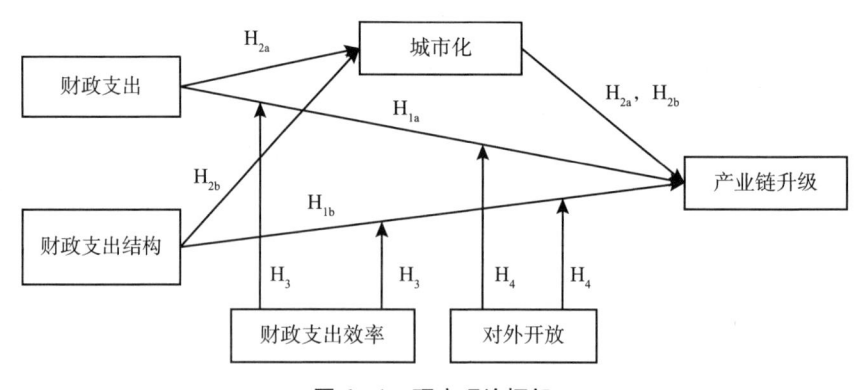

图 6-1 研究理论框架

第三节 模型构建与变量选择

本节构建检验财政支出、城市化与产业链现代化间关系的面板数据回归模型和中介效应检验模型，构建检验财政支出效率和对外开放调节效果的调节效应模型，明确相关变量的取值方法，并对变量数据进行描述性统计分析。

一、模型建立

考察财政支出、支出结构对产业链升级的总体效应，根据理论假设，设定式（6-1）：

$$icm_{it} = \alpha_0 + \alpha_1 fi_{it} + \sum \alpha_j controls + u_i + v_t + \varepsilon_{it} \quad (6-1)$$

其中，icm_{it}代表地区产业链现代化指数，利用产业链现代化评价指标体系进行测算，fi_{it}为关键核心解释变量，根据研究需要，文后分别将财政支出规模fis_{it}、财政消费性支出fic_{it}、财政投资性支出fii_{it}和财政民生性支出fip_{it}引入回归方程中，$controls$为控制变量，α_i为回归系数，u_i和v_t分别代表个体固定效应、时间固定效应，ε_{it}为误差项，i代表省份，t代表年份。

为探究城市化在财政支出促进产业链升级中是否具有中介效应，本书采用逐步回归法进行检验，借鉴男爵和肯尼（1986）对中介效应模型的设计思路，先构建式（6-2），以城市化水平为被解释变量，以政府财政支出、消费性支出、投资性支出和民生性支出为解释变量，检验财政支出和支出结构对城市化的影响；再构建式（6-3），以产业链现代化指数为被解释变量，以城市化为解释变量，检验城市化对产业链现代化的影响机理，其中，$urban$代表城市化水平。

$$urban_{it} = \beta_0 + \beta_1 fi_{it} + \sum \beta_j controls + u_i + v_t + \varepsilon_{it} \quad (6-2)$$

$$icm_{it} = \gamma_0 + \gamma_1 urban_{it} + \sum \gamma_j controls + u_i + v_t + \varepsilon_{it} \quad (6-3)$$

如果财政支出相关变量通过城市化影响产业链升级，那么β_1和γ_1都应该显著,如果 $\beta_1\gamma_1$ 与 α_1 同号,财政支出相关变量通过城市化促进产业链升级的中介效应是 $\beta_1\gamma_1$;如果 $\beta_1\gamma_1$ 与 α_1 符号相反,财政支出相关变量通过城市化间接作用于产业链升级,表现为遮掩效应,其大小为 $\beta_1\gamma_1$,即城市化的间接作用在一定程度上掩盖了财政支出对产业链现代化的影响。为进一步考察城市化是完全还是部分中介,构建式(6-4)检验控制了城市化的间接效应后,财政支出对产业链升级的促进作用是否依旧显著?

$$icm_{it} = \delta_0 + \delta_1 fi_{it} + \delta_2 urban_{it} + \sum \delta_j controls + u_i + v_t + \varepsilon_{it} \quad (6-4)$$

若财政支出对产业链升级的影响既存在直接效应,又存在城市化的中介效应,则 δ_1 和 δ_2 均应通过显著性检验,在控制财政支出对产业链的影响前提下,调整后的城市化间接效应值为 $\beta_1\delta_2$;如果财政支出对产业链升级的影响完全通过城市化的间接效应,则 δ_1 不显著而 δ_2 显著,此时城市化为完全中介(李政、杨思莹,2018;蒙昱竹、李波、潘文富,2021)。

式(6-5)和式(6-6)为财政支出效率($fidf$)和对外开放度($pfdi$)的中介效应检验模型,交互项前系数 φ_3 如果显著,则代表该变量具有调节效应。

$$icm_{it} = \varphi_0 + \varphi_1 fi_{it} + \varphi_2 fidf_{it} + \varphi_3 fi_{it} \cdot fidf_{it} + \sum \varphi_j controls + u_i + v_t + \varepsilon_{it} \quad (6-5)$$

$$icm_{it} = \varphi_0 + \varphi_1 fi_{it} + \varphi_2 pfdi_{it} + \varphi_3 fi_{it} \cdot pfdi_{it} + \sum \varphi_j controls + u_i + v_t + \varepsilon_{it} \quad (6-6)$$

二、关键核心变量的设定

产业链现代化指数为被解释变量。鉴于西藏、新疆和青海三省份数据不全,仅测算2014~2021年中国28个地区的产业链现代化指数,8年间产业链现代化指数均值的测算结果见表5-1。

财政支出为核心解释变量。财政支出规模和结构展现地方政府的财政资源配置能力与方式,由于中国经济发展和人口地区分布不平衡,地区财政支出配置规模差距明显,为克服经济规模的影响,本书采用相对数,其中 fis_{it} = 地区财政总支出/地区GDP,fic_{it} = (一般公共服务 + 国防 + 公共安

第六章
财政支出对产业链现代化的影响机理

全+城乡社区事务+财政金融监管支出)/地区财政总支出，fii_{it}=(环境保护+农林水事务+交通运输+资源勘探+商业服务业+国土资源气象+粮油物资支出)/地区财政总支出，fip_{it}=(教育+科学技术+文化体育与传媒+社会保障和就业+医疗卫生+住房保障支出)/地区财政总支出，指标数据根据国家统计局网站公布的原始数据进行推算。

城市化为中介变量。通过国家统计局网站获取地区城市人口占比以刻画城市化水平。

财政支出效率和对外开放度为调节变量。财政支出效率选用DEA-Malmquist指数法进行测算以体现效率的动态变化情况，借鉴陈诗一、张军(2008)和徐超、庞雨蒙、刘迪(2020)以及于井远(2021)的做法，选取人均财政支出作为财政投入指标，以教育、科技产出、交通运输、环境保护、社会保障、医疗卫生和农林水事务等为产出指标，评价指标体系如表6-1所示。

表6-1　　　　　　　　财政支出效率评价指标体系

类型	指标类别	指标解释
投入指标	财政支出	每万人人均财政支出额（亿元/万人）
产出指标	平均受教育年限	9×(初中在校生/总人口数)+12×(普通高中在校生/总人口数)+12×(中职在校生/总人口数)+16×(普通高校在校生/总人口数)（年）
	科技产出	每万人三种专利授权量（件/万人）
	交通运输	(高铁里程+高速公路里程)/全省地域总面积（千米/平方千米）
	环境保护	环保支出/财政支出（%）
	社会保障	养老、失业、医疗保险参与率（%）
	医疗卫生	每万人医疗床位数（床/万人）
	农林水事务	每万人人均农业机械总动力（万千瓦/万人）

资料来源：作者整理。

现有文献常用数据包括分析法和随机前沿法以测度财政支出效率(邢文妍,2020；徐超、庞雨蒙、刘迪,2020；于井远,2021)，其中，非参数分析法中的数据包络分析法（DEA）不需要设定生产函数，能够排除主观因素干扰，所以运用最为广泛。该方法能对多投入和多产出的决策单元（DMU）的有效性进行评价，先构建有效的生产前沿面，再将各决策单元与有效前沿面进行对比，计算相对效率，经典的 DEA 模型包括规模报酬不变的 CCR 模型和规模报酬可变的 BCC 模型。本书基于财政支出规模可变的假设，采用 BCC 模型测算各地区历年的财政静态支出效率。

假设有 n 个决策单元（省份），每个决策单元有 m 个投入变量和 s 个产出变量，令 $X_j = (x_{1j}, x_{2j}, \cdots, x_{mj})^T \geq 0$，$X_j \in R_m^+$；$Y_j = (y_{1j}, y_{2j}, \cdots, y_{sj})^T \geq 0$，$Y_j \in R_s^+$，分别为第 j 个决策单元的输入向量和输出向量（$j = 1, 2, \cdots, n$），以此建立如式（6-7）所示的评价第 j 省份财政支出效率的可变规模报酬模型，其中，$S^- = (s_1^-, s_2^-, \cdots, s_m^-)^T$ 为财政投入剩余松弛变量，$S^+ = (s_1^+, s_2^+, \cdots, s_s^+)^T$ 为财政产出亏空松弛变量，λ_j 为各个决策单元的权重，θ 为第 j 省份的某年静态的效率值。

$$\min \theta = D^t(x_t, y_t)$$
$$\text{s.t.} \sum_{j=1}^n \lambda_j X_j + S^- = \theta X_{j0}$$
$$\sum_{j=1}^n \lambda_j Y_j - S^+ = Y_{j0}$$
$$\sum_{j=1}^n \lambda_j = 1$$
$$\lambda_j \geq 0, \ s^- \geq 0, \ s^+ \geq 0, \ j = 1, 2, \cdots, n \quad (6-7)$$

式（6-7）只能测算决策单元在某个时点的静态财政支出效率值，Malmquist 指数作为可以动态反映各决策单元纵向变化趋势的效率评价工具，该模型由斯滕·马尔姆奎斯特（Sten Malmquist）提出，经凯夫斯（Caves）等率先将之与 DEA 模型结合运用到纵向效率变化的评价之中，如式（6-8）所示：

$$M(x_{t+1}, y_{t+1}, x_t, y_t) = \left[\frac{D^t(x_{t+1}, y_{t+1})}{D^t(x_t, y_t)} \cdot \frac{D^{t+1}(x_{t+1}, y_{t+1})}{D^{t+1}(x_t, y_t)} \right]^{\frac{1}{2}} \quad (6-8)$$

$D^t(x_t, y_t)$ 为 t 时的决策单元在 t 期的有效性，$D^t(x_{t+1}, y_{t+1})$ 为 t 时的决策单元在 $t+1$ 期的有效性，$D^{t+1}(x_{t+1}, y_{t+1})$ 为 $t+1$ 时的决策单元在

第六章
财政支出对产业链现代化的影响机理

$t+1$ 期的有效性，$D^{t+1}(x_t, y_t)$ 为 $t+1$ 时的决策单元在 t 期的有效性。当 $M>1$ 时则表明，从 t 时到 $t+1$ 时效率增加，反之则下降。

鉴于研究的需要，测算财政支出数据时，原始数据选择年份为 2013～2021 年，运用 DEAP 2.1 软件计算，得到 DEA-Malmquist 指数如表 6-2 所示。

表 6-2　　　　2014～2021 年财政支出效率 Malmquist 指数变化值

地区	2013～2014 年	2014～2015 年	2015～2016 年	2016～2017 年	2017～2018 年	2018～2019 年	2019～2020 年	2020～2021 年
北京	1.435	1.194	1.366	1.192	1.023	0.936	1.004	1.091
天津	1.090	1.135	1.218	1.104	1.390	1.967	0.455	1.091
河北	1.007	1.048	1.504	1.054	1.046	1.047	1.012	0.966
山西	0.935	0.933	1.938	1.271	0.945	1.022	0.973	0.911
内蒙古	0.940	1.004	1.082	0.914	0.962	0.908	0.957	0.940
辽宁	0.968	1.005	1.249	0.961	0.993	0.984	0.982	0.968
吉林	0.945	0.798	0.974	0.919	0.948	1.027	0.848	0.901
黑龙江	0.894	0.979	0.864	1.025	0.912	0.987	0.903	0.885
上海	1.035	1.123	1.014	1.099	1.357	0.931	1.110	1.103
江苏	0.907	0.979	0.981	1.010	1.044	1.024	1.042	1.075
浙江	1.018	1.062	1.100	1.061	1.089	1.097	1.111	1.075
安徽	0.932	0.967	0.945	1.119	0.97	1.061	0.979	1.021
福建	0.965	1.062	1.149	1.030	1.020	1.117	1.004	1.000
江西	0.935	0.972	1.069	0.974	1.025	1.018	1.010	1.003
山东	0.971	0.976	1.402	0.977	0.994	1.008	1.020	1.036
河南	0.996	1.003	1.218	1.031	1.040	1.027	1.027	1.024
湖北	0.902	0.954	1.079	0.978	1.011	1.008	0.983	1.035
湖南	0.959	0.975	0.995	1.002	1.014	1.022	1.027	1.022
广东	0.941	0.969	1.102	1.021	1.015	1.033	1.055	1.044
广西	1.005	0.946	1.092	1.005	1.037	1.035	1.062	1.057
海南	0.945	1.179	1.053	0.927	1.229	0.991	0.850	0.908

续表

地区	2013~2014年	2014~2015年	2015~2016年	2016~2017年	2017~2018年	2018~2019年	2019~2020年	2020~2021年
重庆	0.895	1.023	0.982	1.007	0.961	1.060	1.019	0.979
四川	0.929	0.926	1.046	0.981	0.970	1.024	1.023	1.017
贵州	0.991	0.964	1.332	0.957	0.930	0.970	0.980	0.968
云南	0.945	0.996	1.012	1.016	1.324	1.057	1.027	1.001
陕西	0.623	0.971	1.172	0.999	0.954	1.073	0.931	0.984
甘肃	0.929	0.954	1.341	0.928	0.980	0.982	0.947	0.967
宁夏	0.987	1.082	1.333	1.129	1.086	0.790	0.875	0.991

资料来源：作者计算整理。

对外开放度 $pfdi$，用进口和出口总额占 GDP 比重表示。

控制变量包括：人力资本 hc，用平均受教育年限来衡量；固定资产总额 inv，运用标准化处理后的规模以上工业企业固定资产总额来表示；技术创新水平 tec，运用标准化处理后的三种专利授权量来表示；经济发展水平 $pgdp$，用以 2010 年为基期的人均实际 GDP 来表示，回归前先进行标准化处理；金融发展水平 $finsize$，用地区年末存款余额/地区 GDP 来表示；市场化程度 $mark$，直接采用"中国分省份市场化指数数据库"中的统计数据，各变量的描述性统计结果如表 6-3 所示。考虑到变量间可能存在多重共线性，所有数据在回归之前均进行中心化处理（温忠麟、刘红云，2020）。

表 6-3　　变量描述性统计

类别	变量	符号	样本量	平均值	最大值	最小值	标准差
被解释变量	产业链现代化指数	icm	224	0.388	0.629	0.258	0.071
解释变量	财政支出	fis	224	0.244	0.465	0.105	0.065
	财政消费支出	fic	224	0.252	0.412	0.172	0.032
	财政投资支出	fii	224	0.256	0.352	0.153	0.036
	财政民生支出	fip	224	0.462	0.534	0.342	0.028

续表

类别	变量	符号	样本量	平均值	最大值	最小值	标准差
中介变量	城市化水平	urban	224	0.620	0.893	0.366	0.088
调节变量	财政支出效率	fief	224	1.028	1.967	0.455	0.085
	对外开放度	pfdi	224	0.264	1.134	0.019	0.193
控制变量	金融发展水平	finsize	224	1.511	2.691	0.787	0.315
	人力资本	hc	224	0.033	0.091	0.005	0.016
	固定资产总额	inv	224	0.221	0.994	0.002	0.129
	市场化程度	mark	224	8.556	12.390	4.936	1.344
	经济发展水平	pgdp	224	0.243	1.000	0.000	0.150
	技术创新水平	tec	224	0.095	1.000	0.001	0.085

资料来源：作者计算整理。

第四节　财政支出对产业链现代化影响机理检验

一、财政支出对产业链升级影响的基准回归

为检验财政支出规模和结构对产业链升级的影响机理，根据式（6-1）对面板数据进行回归，为克服内生性影响，采用二阶最小二乘法（TSLS）进行回归，以滞后一期数据为工具变量，回归结果如表6-4所示。从模型1可以看出，财政支出显著正向促进产业链升级，回归系数为1.527，在1%的水平下显著，假设H_{1a}得到验证，结合模型2~模型4的回归结果，其影响机理主要体现在：（1）财政支出形成政府购买直接提升区域总需求，引领消费结构升级，推动产业结构调整，加速产业链内尖端技术产出与产业化，提升产业链内"链主"的技术引领性，这从模型2中财政消费性支出对产业链的影响系数达0.754，且在1%的水平下显著可以得到证实。（2）部分财政支出属于政府性质的投资支出，具有生产性特征，与私人投资产生互补效应，如财政在基建方面的支出会不断完善区域基础设施，降低企业生产成本和交易成本，提高投资收益率，吸引更多高科技企业聚集。然

而，模型3显示，投资性支出对产业链升级呈负向作用，这可能与我国财政投资性支出结构有关，2021年财政投资性支出中有45%应用于农林水事务领域，只有21.15%用于交通运输领域，导致财政投资性支出对产业链升级效应难以发挥①。(3)在财政民生性支出中，教育和科学技术领域的支出可以实现人才内培和外引相结合，形成科技人才集聚效应，加快地区人力资本积累和产业技术升级，为产业链现代化提供智力保证，然而，模型4却表明，财政民生性支出对产业链现代化呈负向作用，这与民生性支出中科学技术支出占比偏低有关，2021年，地方财政科学技术支出仅占民生性支出的6.20%，② 科学技术支出占比不足严重制约了产业链升级，模型2～模型4验证了假设H_{1b}的假设。

表6-4 财政支出、城市化与产业链升级的基准回归

变量	模型1	模型2	模型3	模型4	模型5
fis	1.527 *** (5.850)				
fic		0.754 *** (12.806)			
fii			-0.382 *** (-8.766)		
fip				-0.627 *** (-8.334)	
urban					0.081 * (1.912)
hc	0.858 (0.329)	1.634 *** (8.169)	0.775 *** (5.395)	1.924 *** (9.826)	1.338 *** (4.333)
inv	0.311 (0.814)	0.057 ** (2.562)	0.119 *** (14.280)	0.075 *** (3.772)	0.127 *** (5.590)

①② 作者根据《中国统计年鉴》整理所得。

续表

变量	模型1	模型2	模型3	模型4	模型5
$mark$	-0.032* (-1.871)	-0.006 (-1.566)	0.006** (2.037)	0.009** (2.480)	0.008** (2.225)
$pgdp$	-0.146 (-0.840)	0.177*** (11.634)	0.155*** (9.678)	0.187*** (21.247)	0.143*** (10.042)
tec	-0.289 (-1.149)	0.152*** (5.212)	0.059*** (3.920)	0.088*** (2.965)	0.061 (1.161)
$finsize$	0.414*** (10.528)	0.030*** (5.069)	0.027*** (4.489)	0.041*** (6.503)	0.031*** (4.952)
$constant$	0.374*** (63.321)	0.385*** (144.612)	0.384*** (156.071)	0.388*** (191.715)	-0.001 (-0.307)
省份固定	是	否	否	否	否
时间固定	否	否	否	否	否
调整 R^2	0.796	0.913	0.906	0.887	0.833
n	224	224	224	224	224

注：***、**、*分别表示在显著性水平1%、5%、10%下显著，括号内值为 t 值。

二、稳健性检验

为确保回归结果真实准确，进行如下稳健性检验：第一，替换核心解释变量，参考蒙昱竹、李波、潘文富（2021）的处理方法，选择人均财政支出作为财政支出的代理变量，表6-5中的模型6的回归系数依旧为正，且在10%的水平下显著，结果稳健；第二，选择产业基础创新能力、高端引领能力和协同创新能力作为产业链现代化的代理变量，结果如表6-5中的模型7~模型9所示；第三，为克服异方差影响，采用加权最小二乘法进行回归，如模型10所示。总体上看，通过一系列的稳健性检验，实证结果与基准回归保持一致，结果具有可信度。

表6-5　　　　　　财政支出与产业链升级的稳健性检验

变量	替换解释变量	替换被解释变量			更换回归方法
	模型6	模型7	模型8	模型9	模型10
fis	0.022* (1.671)	5.896** (2.170)	1.788*** (13.223)	0.342*** (4.782)	0.989*** (5.156)
hc	1.168*** (5.456)	12.680** (2.044)	1.977*** (4.091)	1.095** (2.257)	1.210*** (3.775)
inv	0.165*** (8.287)	0.594 (0.744)	-0.058 (-1.024)	0.079 (1.570)	0.259*** (4.159)
mark	0.013*** (6.772)	-0.101* (-1.960)	0.068*** (12.810)	0.034*** (5.612)	0.038*** (5.129)
pgdp	0.097** (2.193)	-0.658 (-1.218)	0.282*** (5.057)	0.108** (2.305)	0.238*** (6.921)
tec	0.046 (0.854)	-0.823* (-1.761)	0.642*** (13.268)	0.093 (1.378)	0.043 (0.677)
finsize	0.028*** (6.636)	0.951** (2.382)	-0.185*** (-10.492)	0.090*** (9.559)	-0.054*** (-3.011)
constant	0.386*** (134.329)	-0.042** (-2.185)	-0.002 (-0.346)	-0.002 (-0.589)	0.391*** (127.794)
省份固定	否	是	是	是	否
时间固定	否	否	否	否	否
调整R^2	0.835	0.642	0.774	0.624	0.837
n	224	224	224	224	224

注：***、**、*分别表示在显著性水平1%、5%、10%下显著，括号内值为t值。

三、城市化的中介效应检验

(一) 全国层面的机制分析

首先，运用式（6-3）检验城市化对产业链升级的影响机理，回归结果如表6-4的模型5所示，城市化对产业链升级的回归系数为0.081，在10%的水平下显著，表明地区人口城市化率越高则产业链越发达。一方面，

第六章
财政支出对产业链现代化的影响机理

城镇化能够促进资本、高端人才和高端创新要素不断聚集，地区创新环境不断改善，从供给侧推动产业链升级。资本积累为产业优胜劣汰和产业技术创新提供了资金保障，新兴产业不断替换传统夕阳产业。城市化带来的人才聚集虹吸效应，大量尖端人才不断汇聚，减少了沟通交流的屏障，知识和技术溢出效应更强。创新型城市建设不断改善产业技术创新环境。另一方面，智慧城市建设需要大量技术含量高、数据处理能力强、产业带动性好的高科技产品，从需求侧助力产业链上产品结构升级。此外，城市化推动工业发展向集约循环和创新驱动方向转变，促进高新技术产业聚集和数字经济产业发展，推动产业链升级，假设 H_{2a} 和假设 H_{2b} 得到验证。

其次，运用式（6-2）分别检验财政支出规模、消费性支出、投资性支出和民生性支出对城市化的影响，结果如表6-6中的模型11~模型14所示。模型11表明，财政总支出对于城市化具有显著的促进作用，回归系数为0.258且在1%的水平下显著。而消费性、投资性和民生性支出对城市化的作用机理有别，模型12和模型13表明，我国财政支出主要通过消费性支出和投资性支出促进城市化发展，原因是财政消费性支出产生需求乘数效应，从需求侧拉动城市经济发展，财政投资性支出产生结构效应，调整和优化城市产业布局，增加就业机会，引导人口由农村向城市转移，为城市发展提供了优质生产要素。模型14表明，民生性支出制约了城市化进程，但不显著，主要是因为有80%以上的民生性支出用于教育、社会保障与就业、医疗卫生，[①] 这对城市化的促进作用相对有限。

表6-6 财政支出对城市化的回归结果

变量	模型11	模型12	模型13	模型14
fis	0.258*** (4.282)			
fic		0.587*** (4.403)		

---

① 作者根据《中国统计年鉴》整理所得。

续表

变量	模型11	模型12	模型13	模型14
fii			0.637*** (6.375)	
fip				-0.231* (-1.918)
hc	-2.564*** (-12.676)	-2.693*** (-7.498)	-3.421*** (-10.987)	-2.704*** (-7.089)
inv	0.240*** (6.529)	0.152* (2.598)	0.213*** (4.922)	0.176*** (3.846)
$mark$	0.039*** (9.335)	0.021*** (4.464)	0.022*** (6.350)	0.031*** (10.815)
$pgdp$	0.243*** (11.843)	0.216*** (8.981)	0.200*** (15.976)	0.222*** (10.116)
tec	-0.207*** (-3.805)	-0.087 (-1.304)	-0.148*** (-2.929)	-0.118** (-2.048)
$finsize$	0.014*** (7.407)	0.021*** (7.663)	0.012*** (5.811)	0.020*** (12.055)
constant	0.000 (0.124)	0.002 (0.485)	0.001 (0.318)	0.003 (0.674)
省份固定	否	否	否	否
时间固定	否	否	否	否
调整 R^2	0.806	0.818	0.820	0.807
n	224	224	224	224

注：***、**、*分别表示在显著性水平1%、5%、10%下显著，括号内值为 t 值。

最后，表6-7中的模型15~模型18报告了城市化的中介效应检验结果。根据中介效应的判断规则（李政、杨思莹，2018；蒙昱竹、李波、潘文富，2021），当以财政支出规模为解释变量时，由于模型5中的 $\gamma_1 = 0.081$ 与模型1中的 $\alpha_1 = 1.527$ 系数均显著，而且 $\gamma_1\alpha_1$ 乘积与模型11中的 $\beta_1 = 0.258$ 符号一致，说明财政支出通过影响城市化进程推进产业链现代化

第六章 财政支出对产业链现代化的影响机理

的中介效应值为 0.124，再结合 $\alpha_1 = 1.527$ 可计算出财政支出对产业链升级的综合影响系数为 1.873。为考察城市化是完全中介效应还是部分中介效应，运用式（6-4）对城市化的间接效应进行再检验，模型 15 的 δ_1 和 δ_2 均通过显著性检验，说明在控制城市化的间接影响下，财政支出对产业链升级的直接影响依旧显著，财政支出对产业链现代化的影响既存在直接效应，又存在间接效应，结合模型 15 中的回归系数，调整后的间接效应值为 0.008，修正后的财政支出对产业链的综合影响系数为 1.535，假设 H_{2b} 得到验证。

同理，鉴于模型 16 中的 δ_2 系数不显著，城市化在财政消费性支出中的中介效应不显著，模型 17 中的 δ_2 系数显著，但由于模型 5 和模型 3 中的 γ_1、α_1 乘积与模型 13 中的 β_1 符号不一致，城市化在财政投资性支出与产业链升级中呈现部分遮掩效应，其修正后的遮掩效应值为 -0.122，同理，模型 18 表明，财政民生性支出对产业链升级呈部分中介效应，其中介效应值为 0.009。

表 6-7　　　　　　　　城市化的中介效应检验结果

变量	模型 15	模型 16	模型 17	模型 18
fis	0.212 *** (8.290)			
fic		0.675 *** (7.382)		
fii			-1.215 *** (-2.642)	
fip				-0.379 *** (-3.069)
$urban$	0.099 ** (2.112)	0.020 (0.370)	-1.513 ** (-2.419)	0.112 ** (1.981)
hc	1.228 *** (4.760)	0.941 *** (2.661)	7.853 *** (4.230)	1.337 *** (3.431)
inv	0.152 *** (7.048)	0.094 *** (3.336)	0.450 (1.579)	0.081 *** (2.972)

续表

变量	模型15	模型16	模型17	模型18
mark	0.014*** (3.734)	-0.002 (-0.259)	0.043** (1.904)	0.008 (1.391)
pgdp	0.151*** (10.017)	0.144*** (6.366)	0.291*** (3.854)	0.124*** (6.290)
tec	0.051 (0.979)	0.143*** (3.377)	-0.591*** (-3.043)	0.144** (2.214)
finsize	0.004* (1.800)	0.010*** (4.749)	0.012*** (5.895)	0.011*** (5.528)
constant	0.386*** (130.50)	0.388*** (131.97)	0.393*** (112.73)	0.389*** (183.94)
省份固定	否	否	是	否
时间固定	否	否	否	否
调整R^2	0.829	0.828	0.739	0.825
n	224	224	224	224

注：***、**、*分别表示在显著性水平1%、5%、10%下显著，括号内值为t值。

(二) 区域异质效果分析

为检验财政支出、城市化对产业链升级的影响是否存在区域异质性特征，根据表5-1的分类方法，分别进行回归，结果如表6-8和表6-9所示。

在产业链相对发达的引领型地区，财政支出和地区城市化进程显著促进地区产业链升级，财政支出也在1%的水平下正向促进城市化，城市化起部分中介效应，其中介效应值为0.225；引领型的财政消费性支出显著正向促进产业链升级，城市化进程起部分中介效应，中介效应值为0.150；财政投资性支出对产业链升级的促进作用不明显，系数为负（$\alpha_1 = -0.629$），城市化的完全中介效应显著，中介效应值为0.211，城市化进程成功将财政投资性支出与产业链升级的回归系数从-0.629提升到0.169，促进作用显著；财政民生性支出对产业链升级也呈负向作用，城市化呈完全中介作用，中介效应值为0.119，虽然城市化进程将财政民生性支出与产业链升级的回归系数从-0.818提升到-0.686，但依旧为负数。

第六章 财政支出对产业链现代化的影响机理

表6–8 产业链引领型地区对财政支出对产业链升级影响回归结果

被解释变量	模型19 icm	模型20 icm	模型21 icm	模型22 icm	模型23 icm	模型24 urban	模型25 urban	模型26 urban	模型27 urban	模型28 icm	模型29 icm	模型30 icm	模型31 icm
fis	0.342** (2.601)					1.156*** (8.015)				-0.275* (-1.955)			
fic		0.657*** (3.860)					1.093*** (6.392)				0.215* (1.811)		
fii			-0.629*** (-9.279)					-1.245*** (-6.545)				0.169 (0.557)	
fip				-0.818* (-1.875)					-1.007*** (-3.114)				-0.686 (-1.271)
$urban$					0.358*** (3.804)					0.432*** (3.798)	0.287*** (3.441)	0.405** (2.586)	0.229*** (3.826)
$finsize$	-0.009 (-0.798)	0.000 (-0.032)	-0.015 (-1.173)	-0.029 (-1.330)	-0.025 (-1.872)	0.059** (2.641)	0.042 (1.538)	0.066* (1.909)	0.021 (0.597)	-0.029 (-1.267)	-0.028 (-1.270)	-0.034 (-1.599)	-0.046** (-2.218)
hc	-0.007 (-0.021)	0.827 (1.335)	-0.332 (-0.914)	0.422 (0.480)	0.528 (0.889)	-0.447 (-0.802)	-0.034 (-0.083)	-0.688 (-1.021)	-0.611 (-1.590)	0.941 (0.936)	0.930 (1.000)	0.795 (0.906)	0.833 (0.804)
inv	0.194*** (6.962)	0.042 (0.879)	0.161*** (5.344)	0.002 (0.028)	0.098*** (3.189)	0.180*** (2.998)	-0.076 (-1.574)	0.035 (0.753)	-0.089* (-1.920)	0.018 (0.288)	0.055 (1.313)	0.069* (1.742)	0.021 (0.294)

续表

被解释变量	模型 19	模型 20	模型 21	模型 22	模型 23	模型 24	模型 25	模型 26	模型 27	模型 28	模型 29	模型 30	模型 31
	icm	icm	icm	icm	icm	urban	urban	urban	urban	icm	icm	icm	icm
mark	-0.010**	-0.019***	-0.004	-0.027**	-0.016***	0.036***	0.026***	0.047***	0.008	-0.014*	-0.011*	-0.015	-0.024*
	(-2.437)	(-3.191)	(-1.493)	(-2.593)	(-3.809)	(4.335)	(3.209)	(4.612)	(1.072)	(-1.910)	(-1.771)	(-1.649)	(-1.982)
pgdp	0.097***	0.152***	0.089***	0.127***	0.000	0.249***	0.336***	0.307***	0.321***	0.001	0.046**	-0.001	0.065
	(6.317)	(6.146)	(3.965)	(4.695)	(-0.003)	(18.757)	(12.383)	(7.155)	(9.173)	(0.032)	(2.066)	(-0.028)	(1.633)
tec	0.116***	0.221***	0.039	0.354***	0.172***	-0.094***	-0.019	-0.255***	0.171**	0.167***	0.160***	0.174**	0.277**
	(3.676)	(4.536)	(1.416)	(3.370)	(4.330)	(-6.812)	(-0.281)	(-4.954)	(2.513)	(2.777)	(3.256)	(2.114)	(2.239)
constant	0.459***	0.423***	0.425***	0.464***	0.442***	0.031**	-0.042***	-0.068***	0.016**	0.427***	0.430***	0.446***	0.454***
	(41.849)	(32.872)	(51.426)	(34.719)	(44.902)	(2.053)	(-5.448)	(-4.880)	(2.398)	(23.047)	(29.619)	(30.731)	(43.593)
省份固定	否	否	否	否	否	否	否	否	否	是	否	否	否
时间固定	否	否	否	否	否	否	否	否	否	否	否	否	否
调整 R^2	0.737	0.765	0.747	0.704	0.760	0.934	0.920	0.943	0.923	0.706	0.723	0.704	0.680
n	72	72	72	72	72	72	72	72	72	72	72	72	72

注：***、**、*分别表示在显著性水平1%、5%、10%下显著，括号内值为t值。

第六章 财政支出对产业链现代化的影响机理

表6-9 产业链追随型地区对财政支出对产业链升级影响的回归结果

被解释变量	模型32 icm	模型33 icm	模型34 icm	模型35 icm	模型36 icm	模型37 urban	模型38 urban	模型39 urban	模型40 urban	模型41 icm	模型42 icm	模型43 icm	模型44 icm
fis	0.471* (1.976)					0.526** (2.037)				0.024 (0.635)			
fic		0.564** (2.233)					0.426** (2.250)				0.738*** (3.582)		
fiu			0.100 (1.168)					-0.463*** (-4.298)				-0.165 (-2.484)	
fip				-0.232** (-2.242)					0.170 (1.412)				-0.139 (-1.388)
$urban$					-0.175*** (-7.753)					-0.203*** (-8.891)	-0.122** (-2.217)	-0.239 (-10.301)	-0.084** (-2.544)
$finsize$	0.201* (1.753)	0.022*** (2.860)	0.012*** (2.664)	0.014*** (3.238)	0.015** (2.452)	-0.019 (-0.887)	0.046*** (2.781)	0.048*** (11.664)	0.053*** (7.023)	0.011*** (2.813)	0.033*** (3.254)	0.013 (5.206)	0.021*** (6.108)
hc	-5.089 (-1.363)	-0.793 (-1.476)	-0.516 (-1.249)	-0.542 (-1.400)	-1.191*** (-2.777)	-2.175*** (-3.672)	-2.676*** (-4.178)	-2.914*** (-10.12)	-2.568*** (-8.274)	-1.059*** (-4.191)	-0.554 (-1.084)	-1.394 (-3.672)	-0.371 (-1.120)
inv	0.402 (1.273)	0.079* (1.687)	0.085*** (3.180)	0.089*** (2.894)	0.162*** (4.824)	0.620*** (11.783)	0.453*** (4.778)	0.392*** (6.839)	0.428*** (10.669)	0.218*** (5.775)	0.104** (2.191)	0.214 (6.880)	0.120*** (4.345)

续表

被解释变量	模型32 icm	模型33 icm	模型34 icm	模型35 icm	模型36 icm	模型37 urban	模型38 urban	模型39 urban	模型40 urban	模型41 icm	模型42 icm	模型43 icm	模型44 icm
mark	-0.024 (-1.160)	-0.004 (-0.560)	0.010 (1.547)	0.008 (1.571)	0.014*** (2.780)	0.053*** (5.967)	0.029*** (5.136)	0.030*** (8.926)	0.037*** (11.852)	0.012*** (2.960)	-0.002 (-0.415)	0.010 (2.304)	0.009* (1.740)
pgdp	-0.209 (-0.871)	-0.053 (-0.639)	0.029 (0.566)	-0.014 (-0.274)	0.052 (1.209)	0.359*** (4.498)	0.223*** (3.970)	0.272*** (5.699)	0.367*** (8.289)	0.109*** (6.146)	0.015 (0.323)	0.081 (3.390)	0.086** (2.149)
tec	0.950 (1.319)	1.090*** (2.947)	0.631** (2.545)	0.770*** (3.666)	0.550*** (2.770)	-1.332*** (-4.637)	-0.741*** (-3.824)	-0.764*** (-5.211)	-1.015*** (-5.221)	0.406*** (3.167)	0.870*** (4.381)	0.488*** (2.832)	0.507*** (3.369)
constant	0.354*** (13.86)	0.406*** (27.03)	0.388*** (49.27)	0.393*** (53.72)	0.386*** (51.30)	-0.020*** (-2.885)	-0.006 (-0.629)	-0.012*** (-4.963)	-0.014*** (-4.299)	0.382*** (64.65)	0.402*** (42.99)	0.383 (50.81)	0.387*** (64.06)
省份固定	是	否	否	否	否	否	否	否	否	否	否	否	否
时间固定	否	否	否	否	否	否	否	否	否	否	否	否	否
调整R^2	0.737	0.765	0.707	0.704	0.760	0.934	0.920	0.943	0.923	0.706	0.723	0.704	0.680
n	152	152	152	152	152	152	152	152	152	152	152	152	152

注：***、**、*分别表示在显著性水平1%、5%、10%下显著，括号内值为t值。

第六章
财政支出对产业链现代化的影响机理

表 6-9 的回归结果表明,在产业链相对较弱的追随型地区,财政支出显著促进产业链现代化,回归系数为 0.417,且在 10% 的水平下显著,然而此类地区城市化进程对产业链现代化的直接作用系数为负,由于 $\gamma_1\alpha_1$ 乘积与模型 37 中的 β_1 符号不一致,城市化在财政支出与产业链升级中呈现部分遮掩效应,修正后的遮掩效应值为 0.036;财政消费性支出对产业链升级的直接促进系数为 0.564,且在 5% 的水平下显著,城市化呈现的部分遮掩效应值为 0.021;财政投资性支出完全通过城市化进程促进产业链现代化,调整后的间接效应值为 0.042;财政民生性支出与产业链升级回归系数显著为负,城市化呈完全中介效应。

综上所述,引领型地区城市化发展显著促进产业链升级,回归系数为 0.358,明显高于全国层面的 0.081 和追随型地区的 -0.175,这说明城市化对产业链升级的促进作用具有门槛效应,城市化水平越高,要素积累效应的推动作用和市场需求的拉动作用越强,产业链升级越明显。

四、财政支出效率与对外开放的调节效应检验

表 6-10 中的模型 45~模型 48 报告了财政支出效率调节效应的检验结果,假设 H_3 提出财政支出效率提升正向调节财政支出与产业链升级,由模型 45 可知,财政支出与财政支出效率的交互项的系数为正向且显著,假设 H_3 得到支持,在财政分权制度下,提升财政支出效率可以缓解地方政府的财政支出压力,将有限的财政资源配置到促进产业结构升级的关键环节,更好发挥财政支出的定向诱导功能。然而,在财政支出结构的分领域回归中,财政支出效率显著正向调节财政民生性支出与产业链升级,原因可能是与民生性支出在财政支出中的占比较高有关,2021 年,全国财政民生性支出占比达 49.36%,① 如果能够有效提升这部分资金的配置效率,对产业链升级具有积极的意义。同时,也要关注财政支出效率在财政投资性支出和消费性支出中起负向调节作用的客观事实,要优化财政资源配置领域,尽可能向附加价值高、产出效率好的领域倾斜。

---

① 作者根据《中国统计年鉴》整理所得。

表6-10　　　　　　　财政支出效率的调节效应检验结果

变量	模型45	模型46	模型47	模型48
fis	0.047* (1.873)			
fic		0.454*** (12.932)		
fii			-0.222*** (-6.224)	
fip				-0.276*** (-3.729)
$fief$	0.019 (1.449)	0.014** (2.016)	0.027** (2.078)	0.021** (2.307)
$fis \times fief$	0.263* (1.753)			
$fic \times fief$		-0.128 (-1.547)		
$fii \times fief$			-0.668 (-1.593)	
$fip \times fief$				0.174* (0.504)
hc	1.207*** (8.725)	1.273*** (9.518)	0.969*** (9.330)	1.549*** (4.943)
inv	0.092*** (10.005)	0.072*** (3.893)	0.095*** (13.924)	0.130*** (6.694)
$mark$	0.009*** (4.085)	0.005** (1.856)	0.007*** (2.709)	0.009*** (2.913)
$pgdp$	0.191*** (10.407)	0.144*** (24.607)	0.163*** (13.016)	0.158*** (13.194)
tec	0.092*** (19.503)	0.117*** (9.874)	0.088*** (5.846)	0.066 (1.603)
$finsize$	0.024*** (4.322)	0.034*** (10.311)	0.025*** (4.902)	0.041*** (5.787)

续表

变量	模型45	模型46	模型47	模型48
constant	0.384 *** (205.621)	0.385 *** (232.255)	0.383 *** (191.436)	0.388 *** (195.85)
省份固定	否	否	否	否
时间固定	否	否	否	否
调整 R^2	0.904	0.912	0.811	0.842
n	224	224	224	224

注：***、**、* 分别表示在显著性水平1%、5%、10%下显著，括号内值为 t 值。

表 6-11 中的模型 49~模型 52 报告了对外开放在财政支出与产业链升级中的调节功能，模型 49 不支持假设 H_4，对外开放负向调节财政支出与产业链升级，在我国产业体系健全但产业总体技术水平偏弱的现实背景下，低技术含量产品出口占比偏高，技术引进受阻，因此，欲通过对外开放进行技术贸易、引进高技术产品、引进高科技外资企业实现产业强链的作用有限。在财政支出结构分领域回归中，对外开放度在财政消费性支出与产业链升级中具有显著的正向调节功能，但在投资性支出和民生性支出中的调节作用不显著。

表6-11 　　　　　　　　　对外开放度的调节效应检验结果

变量	模型49	模型50	模型51	模型52
fis	0.741 *** (2.858)			
fic		0.215 (1.321)		
fii			-0.027 (-0.123)	
fip				-0.673 *** (-10.194)

续表

变量	模型49	模型50	模型51	模型52
fief	0.992*** (6.182)	0.875*** (5.069)	1.040*** (6.883)	-0.088*** (-6.490)
fis×fief	-3.196* (-1.674)			
fic×fief		2.015*** (3.405)		
fii×fief			-4.101*** (-3.291)	
fip×fief				-0.717* (-1.789)
hc	-4.336*** (-5.449)	-3.551*** (-3.790)	-1.299 (-1.069)	1.755*** (8.120)
inv	0.281*** (3.286)	0.119* (1.759)	0.123 (0.850)	0.093*** (3.887)
mark	-0.048*** (-4.674)	-0.035*** (-4.079)	-0.026* (-1.920)	0.012*** (2.670)
pgdp	0.252** (2.283)	0.418*** (5.987)	0.355*** (4.176)	0.221*** (26.413)
tec	-0.022 (-0.224)	0.022 (0.645)	-0.227*** (-1.891)	0.099*** (2.355)
finsize	0.249*** (9.024)	0.183*** (10.120)	0.176*** (6.352)	0.050*** (8.514)
constant	0.359*** (21.18)	0.377*** (65.507)	0.373*** (53.172)	0.384*** (193.358)
省份固定	是	是	是	否
时间固定	否	否	否	否
调整R^2	0.912	0.907	0.870	0.877
n	224	224	224	224

注：***、**、*分别表示在显著性水平1%、5%、10%下显著，括号内值为t值。

第六章 财政支出对产业链现代化的影响机理

第五节 本章小结

构建自主可控、安全高效的现代产业体系，着力提升产业链现代化水平是实现经济高质量发展，摆脱核心技术受制于人的关键举措。本章基于财政支出与产业链升级相互关系的理论假设，借助 2014~2021 年的省级面板数据，运用面板数据逐步回归法，结合中介效应模型和调节效应模型进行实证检验和区域异质性检验。研究表明：（1）从全国层面上看，财政支出显著正向促进产业链升级，城市化所形成的要素积累与产业集聚效应，有效带动产业链升级，城市化起到部分中介效应。（2）从财政支出结构的影响机理上看，财政消费性支出显著正向推动产业链升级，由于投资性支出更多偏向于农林水事务领域，民生性支出中科学技术支出占比偏低，导致投资性支出和民生性支出对产业链升级呈负向作用，城市化仅在投资性支出中起部分遮掩效应。（3）异质性检验结果表明，在产业链引领型地区，财政支出、城市化均显著正向促进产业链升级，城市化起部分中介效应，城市化在财政消费性支出、投资性支出和民生性支出对产业链升级中均起完全中介作用。追随型地区的财政支出显著促进产业链现代化，但城市化进程对产业链升级呈现负向作用，起部分遮掩效应，支出结构中只有财政投资性支出呈完全中介效应。可见，城市化进程对产业链的促进存在阈值，只有跨过门槛才能真正起到中介效应。（4）财政支出在提升财政支出效率或扩大对外开放的调节下能更为显著地推动产业链升级。财政支出效率和对外开放度分别在财政民生性投资、消费性支出与产业链升级中具有正向的调节作用。

第七章
发达国家财税政策助力产业链现代化经验做法

本章梳理美国、日本和德国针对产业链现代化制定的产业引导政策，研究其产业链现代化的战略重点，厘清其加快产业链升级的先进政策理念、产业链现代化的财税政策着力点，凝练总结财税政策助力产业链现代化的先进经验。

第一节 美日德产业链现代化的战略重点

加快实现产业基础高级化和产业链现代化是确保中国经济高质量增长，破解"卡脖子"核心技术问题，降低供应链风险的关键举措。以美国、日本和德国为代表的发达经济体，较早完成工业化，产业创新基础雄厚，一直以来牢牢掌控着基础材料、工业软件和关键零部件等附加价值高的上游环节，产业引领性和控制力强，产业链实力增强与各国促进产业结构升级的财税支持体系息息相关，深入研究这些国家的财税政策对于制定符合中国实际的财税支持产业链现代化政策具有重要意义。

一、美国：以提升产业链控制力为主线，立足突破性技术研发

美国是最先系统性提出供应链战略的国家，"高端、精准、持续"是美国产业链的三大特征，美国能够在产业链中保持领先优势，主要归因于其对产业链的持续控制。一是高端控制，美国对量子计算、人工智能、机

器人和生物医药产业等前沿领域具有强大的控制能力，扮演着"引链者"角色；二是对关键工艺、材料和环节基础能力的控制，以基础能力布局产业链关键点；三是借助产业生态圈，将产业内不同创新主体有机结合；四是以创新平台软件为支撑，提升工业软件的强大控制力；五是加强创新生态驱动。以上五种模式确保美国在高端制造领域保持持续领先，产业链控制力不断提升（夏小禾，2020）。当然，也离不开政府的财税的引导和资金支持。

二、日本：立足于基础性创新，把控产业链上游环节

日本是世界上最先将产业政策应用于经济实践的国家，通产省是制定和执行产业政策的核心部门，相当长时间内该部门是日本最具影响力的部门（李子伦、马君，2017）。从1957年通产省公布的《产业合理化白皮书》到60年代的《国民收入倍增计划》再到70年代的《通商产业政策》，日本的经济发展始终伴随着产业政策的身影，产业结构合理化、高级化进而实现产业链现代化与通产省的产业政策息息相关。纵观"二战"以来日本产业政策的演变，其路径可归纳为以"倾斜生产方式"为核心的产业复兴政策→"集中生产方式"的产业振兴政策→尖端技术产业政策→基础性技术创新政策。近年来，日本产业链的重要特点是逐渐退出利润微薄的终端消费品生产制造环节，转向关键中间产品、核心零部件和材料等产业链上游延伸（盛朝迅，2019），通过工业基础能力提升和上游原材料的掌控来实现产业链的现代化。

三、德国：以可持续和柔性智能制造为主，提升产业链竞争力

为推进本国供应链绿色化，1994年德国颁布了《循环经济和废弃物管理法》，规定产品生产和消费全过程的无害化处理程序，政府在《德国采购法》和《电子电气设备法》等采购法规中加强了环境标志认证和信息公开制度，努力构建绿色供应链。此后，随着大数据、云计算和人工智能等现代信息技术的应用，基于工业4.0战略，德国大力推进供应链的智能化，将工业互联网与全新打造的信息物理系统相结合，各类智能机器、后勤系统与生

产系统高度集成,进而实现产品制造、生产管理、物流配送和售后服务等全程的"智能化"跃升,实现产业链的智能化。

第二节 美日德产业链现代化的财税政策着力点

美日德三国产业链现代化的战略重点各有侧重,但其实现路径有共同之处,本书主要围绕产业链式、技术领域、生态系统、要素培育、资金保障和市场保障等领域展开论述。

一、重构制造业产业链,强化全产业链和全附加链模式

美日德均注重在本国构建全封闭的产业链和附加链,为打造本土全产业链,在美国,一是强调中小企业在制造业产业链中的关键作用。中小制造企业的产品部件、装配与集成形成供应链上下游中的产品与服务,是供应链中的关键部门,《美国先进制造领先战略》强调,制造业应链接中小企业,将政府投资所得的大量技术成果转让给中小企业,并向广大中小企业开放生产设施、专用设备和技术援助以提升中小企业应对挑战的能力,通过中小企业分工合作,形成完整供应链。二是加强军民融合,提升国防工业部件自给率。为打造完整的国防工业体系,美国政府将军民两用技术,如复合材料、微电子、全球定位系统和生命探测仪等技术转移给企业,提升美国本土企业国防产品的提供能力,减少对外国军工部件的依赖。

德国政府认为,全封闭的附加值链对于提升德国的制造业竞争力至关重要,因此,特别强调在欧盟范围内构建全封闭的附加价值链。一是形成全封闭附加值链模式,产品设计、原材料、生产、销售和技术服务完全在德国或者欧盟内部实现;二是全行业发展模式,德国在电子产业的发展落后导致在其通信领域受制于日韩,由于在碳纤维材料方面的落后,迫使空客的材料必须依靠进口,严重影响供应链的安全,这些历史教训促使德国政府坚持齐头并进的产业发展原则;三是注重培育和打造巨型企业,以此来带动并打造不同行业的隐形冠军,构建本国完整安全的产业链(张迎红,2019)。

二、加强数字基础设施建设,实现颠覆性技术的全覆盖

面对第四次工业革命带来的机遇,美日德三国都实施了"再工业化"战略,通过智能制造升级传统产业,实现制造业的智能化和高端化。

一是强调数字基础设施的建设。美国较为重视数据基础设施中的数据服务,其中,数据制造和使用标准、知识产权保护、网络安全维护成为数字基础设施建设的主体。在德国,比较注重互联网平台建设,因为其是实现工业物联网的重要支撑。

二是强调技术的颠覆性和全覆盖。美国政府的研发预算涵盖基础研究、应用研究、试验发展和设施装备研究四大部分,其中重点发展的颠覆性技术包括智慧和数字制造、工业机器人、增材制造、电子器件、高性能材料、生物和医疗等(张迎红,2019)。日本政府先后投资75.25亿日元用于开发国家基础技术,投资150.52亿日元建造高性能计算基础设施项目,投入1000亿日元扩大机器人开发。在德国,其《德国2020高技术战略》确定了气候与能源、保健与营养、交通、安全和通信五大重点扶持领域。2018年发布的《高科技战略2025》以人工智能、网络安全、智能诊治、节能减排为重点领域。2019年发布的《国家工业战略2030》将平台经济、自动驾驶、医疗诊断、生物技术、物联网、人工智能和轻型建筑等确定为需要重点扶持的颠覆性技术创新领域(Federal Ministry for Economic Affairs and Energy,2019)。

三是强调政府财政资金的全方位引导作用。2009年美国政府发布的《重振美国制造业框架》着力兴建制造业研究中心,列出政府支持企业研发投资的具体领域和奖励措施。2014年投入3亿美元支持先进材料、先进传感器和数字化制造技术创新。2020年8月,特朗普政府宣布投资10亿美元建立12个人工智能和量子信息科学R&D研究所。拜登总统签署的《2021年美国创新和竞争法案》紧急拨款570亿美元用于重点发展芯片和5G网络。2021年的《无尽前沿法案》规定,5年内投资1000亿美元用于人工智能与机器学习、高性能计算机、量子计算和信息系统等10个关键技术领域。日本政府高度重视研发投入,2019年,研发经费投入强度为3.26%,而且

日本研发投入主要集中于基础性研究,如1976年3月,日本政府联合日立、NEC、三菱等企业启动超大规模集成电路(VLSI)计划,总共筹集资金737亿日元,其中通产省补助291亿日元(李万,2020),该计划在执行过程中,政府在研发投入、人才聚集和利益协调方面扮演着重要角色,从而确定了日本在半导体领域的领先地位。日本还利用税收杠杆促进产业转型,一方面,直接税收免除政策,《产业结构转换临时措施法》就规定了转型的企业可以享受减税待遇,如2001年以来,为引导社会消费方向,减轻环境压力,日本政府大力倡导发展新能源汽车,对于低能耗、小排放汽车按照标准分别减征50%或75%的购置税和重量税,此举极大地促进新能源汽车产业的发展(张波,2014);另一方面,通过加速折旧制度以促进"瓶颈"和新兴产业的发展,日本政府重点扶持的产业在折旧率方面都可享受优惠待遇,20世纪80年代,日本政府把知识密集型产业作为主导产业发展,这一时期全部制造业设备年平均折旧率为15.44%,其中,通信电子产业为20.98%,汽车制造业为20.66%(王淳,2011),此外,还有电子计算机减征固定资产税制度、电子计算机特别折旧制度、通用软件开发准备金制度等税收优惠政策。

在德国,2019~2025年,投入超过30亿欧元支持人工智能产业发展,2020年,针对网络建设的"宽带网络扩建升级补贴"和"千兆级网络扩建升级补贴"的总额达到13.63亿欧元,2025年目标研发投入占GDP的3.5%(The Federal Government of Germany,2018)。

三、培育多元创新主体,构筑协同创新网络

一是构筑多元创新主体的创新支撑体系。在美国,公私合营运营模式(PPP)是其创新系统的一大亮点,通过政府牵引、企业主导和科研机构辅助,各主体分工明确,联邦政府负责战略规划和启动资金,大学负责研发与培养人才,研究机构负责研发,制造商负责提供中心运营资金、设备、材料和劳动力(孙毅、罗穆雄,2021)。多元主体的创新体系同样奠定了德国制造业发展的技术基础,联邦政府属于政策决策与管理层,公共研究机构属于执行层,大学以及企业是主要创新主体,各主体功能定位明确,其所构成的

第七章
发达国家财税政策助力产业链现代化经验做法

强大创新体系发挥着重要的作用。

二是重视构筑政、产、学、研相结合的协同创新网络。在美国，1980年通过的《贝赫—多尔法案》以立法形式支持官、产、学、研合作并促进科技成果产业化。进入21世纪，企业与大学的联系更加紧密，双方均致力于通过沟通以形成密切的合作关系网络，其中美国政府扮演着助推器的角色，美国政府通过成立国家科学基金会（NSF），把大学的研究重点引导到各行各业的现实需求上，从而繁荣美国工业整体竞争力（李炳安，2011）。2011年，美国政府实施"先进制造伙伴计划"，投入5亿美元启动资金，加快构建良好的官、产、学、研合作氛围，同年还设置白宫制造业政策办公室，通过制定先进制造业研发路线，缩短技术研发周期，快速实现技术产业化。《国家制造业创新网络》法案强调建立关键领域的研究所以汇聚联邦和地方政府、产业界和学术界，以完善创新生态系统（孙毅、罗穆雄，2021）。2021年的《无尽前沿法案》促进了联邦机构与非政府合作伙伴在创新方面的合作。在德国，"中小企业创新集中计划"和"中小企业创新计划"是最具代表性的产学研联合研发创新计划。"中小企业创新集中计划"资助项目包括单个项目、合作项目和合作网络三部分，"合作项目"为企业间、企业与研究机构间合作提供了资金，"合作网络"至少由6家独立企业组成，其他研究机构可以参与，主要资助企业的研发和合作网络管理费用。2015~2018年，合作项目、合作网络项目各资助10824项和435项。"中小企业创新计划"旨在支持中小企业前沿技术研究，截至2018年已资助1700多项个人和联合项目，补贴金额超过1700万欧元（陈强、陈玉洁，2019）。

四、提升职业教育层次，保证多层次人才供给

为满足产业链现代化过程中的人才需求，美国政府把劳动力发展和人才教育作为优先发展的事项。2000年，美国的教育投资占GDP的7.3%，是世界上教育投资最多的国家之一，2012年，投资10亿美元成立制造业创新网络并设立国家增材制造创新学院，2014年的《国家制造业创新网络》法案强化了职业院校在先进制造业人才培养中的作用，开展"美国学徒资助计划"，通过推行职业和技术教育计划以实现职业院校与产业界结盟，帮助

美国劳动者更好地从事制造业工作。2018年,美国政府将科学、技术、工程和数学列为优先发展学科以培养更多产业技术人才。2021年的《无尽前沿法案》提出加大理工科教育的投入,设立本科生奖学金和行业培训项目,授予美国商务部协调建立区域技术中心的权利,将人才与关键性技术创新的工作有效结合,加速创新成果的市场化。

日本经济产业省注重通过人才培训激励政策解决制造业现场高水平技术的传承问题,2005~2012年实施的《人才投资促进税制》明确规定对企业培训实行税收优惠,根据培训费占劳务费的占比,分别予以8%~12%的税收减免,此项制度极大地提升了企业培训的积极性,培训费增加额是减税额的1.31倍(李杨,2017)。

德国的"双元制"职业教育体系是其经济腾飞的基石,德国《职业教育法》规定,职业教育经费由公共财政和企业共同资助,学徒个人无须负担任何费用。"双元制"职业教育面向制造企业的现实需求,突出技术培养,学校学习和企业学习交替进行,企业学习时间占60%~70%,这种学习模式为德国产业界输送了大量的熟练工人。此外,德国还注重顶尖科研创新人才培养,2005年实施的"顶尖科研资助"计划及其配套的《研究和创新协定》计划在5年内投资19亿欧元,打造10所世界一流大学和30所顶尖科研中心,并实施"赢取大脑"工程、设立"青年教授"岗位,为本国青年学者创造了更好条件(刘朝霞、刘卫国、史安娜,2014)。

五、设置中小企业风险投资基金,助推企业技术创新

1983~2009年,美国政府依据《中小企业创新开发法》设立了"小企业创新研究计划",为数万家中小企业产业转型升级提供了近200亿美元资金支持。2018年,特朗普政府强调军工业发展,美国政府和私营部门在军工研究R&D经费超过5000亿美元,其中1/4来自联邦政府的国防能力种子基金(周宁、惠宁、代丹,2021)。

一方面,日本政府通过财政补贴和财政低息贷款,鼓励夕阳产业企业淘汰废弃设备,通过设备更新补贴引导企业转产,并对从业人员进行职业再培训,降低夕阳产业的退出壁垒,同时,通过研发设备更新补贴等措施,引导

夕阳产业进行工艺和产品创新,为产业结构升级创造机会。另一方面,财政投融资具有资金量大、提供时间长和市场利率低的优点,其投资范围为民间资本不愿意涉足的领域,有效弥补了市场经济的缺陷,在战后日本产业振兴中发挥了重要作用,20世纪80年代以来,资金主要用于海运业、造船业、汽车工业、钢铁业、机械工业和石油精炼业。2019年12月,日本内阁通过26万亿日元的刺激经济方案,其中,就包含3.8万亿日元的财政投融资贷款项目。

德国中小企业研发资金主要来源于"联邦促进项目",其中,《中小企业重要创新计划》资助范围包括信息通信技术、光学技术、纳米技术、能效技术、资源效率、生产技术和公共安全研究等领域,2018~2020年,补贴规模由2.57亿欧元增长到2.98亿欧元。1998年起,推行"EXIST创业资助"计划,德国复兴信贷银行与联邦政府共同设立的"科技增长基金"为初创科技公司提供风险债务融资,已成功支持3000家创业公司,涵盖科技、能源、自动化和激光等高技术领域。

六、发挥政策采购导向作用,引领产业结构升级

美国政府重视通过政府采购和税收调节以扩大国内市场需求,在产业链升级的过程中,美国政府的大规模采购极大地促进了国防、航空航天和造船等高技术产业的发展。2021年1月,拜登总统签署了第14005号行政令,明确表示要提高政府采购中美国本土制造的比例,并将产品构成部件中在美国生产的零部件占比从50%提升到75%,新规出台后,美国能源部、陆军工程兵团、联邦总务署和国防部均加大对美国本土产品的采购力度。同时,为确保供应链安全,通过新的价格优惠措施吸引更多的消费者,增加关键产品在美国的市场需求。通过税收引导消费结构升级,如对安装太阳能光伏系统的消费者减税,对购买混合动力汽车进行税收补贴。

日本政府采购对于支柱产业的发展起到积极的作用,如在确定振兴汽车产业方针后,政府大量采购日本国产汽车,促进日本汽车工业飞速发展,20世纪60年代,日本计算机产业刚刚起步,无法形成完整的产业链,为促进计算机产业发展,政府要求各部门和教育系统优先购买本国计算机,并严格

限制计算机进口,对本国通信设备的采购政策为刚刚起步的日本电子工业提供了巨大市场需求,1982年,国产计算机占比高达90%以上。90年代以来,日本政府将政府采购作为"科技创新立国十措施"中的第三项措施,政策力度还在持续加大(艾冰,2012)。

德国政府采购重点首先关注科技产品和服务,2010年,采购创新产品的总资金达230亿欧元,2016年5月起,实施的新能源汽车消费补贴范围覆盖了122种纯电动车、42种混合动力和2种燃料电池(王姗、贾英姿,2020)。其次是绿色采购政策,在《货物和服务业招标投标法》中规定,在政府采购货物和服务过程中要把握好绿色环保关,严格执行相关环境标准,德国联邦环境署是绿色采购的推动者,制定科学的环保标准,推出环保标签以及将政府采购纳入环保政策之中是该部门的首要任务(翁燕珍、钱成济、王志刚,2013)。

第三节 美日德财税政策助力产业链现代化的经验总结

一、加强基础性研究,夯实产业创新基础

要强化以研发创新为导向的补贴政策,以高技术产业和战略性新兴产业为重点,提升基础零部件和元器件、基础材料、工业基础软件、基础制造工艺及装备、产业技术基础"工业五基"创新战略层次,鼓励科研院所、高校和企业科研单位从事基础性研究,通过政府补贴、税收减免、设立专项研发基金等形式,持续加大基础性研究的经费投入力度,激发各类创新主体的创新热情,提升基础性研发创新活动的层级和强度;要确定重点攻关技术领域减税清单,加大对基础性研究比较集中的高技术产业的税收减免力度,落实研发费用加计扣除政策,提升企业购置关键技术开发设备的加速折旧速度,允许研发企业计提风险准备金并在税前扣除,确实减轻企业研发成本。

二、扶持智能制造产业发展，加快实现产业链智能化

要充分发挥税收的引导作用，大力推进人工智能、5G、大数据、物联网等数字产业的发展，搭建万物互联的高效平台，加快交通、能源和电力等传统产业的数字化和智能化改造升级；构建智能高速公路、智能铁路和智能民航，实现物流系统的高效运转。构建产供销一体化的智能产业链，实现上下游企业的高效业务对接，促进大数据与服务业的深度融合，推广定制化和个性化产品，打造现代服务业新模式；将数字产业环节纳入增值税管理范畴，有效衔接企业线上、线下销售服务增值税抵扣链条（谢雨奇、张淑翠，2021）。

三、重视产业梯度转移，着力提升产业链安全

系统梳理电子信息产业、装备制造业、生物医疗产业、计算机制造业和新能源等高技术产业的技术短板，精准掌握产业链薄弱环节，绘制产业技术创新路线图，合理确认突破节点，在关键技术领域加大政府财政投资扶持力度，撬动更多社会资本流入对外技术依存度高的领域；政府的行政规制与政策引导相结合，通过课以重税或强制淘汰的方式淘汰夕阳产业，通过财政补贴与税收减免引导企业向产业链上游延伸，通过锻长板、补短板以提升区域产业链安全水平；安排部分财政资金构建防灾、应急与灾后重建相结合的产业链灾害应急响应体系，确保灾害发生时，产业链供应链的供应安全有保障。

四、注重财政引领，构建高效的协同创新产业体系

要借鉴美国的产、学、研合作创新的先进经验，鼓励高校、科研院所加强与企业对接，准备把握产业创新的现实技术需求，充分利用各自要素优势，加强创新合作，产生协同创新效果；要通过财政引导，构建安全高效、循环通畅的现代产业体系，提升产业链不同节点间的协同能力，以市场资源配置为主，政府行政引导为辅，理顺关键产业链上下游、产供销之间的协作关系，实现产业链、创新链、资金链和人才链之间的有效互动（秦海林，

2021);各省市要结合地区比较优势,合理选择优势产业,注重不同地区产业梯度错位发展,要避免出于政绩考量,盲目进行低水平重复投资,中央政府要鼓励各地根据地方特色,打造有竞争力的产业集群,推进产业链现代化的区域协同。

五、强化高端要素培育,为产业链提供要素支撑

增加教育经费投入力度,优化教育经费的使用领域,确实提升教育的培养水平,为产业链输送大量高科技人才和管理人才;教育要注重改革创新,改变传统高分低能的教育理念,鼓励学生敢于创新、求变和批判,注重学生创新能力的培养;大学教育要创新专业设置,高校专业设置应充分调研,根据产业链人才需求调整专业设置,提升新材料、人工智能、数字产业和节能环保等行业急需的高端人才的培养规模;注重通过财政补贴或税收扣除等方式鼓励企业加强对员工进行职业培训,提升人才的创造力和劳动生产率,缓解劳动力成本上升与生产率上升不一致造成的产业转移、产业空心化问题,达到"补链"目的。

六、完善政府采购制度,提升采购的产业引领作用

政府采购促进技术创新是从需求侧促进产业链现代化的重要举措。要从国家层面制定政府采购促进高技术产业、绿色环保和战略性新兴产业发展的相关政策,围绕国家促进产业技术进步的总体部署,建立创新产品认定及采购办法,最大限度地发挥政府采购对重点发展产业的市场支撑作用;建立覆盖全产业链的政府采购网络,改变以往仅采购最终产品的惯例,推动采购向研发阶段延伸,支持商业化前的研发活动,推广创新产品首购、订购等符合国际规则的创新产品采购方式,扩大采购规模(胡海鹏、袁永、康捷,2020);制定面向中小企业的采购政策,通过实行价值优惠、合同分拆、贷款担保等方式加大对中小企业的创新产品的市场采购,以市场需求助力中小企业的研发投入。

七、引领产业绿色转型,锻造产业链的绿色长板

要加快能源转型步伐,重视气候变化和环保项目的补贴力度,增加对可

第七章
发达国家财税政策助力产业链现代化经验做法

再生能源市场推广计划、节能建筑改造、新能源汽车和电池等项目的财政资助；要发挥政府的绿色创新导向作用，适时发布绿色产业指导目录，精准识别工业低碳发展的重点领域，引导绿色创新，努力实现绿色产业领域的弯道超车，抢占新兴技术制高点；要推动数字经济与绿色制造融合发展，将"新两化"融合作为锻造产业链长板的发展路径，破除数字技术与绿色技术之间的对接障碍。

第四节 本章小结

本章梳理美国、日本和德国针对产业链现代化制定的产业引导政策，研究其产业链现代化的战略重点，厘清其加快产业链升级的先进政策理念。研究发现，美国、日本、德国三国针对产业链现代化的战略重点不同，财税政策着力点存在共性地方。美国以提升产业链控制力为主线，立足于突破性技术研发；日本立足于基础性创新，把控产业链上游环节；德国更注重打造可持续和柔性智能制造的产业链。美国、日本、德国产业链现代化的财税政策着力点主要从产业链式、技术领域、创新生态、要素培育、资金保障和市场导向等领域发力。

美国、日本、德国的财税政策着力点表现为：重构制造业产业链，强化全产业链和全附加链模式；加强数字基础设施建设，实现颠覆性技术的全覆盖；培育多元创新主体，构筑协同创新网络；提升职业教育层次，保证多层次人才供给；设置中小企业风险投资基金，助推企业技术创新；发挥政策采购导向作用，引领产业结构升级。

第八章
财税政策助力产业链现代化的具体举措
——以福建省为例

本章以福建省为例,从经济总量和效益、产业结构持续优化、创新平台持续拓展、信息基础设施实现新跨越、绿色发展成效显著和产业集聚程度明显提升等角度揭示了福建省产业链现代化的基础条件。测算福建省2014~2020年的产业链现代化指数,产业链升级过程中各子系统的障碍度及指标的障碍度,基于障碍度确定关键的制约因素。在借鉴发达国家先进经验的基础上,提出加快福建省产业链现代化的对策建议。

第一节 福建省实现产业链现代化的基础条件

"十三五"以来,福建省认真贯彻落实党中央、国务院决策部署,在省委省政府的领导下,坚持高质量发展落实赶超,加快发展先进制造业,培育区域主导产业,打造一批重点产业集群,通过产业集群优化产业链布局,实现产业链内企业间协同创新,提升产业整体的技术引领水平,为产业链现代化打下良好基础。

一、总量增长和效益提升打造优良的产业升级基础

2016~2020年,全省规模以上工业增加值年均增长7.1%,高于全国平均水平1.6个百分点,工业投资年均增长10.5%,技术改造投资年均增长14.8%。2021年,全省地区生产总值达4.88万亿元,全省规模以上工业企

第八章
财税政策助力产业链现代化的具体举措

业业务收入达 6.3 万亿元，利润总额居全国第 6 位，50 家工业企业营业收入超过百亿元，18 家企业入选中国 500 强，6 家入选世界 500 强，数字经济增加值达 2.3 万亿元，伴随经济总量快速增长而形成的现代工业体系为产业链现代化提供了坚实的产业基础。产业链现代化表现为产业链上各个环节创新能力和产品质量的升级，进而实现产业链整体效益的提升。①

福建省在产业质量效益的提升方面表现较好，2021 年，全省规模以上工业经济效益综合指数为 375.14 点，实现利润总额 4353.3 亿元，为 2015 年的 2.15 倍。拥有全国质量标杆企业 22 个，国家级制造业单项冠军企业（产品）27 家、省级 222 家，全国工业品牌培育示范企业 14 家，获省政府质量奖工业企业 30 家。2021 年，高技术产业增加值增长 26.4%，超过全国平均 8.2%，工业战略性新兴产业增加值占规模以上工业增加值比重约为 21.5%。工业全员劳动生产率由 2015 年的 24.49 万元/人上升到 2021 年的 40 万元/人。经济总量和发展效益的双提升为福建省产业链升级打下了良好的基础。

二、产业结构持续优化助力构建现代产业体系

产业结构持续优化升级是推进产业基础高级化和产业链现代化的重要保障，在赶超战略的指引下，福建省不断调整经济发展战略，三次产业比重从 2012 年的 8.1∶52.1∶39.8 调整为 2021 年的 5.9∶46.8∶47.3，初步形成以先进制造业和现代服务业为主体、特色现代农业为基础的现代产业体系。表现为：（1）电子信息产业"填芯强屏"取得突破，宸鸿、宸美、友达、冠捷、福清新东方和联想手机等科技企业的营业收入均超百亿元；2022 年，福建省电子信息集团、厦门宏发电声、新大陆科技集团三家福建企业入选中国电子信息行业百强企业；2021 年，行业营业收入达 8800 亿元，规模从全国第 8 位提升到第 5 位。集成电路形成以晶圆制造业为核心，设计、封装和材料等上下游快速发展的集成电路产业体系，形成"一带双核"沿海集成电子产业格局（戴圣良，2020），产业链逐渐向中高端跃升。（2）机械装备

---

① 笔者根据《福建统计年鉴》整理所得。

财税政策与产业链现代化

产业规模化、集群化发展,已经形成集成电路和光电产业集群、计算机和网络通信产业集群、高端装备产业集群、电工电器产业集群和汽车产业集群5个千亿级产业集群,产业规模不断壮大。环保装备、工程机械、工业机器人和新能源汽车等产业创新取得突破,新能源客车、动力电池、永磁电机等关键技术处于全国前列,以数控机床、工业机器人、航空维修和海工装备等行业为重点培育的高端装备产业,产业加速向智能化和高端化升级。(3)石化产业积极拓展产业链上下游,以湄洲湾石化产业基地和漳州古雷石化基地为中心,结合福清江阴化工新材料专区形成"两基地一专区"的集聚发展态势,全省拥有21个化工专业园区,石油化工产业链体系逐步完善。"十三五"期间,电子、机械、石化三大主导产业规模以上增加值年均增长8.4%,高于规模以上工业1.3个百分点,主导产业规模不断壮大,高技术产业年均增长11.7%,占规模以上工业比重12.8%,战略性新兴产业年均增长20%,占规模以上工业比重达25.6%,工业体系逐渐向中高端演进,为产业链的技术引领创造条件。①

三、创新平台持续拓展提升产业链创新能力

首先,持续构建优质高效的创新平台。福厦泉国家自主创新示范区技术外溢效应不断释放,泉州与龙岩两市增列为国家创新型城市,高效太阳电池装备与技术国家工程研究中心获批建设,4家省级创新实验室正加快建设,生物制品、柔性电子两家省级创新实验室启动建设,拥有省级及以上企业技术中心有648个,其中,国家级有67个,拥有重点实验室有246个,其中国家级有10个,企业重点实验室有84个。②

其次,创新载体数稳步增长,企业创新主体地位进一步提升。规模以上工业企业研发投入排名全国前列,研发投入占全省80%。2021年,国家高新技术企业达6485家,国家级技术创新示范企业有27家。新增国家级专精

---

① 作者根据《福建统计年鉴》整理所得。
② 福建省工业和信息化厅:福建省"十四五"专项规划专场新闻发布会(制造业高质量发展专场)召开[EB/OL].http://gxt.fujian.gov.cn/zwgk/xw/tpxw/202107/t20210708_5643541.htm, 2022-04-07.

第八章
财税政策助力产业链现代化的具体举措

特新"小巨人"企业有 104 家、制造业单项冠军有 10 家，7 项成果获国家科学技术奖，知识产权综合发展指数跃升至全国第 7 位。创新人才加快培育，新当选两院院士 2 人，新入选国家杰青优青 18 人，研究与试验发展人员近 28 万人。持续完善的创新平台和企业创新主体地位的提升，调动了产业链上更多的创新资源，提升产业链的整体创新能力，有助力于实现全产业链创新。

四、数字经济快速增长助推产业链升级

产业链现代化离不开现代通信技术的支撑，5G 技术、大数据技术和人工智能技术是关键核心基础要素。截至 2021 年，全省所有城市均达到光网城市标准，已建成 5G 基站 5.6 万个，100% 县域全覆盖。全省在用数据中心 36 个，总体规模适度超前，全省信息化、信息化与工业化两化融合发展指数以及互联网普及率均位居全国前列；继续深入实施数字经济领跑行动，加快数字产业化、产业数字化，成功举办四届数字中国建设峰会，促成 1411 个总投资超万亿元项目落地，列入国家智能制造试点示范项目 15 个、大数据产业发展试点示范项目 8 个、国家智能制造综合标准化与新模式应用专项 23 个，19 家企业获评国家服务型制造示范企业（项目、平台），数量位居全国前列。[1]

数字经济已经形成以福州软件园、马尾物联网产业基地为重点的闽东北协同发展区，重点发展互联网、大数据、人工智能产业，闽西南协同发展区则以厦门软件园、泉州软件园、漳州华为芯谷产业园和龙岩软件园为代表，重点发展文化科技、智能制造和无人机产业应用大数据平台产品，两个产业集群产值突破 3000 亿元。2021 年，数字经济增加值突破 2.3 万亿元，占全省 GDP 比重约 47%。[2] 数字基础设施提升产业链现代化中的产业基础与支撑力，数字经济中数字产业化和产业数字化，提高信息传播效率，助力产业链协同创新。

---

[1] 作者根据历年的《福建省政府工作报告》整理所得。
[2] 作者根据《福建统计年鉴》整理所得。

五、绿色发展加速推进产业链绿色化

产业绿色化是产业链现代化的重要标志。2012～2021年，福建省坚决遏制高耗能、高排放和低水平盲目发展，同时加快培育战略性新兴产业，推进产业能源结构升级，全省单位GDP能耗下降30.8%，能耗仅为全国的1/3。福建省工业增加值从8711亿元增加到1.78万亿元，规模以上工业企业单位增加值能耗累计下降21.9%，以约占全国2.9%的能耗创造占全国4.3%的经济总量。清洁能源产业发展迅猛，装机比重达58%。累计推广新能源汽车实车29.75万辆。4个产业园被列入国家级循环化改造园区和"城市矿产"示范基地。截至2021年，全省共有国家级绿色工厂114家、绿色设计产品184项、绿色供应链管理企业16家、绿色园区5个。"十三五"以来，退出煤矿164处、去产能1228万吨，分别完成国家下达福建省退出煤矿数量目标任务的210.3%和去产能目标任务的204.7%。[①] 良好的自然条件加上绿色发展战略的加持，福建省率先走出一条绿色发展之路，产业链现代化的绿色基础较好。

六、千亿产业集群助力产业链协同创新

千亿产业集群培育加速推进，产值超千亿元集群数量已达21个，涉及产业包括集成电路和光电产业、计算机和网络通信产业、高端装备产业、电工电器产业、汽车产业、石化一体化、电力电池和稀土石墨烯新材料、生物与医药、数字经济、电力工业和建材产业，等等，其中，战略性新兴产业集群达7个，福州、厦门和莆田新型功能材料和厦门生物医药四个集群纳入国家战略性新兴产业集群发展工程。16个试点园区加快园区标准化建设，实施工业园区改造升级工程项目有274项，完成投资近500亿元。累计培育省级以上新型工业化产业示范基地有31家，其中国家级有15家。[②] 通过培育产业集群，以集聚内主导产业为基础，引导社会资本投向产业链高端环节和关键缺失环节，完善产业链配套率，同时，通过产业链招商，对接生成具有

[①] 作者根据历年《福建省政府工作报告》整理所得。
[②] 作者根据《福建省"十四五"制造业高质量发展专项规划》整理所得。

较强引领性、带动性和根植性的产业龙头项目和产业链"补短板"项目，实现产业链上下游延伸，达到"补链"和"强链"效果。

第二节 福建省产业链现代化指数现状及障碍诊断

虽然福建省产业链现代化具备一定的产业基础，但仍存在一些现实短板，本节运用实证分析方法，运用前文构建的熵权 TOPSIS 模型测算福建省产业链现代化指数，并对其主要障碍因子进行论断。鉴于指示数据的可获得性，本章数据时间跨度为 2014~2020 年，数据来源于 2015~2021 年的《中国科技统计年鉴》《中国统计年鉴》《中国高技术产业统计年鉴》和《福建统计年鉴》，部分年份数据缺失，采用平均法平滑处理。

一、产业链现代化指数总体趋势分析

实证分析结果表明，2014~2020 年，虽然福建省产业链现代化综合指数总体呈逐年上升趋势，表 8-1 中的综合指数值从 0.344 上升到 0.441，但是产业链现代化指数值偏低，且指数增长缓慢，年均增长率仅为 4.73%，说明福建省产业链现代化的基础比较薄弱，产业链现代化程度不高，在全国产业链现代化层次比较中，属于产业链追逐型。

表 8-1　　　　福建省 2014~2020 年产业链现代化指数

年份	基础创新能力子系统	高端引领能力子系统	协同创新能力子系统	产业支撑与控制力子系统	绿色可持续发展子系统	综合指数
2014	0.189	0.283	0.345	0.578	0.487	0.344
2015	0.194	0.308	0.327	0.570	0.502	0.353
2016	0.212	0.332	0.298	0.588	0.522	0.376
2017	0.237	0.318	0.314	0.583	0.518	0.377
2018	0.260	0.334	0.331	0.567	0.515	0.390
2019	0.294	0.339	0.348	0.546	0.507	0.406

续表

年份	基础创新能力子系统	高端引领能力子系统	协同创新能力子系统	产业支撑与控制力子系统	绿色可持续发展子系统	综合指数
2020	0.454	0.356	0.394	0.542	0.498	0.441
平均值	0.263	0.324	0.337	0.568	0.507	0.384

资料来源：作者计算整理。

图 8-1 表明，除产业支撑与控制力子系统、绿色可持续发展子系统的指数值有略微下降之外，其他指数值均呈现上升趋势，增长最快的是基础创新能力子系统。

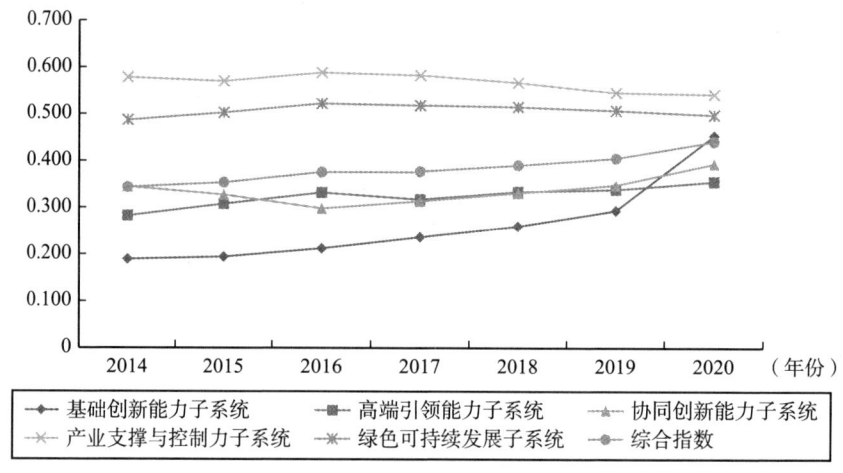

图 8-1 2014~2020 年福建省产业链现代化各子系统指数变化趋势

二、产业链各子系统指数变化趋势分析

（一）产业支撑与控制力较好，但指数略呈下降趋势

产业支撑与控制力是产业链现代化的根基，在劳动生产率方面，2020年，福建省产业链全员劳动生产率达到25.99亿元/万人，仅次于江苏省。在交通基础设施方面，7年间，福建省的高铁和高速公路总里程与区域土地总面积的比值由5.684千米/100平方千米增长到7.743千米/100平方千米，2020年数据排名全国第10位。规模以上工业企业平均利润为2095.98万

元,位居全国第 10 位,说明福建省产业链全员劳动生产率、产业链内基础设施的完善度和产业链内企业抗风险能力等指标表现优异,正向推动产业支撑与控制力子系统指数提升。然而,7 年间制定创新战略目标的企业占比从 46.28% 下降到 44.85%,产业链内企业创新战略支撑力下滑,造成该子系统综合指数下降。①

（二）产业链现代化绿色基础较好,但上升缓慢

从图 8-1 可以看出,绿色可持续发展子系统指数位居第二,7 年均值达到 0.507,年均增长率为 0.38%,一直以来福建省秉持生态优先的发展理念,从总量上看,在产业链生产绿色度、产业链企业绿色治理意识、产业链人民生活绿色度等指标表现突出,2020 年,指标数值分别位居全国的第 6 位、第 6 位和第 5 位。从增量上看,绿色可持续发展子系统的指数由 2014 年的 0.478 上升到 2020 年的 0.498,指数上升比较缓慢,受工业污染治理资金的限制,工业污染治理投资额由 2016 年的 42.38 亿元下降到 2020 年的 17.58 亿元,产业链工业污染的治理能力略显不足,拖累了绿色可持续发展子系统指数的上升。②

（三）基础创新能力上升明显,但基数偏低

坚实的创新基础是产业链现代化的重要保障,只有注重基础创新投入,才能实现产业基础高级化,进而促进产业链向中高端延伸。福建省的基础创新能力子系统指数介于区间 [0.189, 0.454] 之间,指数年均增长率为 23.37%,呈现快速上升趋势,但指数偏低,2020 年指数为 0.454,该数值仅为最发达省份的 66.08%。福建省高等教育发展相对滞后,科技创新要素投入不足,体现在产业链内科研人员、研发经费投入强度和研究机构数量不足,比如,R&D 人员折合全时当量仅为广东省的 23.33%,R&D 投入强度也仅略高于全国均值,地区 R&D 机构数量和高科技企业数量相加仅为广东省的 12.20%,这些因素严重影响了福建省产业链中基础创新能力的培育。③产业链内创新技术产出和新产品产出有待提升,规模以上工业企业有效发明专利数和新产品开发数仅为广东省的 10.26% 和 16.38%。

---

①②③ 作者根据《中国统计年鉴》计算整理所得。

（四）协同创新能力指数较低，且各指标发展不均衡

研究期间的协同创新能力子系统的均值为 0.337，年均增长率仅为 2.37%，该子系统中不同创新主体的协同创新意识与产学研协同创新的深度两指标表现较好，分别位列全国第 12 位和第 14 位。然而产业链协同的资金保障度不足，协同创新的广度不够和协同创新产出效果不理想，严重制约了协同创新子系统指数的上升，比如，规模以上工业企业 R&D 经费的外部支出总额，技术开发、转让、咨询、服务总费用占制造业增加值的比重，区域技术市场成交额占地区 GDP 的比重，这 3 个指标数值分别仅为广东省的 5.01%、12.87% 和 2.13%。①

（五）"卡脖子"问题突出，产业高端引领能力不足

高端引领能力不足是制约福建省产业链现代化的第一障碍，该子系统指数 7 年均值仅为 0.356。在指标数值方面，高技术产业新产品销售收入/地区 GDP、地区高技术产业发明专利授权量、高技术产业新产品出口技术复杂度和高技术产业新产品出口总额等指标数值仅为全国最优值的 24.38%、7.41%、11.87% 和 10.40%，②造成福建省技术密集型产业产值占比偏低，产业链头部技术产出能力和尖端性不足，技术引领性不强，导致福建省产业链的高端引领能力较差。以电子信息、机械装备和医药制造为代表的福建省高技术产业链升级缺乏市场竞争力，高技术产业链被低端锁定（陈心颖、陈明杰、王相林，2021）。

三、产业链现代化障碍度分析

根据式（3-6）计算福建省 2014~2020 年各指标障碍度并加总求和得到如表 8-2 所示的五大子系统的障碍度。实证结果表明，高端引领能力子系统、基础创新能力子系统、协同创新能力子系统是制约福建省产业链现代化的三大障碍，7 年间各子系统障碍度的变化数值不大，基础创新能力子系统下降趋势比较明显，其他四个子系统障碍度呈微弱下降趋势。

---

①② 作者根据《中国统计年鉴》计算整理所得。

第八章 财税政策助力产业链现代化的具体举措

表8-2　2014~2020年福建省产业链现代化各子系统障碍度　　单位：%

年份	基础创新能力子系统	高端引领能力子系统	协同创新能力子系统	产业支撑与控制力子系统	绿色可持续发展子系统
2014	38.40	41.05	23.39	10.59	7.65
2015	38.32	40.19	23.55	10.53	7.29
2016	37.99	39.51	23.89	9.92	6.60
2017	37.57	39.90	23.86	9.79	6.82
2018	37.17	39.50	23.60	9.70	6.84
2019	36.60	39.38	23.34	9.47	6.76
2020	33.96	38.92	22.83	9.43	7.10
平均值	37.14	39.78	23.50	9.92	7.01

资料来源：作者计算整理。

按各年份指标的障碍度排序，表8-3中汇总了历年障碍度最大的前8个指标，总共有9个指标入选。

表8-3　福建省2014~2020年指标层障碍度前8位指标及障碍度

年份	指标障碍度排序							
	1	2	3	4	5	6	7	8
2014	A_{11}	B_{14}	B_{12}	A_{14}	C_{15}	A_{13}	A_{15}	B_{13}
	31.40%	14.22%	12.43%	10.17%	9.54%	9.28%	8.86%	8.67%
2015	B_{14}	B_{12}	A_{14}	C_{15}	A_{13}	A_{15}	B_{13}	C_{11}
	13.73%	12.41%	10.09%	9.52%	9.28%	8.92%	8.29%	8.23%
2016	B_{14}	B_{12}	A_{14}	C_{15}	A_{13}	A_{15}	C_{11}	B_{13}
	13.55%	12.34%	9.95%	9.55%	9.27%	8.80%	8.18%	8.06%
2017	B_{14}	B_{12}	A_{14}	C_{15}	A_{13}	A_{15}	B_{13}	C_{11}
	13.71%	12.25%	9.81%	9.50%	9.26%	8.62%	8.21%	8.12%
2018	B_{14}	B_{12}	A_{14}	C_{15}	A_{13}	A_{15}	B_{13}	C_{11}
	13.58%	12.14%	9.68%	9.51%	9.24%	8.45%	8.20%	8.02%

续表

年份	指标障碍度排序							
	1	2	3	4	5	6	7	8
2019	B_{14}	B_{12}	A_{14}	C_{15}	A_{13}	B_{13}	A_{15}	C_{11}
	13.58%	12.02%	9.56%	9.45%	9.23%	8.24%	8.21%	7.97%
2020	B_{14}	B_{12}	C_{15}	A_{14}	B_{13}	C_{11}	A_{15}	A_{13}
	13.42%	11.85%	9.42%	9.32%	8.15%	8.09%	7.93%	7.23%

资料来源：作者计算整理。

从表8-3可以看出，7年中，障碍度始终排前三位的是产业链尖端产品技术引领性 B_{14}、产业链头部技术产出水平 B_{12}、产业链内创新技术产出 A_{14}，7年间障碍度均值分别为13.68%、12.20%和9.80%，这三大指标是制约福建省产业链现代化的核心要素。除此之外，协同创新产出效果 C_{15}、产业链内科研人员投入强度 A_{13}、产业链上新产品产出 A_{15}、产业链协同的资金保障度 C_{11}、产业 R&D 经费投入强度 A_{11}、产业链头部技术的尖端性 B_{13} 亦是制约福建省产业链现代化的主要因素。

第三节 福建省财税政策助力产业链现代化的对策建议

基于前文的分析结果，高端引领能力不足、基础创新能力偏弱和协同创新能力不强制约了福建省产业链升级。本节针对福建省产业链现代化的测算数据及障碍度分析结果，在借鉴发达国家先进经验的基础上，提出加快福建省产业链现代化的对策建议。

一、推行央地财政分权制度改革，激发地方创新活力

（一）深化财税体制改革，提升地方政府财政自给率

一是坚持因时因地因领域适度分权的原则，对财政分权水平实行动态调

第八章
财税政策助力产业链现代化的具体举措

整。构建有利于产业链升级的财税体制,首先要构建财权与事权相匹配的财政体制,理顺各级政府间的财政分配关系。实证分析结果表明,财政支出分权对产业链现代化具有明显的抑制作用,主要原因是受地方财政资源的限制,地方政府会权衡财政资源的配置领域,在现有的官员晋升机制下,容易导致地方政府"重投资、轻创新"的短期自利性投资偏好。因此,要改善地方政府财权与事权不对等关系,坚持因时因地因领域制宜下适度分权的原则,对财政分权水平实行动态调整,从而予以地方政府更大的财政自主权。

二是加快推动财税体制改革,分税制政策要符合产业链升级的客观需要。税种设置应充分考虑各级政府间的财政分配关系,缓解地方政府的财政收支困境,提升地方政府财政自给率,有效化解地方财政风险。只有提升地方政府的财政自给率,才能有效化解地方政府的短期自利性投资偏好,缓解其因为财政资源短缺而减少创新投入,加大财政资源向有助于产业链提升的领域转移,发挥地方政府在推动区域技术创新、增加地区产业创新基础、营造良好的产业发展环境、引领产业链现代化中的主体作用。

(二)构建权责清晰分工体系,规范地方政府的财政收支行为

一要构建责权清晰的央地政府事权责任分工体系。以提高产业链上不同主体创新资源配置效率为取向,合理界定财税政策在支持产业链升级中的职能范围,合理划分中央与地方的事权与支出责任,划分市场机制与政府行为边界,推动政府由治理型向服务型转变,制定行为标准和责任清单,从源头上控制事权模糊和执行效率低现象,通过合理的财政支出规划引导要素资源与产业间合理流动,克服财政体制障碍,注重推动要素资源向高附加值、高生产效率的产业转移(甘行琼、雷正,2022),推动产业结构升级进而实现产业链的现代化。

二要发挥财政制度对产业链升级的靶向功能。财政资金投向要合理,要确保政府投资尽量退出竞争性的生产领域,着力扶植新兴产业发展。要规范转移支付制度,一般性转移支付除了保障各地区基本公共服务供给外,还应发挥其在高端人才培养、科技创新与技术进步中的激励作用,强化专项转移支付向重点领域投资。要改革地方政府政绩考核体系,纠正激励扭曲现象,实现地方政府间良性竞争,破除市场保护,实现地区间产业技术互通,推动

技术要素转移，实现不同层次地区间产业链的协调发展。

三要推进财政预算制度改革，强化预算资金使用效率。推动全口径政府预算管理，加快构建现代预算制度是实现产业链升级的财税制度保障。要结合《预算法》的相关规定，深化财政预算管理体制改革，加快搭建运转高效的预算管理体制机制，要强化产业链调查，通过科学调研编制产业链升级重点领域的资金使用需求规模与具体分配领域，编制产业链树状图，明确各节点技术创新的重要性与紧迫性，根据各项资金的轻重缓急，结合政府财力状况，合理确定促进产业链升级的各项资金的支出范围，细化各项财政资金的预决算编制，提高预算绘制的科学性与前瞻性。要强化预算资金使用的透明度，确保各市场主体具备扶持资金使用的知情权与监督权，进而对产业链扶持专项资金实行有力的约束。推进预算执行监督制度，加快预算资金的拨付速度，确定提升预算资金的使用效率。

(三) 完善转移支付制度，实行差异化的财政分权强度策略

一要完善转移支付制度，缩小区域财政差距。现阶段，我国的财政转移支付受税收返还制度的影响，存在一般转移支付比重偏低、财力转移支付结构不合理、过度重视地方政府的资金配套等问题，加之尚未形成资金拨付统一标准，专项资金审批具有随意性，导致资金使用效率低下（李梦涵，2019）。因此，在产业链升级专项资金的分配中，要增加一般性转移支付所占比重，提高地方政府财政可支配率。要确定规范的财政转移支付制度，建立规范的转移支付资金绩效评价指标体系，绩效评估要重点关注产业链基础创新力、高端引领力、协同创新力、产业支撑与控制力和绿色可持续性。

二要确保财政分权强度符合地区产业链现代化的现实需要。由于东部、中部、西部各地区的经济发展不平衡，不同省市地方政府的财政资源差异悬殊，经济落后地区要避免由于财政资源紧张造成科技创新配给不同，制约产业链升级。所以，要根据产业链引领型和追随型地区不同的财政状况，合理设置中央与地方的财权与事权，使财政分权强度适应地区产业链现代化的现实需要。处于产业链追随型地区可以增加财政收入的分权水平，降低财政支出分权水平，以最大限度地激发地方政府的创新偏好，弱化财政支出分权对产业链现代化的反向作用。

第八章
财税政策助力产业链现代化的具体举措

二、优化财政支出结构,提升城市群的要素汇聚功能

(一)强化财政投资性和民生性支出对产业链升级的推动作用

一要强化财政投资引导,推动产业迭代升级。在投资性支出中,除了传统的公用设施、能源、交通、农业以及治理大江大河和治理污染等有关国计民生的产业和领域,还要强化财政投资性资金的高端要素培育功能,适当增加财政在数字基础设施、基础材料和尖端科学技术领域的支出比例,推动数字产业化和产业数字化以提升产业链的要素配置效率。同时,通过财政投资资金引导战略性新兴产业发展,通过合资、收购、补贴等方式引导社会资金投向风险大、技术含量高、技术引领性强的高技术产业,引导创新人才和创新资源向高精尖产业领域转移,不断夯实产业链创新基础,进而提升产业链的高端创新力,实现地区产业结构迭代升级和产业链现代化。

二要加强财政民生性支出中的教育支出,推动地区高端要素培育。要优化教育资金的分配结构,加强对基础教育的投入力度,增强教育在服务基础创新和高端人才培养方面的能力;加大对就业及再就业的补助力度,鼓励企业对劳动力进行在职培训,提升职工的职业能力,财政加强对创新创业支持力度,促进劳动力资源的流动,提升劳动者的创造力和社会贡献度;提升高等教育的财政扶持力度,引导社会资本共同促进高等教育发展,促进政产学研协同育人机制建设,发挥有限资金的最大技术产出,为产业链升级提供智力保障。

(二)发挥城市化在产业链升级过程中的中介功能

一要发挥城市化在产业链升级过程中的消费带动、投资引领和载体支撑功能。要以国家倡导"四新经济"为契机,推进城市经济向新技术、新产品、新业态和新模式转变,培育信息消费、网络消费、平台消费和智能消费等新兴需求,通过消费模式升级促进产业链升级。要推动城市投资结构升级,以创新型城市建设为契机,推动数字化、智能化的智慧城市建设引领社会资本向大数据、人工智能、节能环保和智能制造等领域转移。要提升城市的载体支撑功能,打造政治、经济、环境、人文、科技和教育现代化的大城市以提升城市的资源虹吸功能,为产业链创新创造了良好的平台。

二要推进城市发展，努力跨越城市化水平的门限阈值。福建省的产业链指数隶属于追随型地区，要努力跨越城市化水平的门限阈值，扭转城市化不足阻碍产业链升级的不良局面。要加快福州都市圈和厦漳泉同城化进程，借助闽西北和闽西南协同发展区建设契机，借助公共财政支出加快城市基础设施建设，提升城市交通、住房、医疗、教育等各方面的条件水平，创造良好的城镇发展环境，通过城市化进程实现资金、技术、人才等要素汇聚效应，为产业链上下游协同创新，加快产业迭代升级创造了良好的要素条件，实现传统产业体系向现代产业体系过渡，加快战略性新兴产业发展步伐，以产业升级助推产业链现代化。

（三）发挥财政支出效率和对外开放度的调节功能

一要提升财政支出效率，发挥其在财政消费性和投资性支出中的正向调节功能。实证检验发现，消费驱动产业链升级的作用比较显著，投资性和民生性支出的带动性不强。究其原因，一方面是财政投资有限，另一方面是财政资金使用效率不高。为此，要尽快扭转该局面，要依据构建现代产业体系对财政资金的配置要求，合理分别构建针对消费性、投资性和民生性支出的财政支出绩效评价指标体系，适时评价各领域财政资金的使用绩效，科学测算支出效率，把握制约财政支出效率提升的关键要素，把握财政资金使用短板并进行针对性优化配置。

二要优化对外开放在财政投资性和民生性支出中的调节功能。优化投资性和民生性支出领域，除了精准扶持产业领域薄弱环节的本地企业，还要继续扩大开放领域，但要改变传统的重招商、轻产业质量的思想，针对产业链需求精准招商，通过高质量的招商引资或技术引进以有效弥补产业链不足，加快产业链锻长板、补短板效果的显现。

三、财税支持和引导相结合，实施产业基础再造工程

（一）聚焦产业链薄弱环节，夯实产业创新基础

一要聚焦工业五基中"卡脖子"技术短板，组织实施重大科技攻关。按基础关键技术、基础工艺、基础核心零部件和基础材料分类，厘清福建省在新一代信息技术、高档数控机床和机器人、航空航天装备、海洋工程装备

第八章
财税政策助力产业链现代化的具体举措

及高技术船舶、先进轨道交通装备、节能与新能源汽车、电力装备、农业装备、新材料、生物医药及高性能医疗器械等领域的技术短板;加强重点产业发展技术预测,建立健全"揭榜挂帅"和"赛马"攻关机制,聚焦优质创新资源,攻克福建省产业发展亟待解决的技术难题。

二要紧密结合福建省产业链升级的薄弱环节,精准定位财政支持形式。重点关注财政支出结构与产业链升级的匹配度,比如,针对福建省高技术产业中电子信息和机械装备产业在许多关键核心部件、关键基础技术、关键基础材料和关键设备领域无法自给,基础配套中产品生产和工艺水准无法达到高端要求等现实问题,各级政府部门要通过财政补贴和设置专项研发基金等形式,引导带动社会研发资金向基础关键技术、先进基础工艺、基础核心零部件和关键基础材料转移。

三要灵活利用增值税多档税率和退税制度鼓励企业进行技术创新。确定重点攻关技术领域减税清单,加大对微电子、精密铸造、电子器件等关键原材料,集成电路、高世代面板、智能制造、晶体材料等高技术产业税收减免力度,降低高科技企业研发成本,提升基础性研发创新活动的层级和强度,延伸企业价值链。创新增值税优惠形式,扩大抵扣范围,对符合产业链现代化升级方向的战略性新兴产业及其相关产品予以增值税减免优惠和出口退税政策,有针对性地鼓励目标产业快速发展,推动各产业部门升级换代。

四要加强基础研究与源头创新。健全面向产业链重大技术需求的科学问题凝练机制,围绕光催化材料、高效储能材料、光电半导体材料和激光生物医学检测等福建省特色学科领域,加大基础研究投入力度,培育原创性成果;加强新兴产业应用基础研究,围绕集成电路、人工智能、生物医药、氢能燃料等新技术领域进行前沿技术研究,力争在新兴产业实现技术弯道超车;引导社会资金参与,加大基础研究多元化投入,加强基础学科与一流学科建设,支持厦门大学、福州大学与福建师范大学共建国家应用数学中心,争取国家在闽布局建设重大科学基础设施。

(二)财税引导培育优质产业链,加快配套体制机制建设

一要实施优质产业链递进培育工程。依托现有的21个千亿级产业集群,聚焦集成电路和光电产业、计算机和网络通信、高端装备产业、电工电器产

业、动力电池与汽车产业、石化产业、化工新材料产业、生物医药产业、软件与信息技术产业、电力工业产业、节能环保产业和海洋高新产业,重点培育具有较强协同创新力、技术引领力和品牌影响力的优质产业链;按照优质—卓越的逐级培育思路,围绕新能源汽车、高性能集成电路、高档数控机床、石化—化纤等优质产业链条,将宁德新能源汽车产业集群、厦门火炬高新区、泉州高端装备产业集群和古雷石化基地打造成具备基础创新能力、高端引领能力、协同创新能力、产业支撑与控制力、绿色可持续的"五星"优质产业链示范基地,加强对示范基地的建设管理和考核评价,强化示范引领。

二要建立"链长+链主"的工作推进机制。"链长"由地市领导担任,负责统筹协调产业链建设全局性工作,提供配套扶持政策,引领创新资源向优质产业链集聚;"链主"由龙头企业董事长、产业协会负责人、科研院所专家担任,负责组建工作专班,在关键领域率先建立行业标准,协同推动重大规划、重大工程、重点项目的落实。

三要建立"六个一"工作推进机制。每条优质产业链确定一个专业化智库团队、建设一批发展园区载体、打造一个供需对接平台、梳理一批龙头企业和重点项目、形成一个专属政策组合包、建立一张关键核心技术短板长板动态表,形成高效的工作推进机制。

(三) 强化数字基础设施建设,提升产业数字化服务能力

财政引导更多社会资金投向基础设施领域,统筹推进高铁、高速公路网络建设,优化出闽大通道建设,合理规划国际机场建设,密切与国内重要经济圈的互联互通,构建多层级一体化的交通网络,实现多种交通方式无缝对接,为产业链内物流、人流和资金流通创造了良好的外部条件;强化数字基础设施的支撑作用,加大新型基础设施的建设力度,加快第五代移动通信、工业互联网、大数据中心等基础产业的建设步伐,加快推进5G技术在智慧城市、工业互联和智能制造领域的应用,推广应用节能高效、高性价比的宽带网络设备,发展服务型数字制造,建设产业数字化服务基地,利用数字技术改造传统生产网络,推进商业模式创新,提升个性化、柔性化制造能力,增强全球供应链的配置能力。

第八章
财税政策助力产业链现代化的具体举措

要发挥产业数字化在产业链高端化中的引领作用,根据《国家数字经济创新发展试验区(福建)工作方案》提出的总体要求,推进数字福建建设,通过数字产业化突破一批关键核心技术,打造一批优势产业并培育一批数字产业龙头企业,为传统产业的数字化改造提供数字装备和技术支撑,也为传统高技术产业开拓更加广泛的市场空间。为此,要加强对新型数字要素的培育和获取,借助大数据和深度学习挖掘数据要素价值,打破供应链各环节的信息孤岛;要促进新型数据要素与传统生产要素有机融合,发挥数字要素对其他生产要素的"催化剂"作用,演化出"劳动+数据""资本+数据"等要素深度融合发展模式(中国社会科学院工业经济研究所课题组,2021);要通过新一代数字技术的应用,加快供应链的数字化和智能化转型,增强产业链内供求的动态平衡能力,打破生产与消费的空间隔阂(张梦霞、郭希璇、李雨花,2020),充分挖掘潜在的需求并创造新的市场需求。

(四)培育产业链上"冠军"企业,提升创新主体竞争力

充分发挥福建省本土龙头企业的创新主体作用,地方政府应立足于顶层设计,结合福建省产业链升级的现实需求,提供灵活多样的财税支持政策,支持龙头企业海外并购拥有核心技术和重大发明专利的科技型企业或研发机构,拓展和提升创新研发平台的层次。支持龙头企业新建或参与建设科技孵化器、科技企业加速器等创新服务机构,牵头设立产业技术研究院等新型研发机构。鼓励和支持龙头企业,运用创新技术平台,牵头组织实施重大产品开发、应用技术研究和成果转化项目。

要根据产业升级的紧迫性,重点选择产业链中的头部企业,鼓励其加强与上下游企业的协同创新和技术攻关,联合高等院校、科研院所,把创新资源集中投放于重点攻关的技术领域;要培养一批"专精特新"的中小企业,要明确不同类型企业在创新链中的层级分工,从精密机床、飞机发动机、半导体加工设备到圆珠笔球珠都是我们产业链上的软肋,大企业专注于技术含量高、研发周期长、资金投入量大的积累性创新,小企业可专注于小规模创新,要发挥中小创业的首创精神,打破跨国公司在高技术、关键部件的垄断地位(刘志彪,2019)。

四、财税与要素培育相协同,助力产业链迭代升级

(一)强化财税与金融协同力,打造现代金融体系

一要强化财税与金融的协同力,提升资金要素配置效率。政府要在财税政策的支持下,积极调动与协调市场上金融支持体系,连通金融与财税支持环节,赋能现代产业的金融要素配置,如鼓励福建省商业银行、创业投资、天使投资和风险投资机构通过资本纽带构建产业链上下游协作互动的产业生态圈,综合使用增值税、所得税减免等措施,提高产业链中金融要素的投入数量和质量,弥补财税政策支持现代产业体系的供给缺陷(武彰纯,2022)。

二要构建直接融资渠道,创新金融服务方式。支持符合条件的创新企业上市融资,支持和鼓励高新技术企业到创业板上市,或通过海峡股权交易中心、两岸股权交易中心挂牌融资,支持有条件的企业通过债券市场融资。优化间接融资环境,鼓励银行为创新企业营造良好的金融环境,借助"数字红利"打破传统财税政策与金融机构的协同支持方式,借力新型数字技术,加快形成财政与金融适配应用平台,引导金融机构创新产品和服务方式,开辟创新企业信贷"绿色通道",优化信贷审批流程,简化审批手续。

三要培育宏观财政支持金融新业态。优化产业链上游、中游、下游企业财税支持方式,完善财税服务体系,如丰富融资担保形式,创新发展面向创新企业的科技银行和融资租赁公司,大力发展新型融资工具,鼓励支持风险投资、创业投资、天使投资、股权众筹等融资工具发展。设立创新投资引导基金,对创新企业的风险予以补偿。

(二)强化财税与人才培育协同力,为产业提供人才支撑

一要加强财税政策对教育的支持,优化教育经费的使用领域,提高财政教育资金的使用效率,确实提升教育的培养水平。加大创新型人才的培养力度,教育部门要为高等院校和科研机构提升办学层次提供更多的资金支持和政策便利,提升本地院校高层次本科、硕士和博士的培养能力。大学教育要创新专业设置,高校专业设置应充分调研,根据产业链人才需求调整专业设置,提升新材料、人工智能、数字产业、节能环保和海洋高新等行业急需的高端人才的培养规模。推行财政资金教育经费使用绩效评价制度,通过制度

第八章
财税政策助力产业链现代化的具体举措

约束与绩效考核提升财政资金在人才培养方面的成效。

二要注重个人所得税减免引导劳动力要素的优化配置，形成契合现代产业体系的人才吸纳财税政策，畅通劳动力配置路径，推动产业内部人才高质量流动。继续实施国家级、省级引智项目，引进国内外知名院士、长江学者、领军人才和优秀毕业生来闽创新创业，对紧缺特殊人才予以住房、子女入学和配偶工作方面的优惠待遇，构建更具竞争力的人才政策体系。落实专项附加扣除，完善并落实科技项目经费及资金的个人所得税优惠，激发人才的创新活力。打好引才用才组合拳，借助"百人计划""雏鹰计划""八闽英才"等人才培育工程，健全人才贡献评价体系，健全创新激励和保障机制，创新成果权益分享机制，有力推动人才链与产业链的精准对接和高效匹配，确实将人才优势转化为产业技术优势。注重通过财政补贴或税收扣除等方式鼓励企业加强对员工进行职业培训，提升人才的创造力和劳动生产率，缓解劳动力成本上升与生产率上升不一致造成的产业转移、产业空心化问题，达到"补链"目的。

（三）打造高质量创新平台，提升平台技术引领性

要立足于福厦泉国家自主创新示范区和各地高技术产业开发区，打造科技创新走廊和新高地，支持具备研发实力的企业研究机构，打造一批制造业创新中心；要打造高水平创新平台，探索平台建设"揭榜挂帅"制度，扩大创新资源搜索范围，提升平台建设效率；以财政引导和企业出资相结合，高标准建设省级创新研究院，要用好福州光电信息、厦门能源材料、泉州化学工程和宁德能源器件4家首批省级创新实验室，将省级创新实验室的布局范围扩大至生物制品、柔性电子和海洋高新等领域；支持有利于产业基础能力提升和"工业五基"产业发展的创新平台建设，改造和提升现有创新平台的创新实力，通过培育和引进相结合，争创国家级创新平台，加快推进"电化学储能技术国家工程研究中心"建设，在光电材料化学与物理、柔性电子、智慧车载玻璃、光芯片等重点领域培育一批国家工程研究中心预备队，为创建国家重点实验室打基础；要着力提升高等院校和科研院所的创新实力，加快高等院校的发展步伐，努力推进新大学项目建设；要充分利用福州、厦门、平潭综合实验区的相关优惠政策和良好平台，在创新体制机制改

革方面进行积极探索，努力打造若干具有全球影响力的创新中心，对接推动国（境）外一流高校、科研机构和世界500强企业来闽设立研发机构。加快推进天津大学－新加坡国立大学福州联合学院、鲲鹏产业生态中心、百度云（福州）AI实验室、北京石墨烯研究院福建产学研协同创新中心等对产业链技术升级带动作用强的研究机构建设。

以"6·18"虚拟研究网络协同平台为基础，鼓励行业协会、产业园区等建设专业网络信息平台，与虚拟研究院网络协同平台相互补充、互联互通，实现科技信息、创业创新资源共享。支持实施福建省专利产业化项目，促进专利技术在福建省应用转化。试点开展专利权风险投资和专利保险工作，鼓励虚拟研究院内的高校、科研院所联合企业开发高投入、高风险、高产出的专利技术和产品，提升福建省的创新驱动能力。

（四）强化数字要素培育，借力"数字化"实现产业链"智能化"

要借鉴国外先进做法，充分发挥财政的市场需求导向作用和税收补助的扶持作用，大力扶持数字产业发展。具体包括：实施数字产业化与产业数字化互动战略，支持中国移动（福州）数据中心、数字福建云计算运营有限公司建成大型、超大型云数据中心；支持工业互联网平台、电商平台与产业链龙头企业合作，培育重点产业供应链云平台；培育推广"互联网＋"工业设计云平台，探索全产业链综合设计服务，强化产业链整体设计能力；大力推进人工智能、5G、大数据、物联网等数字产业的发展，完善低时延、高可靠、广覆盖的互联网基础设施，搭建万物互联的高效平台，加快交通、能源和电力等传统产业的数字化和智能化改造升级；通过数字产业发展为产业数字化创造条件，构建智能高速公路、智能铁路和智能民航，实现物流系统的高效运转，努力构建产供销一体化的智能产业链，实现上下游企业的高效业务对接；利用人工智能技术赋能产业链，推动产业链内产品与制造"智能"跃升，重点对石油化工、装备制造、建材家居与纺织服装等传统产业链实施智能化改造，支持企业信息化系统建设与融合，加快智能工厂和数字化车间建设，加大机器视觉、深度学习、语音识别等人工智能技术在产业链中的推广力度；促进大数据与服务业的深度融合，推广定制化和个性化产品，打造现代服务业新模式；将数字产业环节纳入增值税管理范畴，有效衔接企业线上、线下销售服务增值税抵扣链条。

鼓励以智能制造为代表的新兴产业采取集群方式，设立产业发展基金，积极引入社会资本，加大在成果转化、平台建设和风险分担方面的支持力度，促进各类产业价值链对接，扩大产业价值外溢效应；通过落实税收减免及研发加计扣除政策，加大产业园区的入驻吸引力和集聚效应，促使税收优惠激励政策覆盖企业价值创造的全过程（武彰纯，2022）。

五、强化财税扶持，构建高效协同创新体系

（一）打破协同创新意识障碍，提升项目对接效率

随着国家创新驱动发展战略的实施，以企业、市场与科研院校为主体的协同创新体系正在加速构建。针对福建省产业链中协同创新主体意识不强和协同创新开展不够深入的现实短板，政府应出台激励措施，以财税支持畅通国内大循环，破除研发创新要素跨单位、跨区域流动的壁垒，引导国（省）内外不同创新主体交流合作，针对省内产学研、省际间协同创新予以财政支持和税收减免；此外，要注重引导企业的国际间交流合作，针对跨国合作的科创企业予以财税支持，鼓励进行联合研发，加强基础研究与应用研究协同，推进国内外技术要素链条的合理流动，防止技术链断链，打造协同创新的模范样板，推广协同创新的先进经验；运用揭榜挂帅制度，行业龙头企业列出重点产业链"卡脖子"技术清单，由高校与研究机构揭榜，提升产学研项目对接效率。

还应通过构建安全高效、循环通畅的现代产业体系，提升产业链不同节点间的协同能力，理顺关键产业链上下游企业间的协作关系，实现产业链、创新链、资金链和人才链之间的有效互动。通过鼓励产学研等不同创新主体加强合作，打造协同创新的模范样板，推广协同创新的先进经验，提升企业的协同创新意识，确实提升规模以上企业开展产品和工艺创新合作的企业占比，通过协同创新发挥不同创新主体在基础研究和应用研究领域的技术优势，既能夯实产业的创新基础，又能提升产业链高端产品的技术产出，实现产业技术引领。

（二）推进创新链与产业链的双向融合，提升协同创新绩效

科研与产业目标脱节、科技市场中介不发达、资本市场功能缺失、成果

转化制度不完善等原因造成我国产业水平与世界的差距大于科技研究水平与世界的差距（刘志彪，2019）。因此，在主动融入全球创新链实现技术产出的同时，福建省要抓紧构建创新链与产业链双向融合机制，加快推进产学研协同创新并完善机构科技成果转移转化平台，加大金融市场对技术产业化的支持力度，提升技术产出和产业化率。

产业链现代化中大企业和中小企业要各司其职，创新密集型大企业要争取并扮演好技术引领、技术控制和标准制定的角度，加大自主研发力度，提升关键技术和专利的把控力，同时，联合中小企业通过技术分工进行协同研发，延长产业价值链和创新链的长度；通过财政和税收政策，鼓励中小企业进行产品和工艺创新，鼓励中小企业实施创新驱动战略，形成大企业为主、中小企业为辅的创新格局，提高整个产业链的技术支撑度。

（三）注重链式协同创新，促进产业链上下游联动协同发展

要借鉴美国的产学研合作创新的先进经验，鼓励高等院校、科研院所加强与企业对接，精准把握产业创新的现实技术需求，充分利用各自要素优势，加强创新合作，产生协同创新效果，比如，围绕集成电路、高端装备、新能源汽车、新材料等重点产业，推动龙头骨干企业与高等院校、科研院所及产业链上下游企业组建创新联合体，推动知识产权与通用设施共建共享，实现联合技术攻关；要调整现有创新主体的定位，明确高校、科研机构和企业在基础研究、关键共性技术研究和应用技术研究方面的功能定位，大力发展供应链服务型企业，推动"制造+服务"的深度融合发展，实施包括关键技术研发、产品设计、专用材料与先进工艺开发、产品生产与示范推广"一条龙"应用计划，建立产业链上中下游互融共生、分工协作、利益共享的一体化组织新模式；明确创新主体的责权利，制定合理的创新成果利益分配机制，激发不同创新主体的协同创新热情，鼓励科技企业参与开放性实验室、重点实验室以及省级重要研究机构的建设；推动闽台两岸高技术产业间建立产业联盟，促进闽台两岸科技产业在上游、中游、下游产业链上的合作；要强化重点产业协同发展，比如，推动石化化工产业与电子信息、纺织鞋服、新能源电池等下游产业融合，开展产品推介、上下游协作配套、产能对接活动，促进一大批配套、协作企业发展。

(四）拓宽资金渠道，推进协同创新成果转化

一要拓宽资金来源渠道。企业是创新的主体和主战场，但由于客观条件的限制，企业创新人员无法覆盖所有领域的创新活动，高校和科研机构拥有较多的技术研发人员，但出于经费的限制，高端研发人员的正常研究活动受到限制。因此，要加大协同创新的资金保障力度，拓宽研发机构的资金来源渠道，提高高等院校和科研机构资金来自于企业的占比，让企业逐渐取代政府成为高校和研发机构资金的主要提供者，不仅有利于提升产品与市场需求的契合度，也有助于创新成果的产业化。

二要推进协同创新成果产业化。提升中国海峡创新项目成果交易会、国家技术转移海峡中心和中科院科技服务网络福建中心等创新平台的功能，重点推进国家级科技成果在闽落地转化；要支持中科院海西研究院、厦门大学、福州大学和福建农林大学等高水平研究型院所和大学的技术创新成果布局优质产业链；发布新技术新产品推广应用目录，鼓励国有企业、事业单位、高等院校和企业采购首台/套重大技术装备、首批次新材料和首版次软件，助力新技术布局产业链。

六、提升全球资源配置能力，巩固和完善全产业链

（一）强化产业核心环节管控，构建产业链安全防控体系

建立技术安全管理清单制度，健全外资并购安全审查制度，避免由于外资恶意收购给产业链带来安全隐患，同时，近年来受劳动力成本上升和资源约束的影响，我国部分地区产业出现外迁现象，这会破坏产业链的完整性，对于战略性新兴产业，要建立技术安全管理清单制度，健全外资并购安全审查制度，要加强对敏感技术和高端装备"走出去"的管理和控制，要防止产业空心化现象的加剧，在积极拓展国外合作空间的同时，要提高地区投资吸引力，确实减轻投资成本，要适度维持本地区的产业规模和速度，防止产业链空心化。

在产业发展层面，要系统梳理电子信息、装备制造、生物医疗、计算机制造和新能源等高技术产业的技术短板，精准掌握福建省产业链最薄弱环节，要编制产业链树状图，在产业链关键环节建立核心企业库；开展重点产

业链技术评估,全面提升关键环节、领域、产品的保障能力;实施断链断供替代行动,推动龙头企业建立同准备份、降准备份机制;政府的行政规制与政策引导相结合,通过课以重税或强制淘汰的方式淘汰夕阳产业,通过财政补贴与税收减免引导企业向产业链上游延伸,通过锻长板、补短板以提升区域产业链安全水平。

(二)在全球价值链上培育更多链主,提升产业链控制力

产业控制能力取决于参与者对全球价值链上治理体系和结构的把控能力,因为全球价值链上标准规则制定、智能制造和个性化集成都离不开其在全球价值链中的话语权(周静,2016)。要提升产业链的全球控制能力,必须培育一批具备市场优势或技术优势的跨国公司成为产业链"链主",强化"链主"对全球价值链治理体系和结构的把控能力,强化其在关键增值环节的标准规则制定中的话语权。比如,对于零售行业,可以借助市场中品牌、设计、需求、营销和网络优势,向全球生产商发出采购订单,形成市场驱动型产业价值链;对于资本密集型高技术产业,可以以其设计、研发、技术标准为优势,组织供应网络中的企业群体进行研发和生产,提升自身在产业链中的技术主导权。

一要从主导产业中培育一批掌握产业链关键核心技术的"单项冠军"企业。政府搭台提供配套政策,集中优势资源对行业的关键技术进行重点攻关,实现对行业技术和标准的控制和引领;鼓励中科光芯光电、瑞芯微、福晶科技等行业龙头企业海外并购拥有核心技术和重大发明专利的科技企业,建设科技孵化器、科技企业加速器等创新服务机构;鼓励龙头企业运用创新技术平台,牵头组织实施重大技术攻关和成果转化项目。比如,从福建省电子信息与数字产业、先进装备制造、石油化工、现代纺织等代表性主导产业中,选择性培育具备链主治理能力的跨国公司,集中优势资源对相关领域的"卡脖子"关键技术进行重点攻关,实现对行业技术和标准的控制和引领。

二要在战略性新兴产业中培育更多的"隐形冠军"。针对新材料、新能源、节能环保和海洋高新等战略性新兴产业,要发挥众多经营灵活、创新能力强的"专精特新"中小企业的首创精神,鼓励行业中头部企业通过纵向

第八章
财税政策助力产业链现代化的具体举措

兼并，联合科研院所，把资源和要素集中投放在知识技术密集型的基础领域和关键环节，实现从无到有的 0-1 跳跃式、颠覆式创新。要明确各行业的重点攻关方向，新一代信息技术应重点攻关通用数据库、人工智能、区块链、大数据和无人驾驶；高端装备重点培育传感器和智能化仪器仪表、航空装备、工业机器人、高技术船舶等新兴装备产品；新能源汽车要重点发展整车制造和三电系统；海洋高新产业以海洋矿产资源开发装备、海洋生物制品、海洋生物材料和海工装备运维服务为重点；生物医药重点发展重大疾病防治的生物药物、化学药物、先进医疗器械和新型医用材料。要明确不同类型的企业在创新链中的层级分工，实现技术创新协同互补，产业链上不同主体协同发力，打破跨国公司在关键领域的垄断地位（戴圣良，2020）。

（三）以全球化为契机，引导外资融入"六四五"产业体系

围绕福建省六大主导产业、四大优势产业和五大战略性新兴产业产业链中断链和弱链问题，绘制重点产业链精准合作图，强化靶向招商，推行小分队招商、以商招商、股权招商等方式，紧盯世界 500 强和全国 500 强，着力引进高端环节项目，尽快集聚一大批优质项目、龙头企业、高端研发机构，通过配置全球资源实现产业链锻"长"补"短"。

战略性引导外贸企业投资电子信息与数字产业、先进装备制造、石油化工、现代纺织服装和现代物流等主导产业，提升主导产业的 R&D 研发投入，培育主导产业中的新"链主"，加快主导产业的技术升级，实现对主导技术、标准和规则的控制；提升特色现代农业与食品加工、冶金、建材、文化四大优势产业中的外资占比，增强企业的资金实力，推动优势产业向产业链中上游延伸，提升产业链的技术支撑力；鼓励外资企业参与新材料、新能源、节能环保、生物与新医药和海洋高新五大战略性新兴产业，高标准、高起点推动新兴产业工业园区建设，提升战略性新兴产业的发展层次、抗风险能力和产业技术控制力。

（四）优化财税投向，引导企业深度参与全球价值链建设

全球产业链分工不断深化，学科交叉日益密切，任何国家、组织或企业只能在某一领域处于国际领先，因此，必须具备全球视野，主动融入全球科技创新网络中（张其仔、许明，2020）。一是产业部门借助全球价值链构建

契机,探索提升产业竞争能力的财税政策,引领产业结构向更加精准化、专业化的方向发展,实现产业布局合理与供需匹配(武彰纯,2022)。二是借助"一带一路"倡议发展契机,主动设置全球科技合作主题,打造具备高端技术研发能力的科技创新中心。鼓励工业园区开展国际性产业链上下游专场对接,策划实施一批延链补链项目,补齐工业园区发展短板。要拓宽合作领域,针对部分战略性新兴产业,我国对日本、韩国和欧洲的专利引用仍处于较低水平的现状(中国社会科学院工业经济研究所课题组,2021),可以利用世界智能制造大会、物联网大会平台开展国际交流,深化同日本、韩国和欧洲等创新强国在相关科技领域的合作力度,同时,协同推进高校与科研机构相互开放研究机构,加强信息沟通交流,解决"信息孤岛"问题,逐步打造高效共享的科技创新公共服务平台,提升协同创新产出效果。三是加快公共服务体系建设,建立与经济、产业相匹配的公共服务支出增长机制,既改善民生又促进现代产业体系构建,提升全球价值链参与能力。

第四节　本章小结

运用产业链现代化评价指标体系和评价模型实证研究福建省 2014~2020 年的产业链现代化指数,结果表明,虽然福建省产业链现代化综合指数总体呈逐年上升趋势,综合指数值从 0.344 上升到 0.441,但是产业链现代化指数值偏低,且指数增长缓慢,年均增长率仅为 4.73%,说明福建省产业链现代化的基础比较薄弱,产业链现代化程度不高,在全国产业链现代化层次比较中,属于产业链追逐型。

障碍度诊断结果表明,高端引领能力子系统、基础创新能力子系统、协同创新能力子系统是制约福建省产业链现代化的三大障碍,7 年间各子系统障碍度的变化数值不大,基础创新能力子系统下降趋势比较明显,其他四个子系统障碍度呈微弱下降趋势。

从推行央地财政分权制度改革,激发地方创新活力;优化财政支出结

第八章
财税政策助力产业链现代化的具体举措

构,提升城市群的要素汇聚功能;财税支持和引导相结合,实施产业基础再造工程;财税与要素培育相协同,助力产业链迭代升级;强化财税扶持,构建高效协同创新体系;提升全球资源配置能力,巩固和完善全产业链等视角提出加快福建省产业链现代化的对策建议。

第九章
研究结论与展望

本书聚焦于如何通过财税政策驱动实现中国产业链的现代化,在理论推理的基础上,通过实证分析、检验财政分权、税收优惠、财政支出对产业链升级的影响机理,再结合发达国家的财税政策经验,以福建省产业链为例,提出财税改革助力产业链现代化的对策建议。本章对全书的研究进行总结,梳理相关研究结论,提出理论贡献,并阐述未来的研究方向。

第一节 研究结论

(1) 财税政策可从助力高端创新要素供给、引领终端需求升级、促进产业政策协同、引导上下游要素协同创新、引导创新生态系统建设等视角推动产业链现代化。

一是财税政策助力高端创新要素供给,推动高端创新要素培育和创新团队建设,通过培育良好的创新文化,加强基础设施建设和完善区域金融系统,提升产业创新基础、创新效率、资金配置水平、创新环境和技术引领性,夯实产业链的基础创新能力;二是财税政策引领终端需求升级,从需求方向、需求规模、需求质量和需求互补,驱动产品战略调整、尖端产业布局、产业创新利润、产品差异化和产业数字化,从需求侧助推产业链升级;三是财税政策与政府产业政策协同,通过创新激励、导向型产业政策、引导产业布局和区域创新体系建设,实现创新补偿、产业控制力、产业附加值、产业绿色化与数字化、产业结构高级化,从供给侧驱动产业链升级;四是财

第九章
研究结论与展望

税政策引导上下游要素协同,通过柔性组织、内外资源整合、产学研协同和产业链、创新链和人才链"三链"整合,实现信息共享、要素配置效率提升、创新土壤培育、产业技术层次提升和技术产业化,提升产业链创新效率;五是财税政策引导区域创新生态系统建设,提升原始创新能力、改善知识产权保护环境、促进技术溢出、提升中介服务效率,驱动产业创新基础提升,促进区域创新开展,加快技术成果扩散和技术产业化,实现链内企业整体升级,提升产业链整体支撑力。

(2)可从基础创新能力、高端引领能力、协同创新能力、产业支撑与控制力和绿色可持续发展能力等维度构建产业链现代化评价指标体系。2014~2020年,中国产业链现代化指数总体呈上升趋势,但产业链的现代化程度不高,产业链引领型主要分布在东部省份,产业链追随型大多位于中部地区。

本书在阐述产业链现代化的内涵及其特征的基础上,从基础创新能力、高端引领能力、协同创新能力、产业支撑与控制力和绿色可持续发展能力5个维度构建产业链现代化评价指标体系,运用熵权TOPSIS模型对28个地区的产业链现代化指数进行实证研究发现:中国产业链现代化指数总体呈上升趋势,指数从2014年的0.372上升到2020年的0.429,但产业链的现代化程度不高,产业链引领型主要分布在东部省份,产业链追随型大多位于中部地区;5大子系统指数体现为产业支撑与控制力子系统>绿色可持续发展子系统>协同创新能力子系统>基础创新能力子系统>高端引领能力子系统,说明我国产业链现代化进程中基础创新能力、高端引领引力和协同创新能力有待强化;障碍因子诊断结果表明,产业链尖端产品技术引领性、产业链头部技术产出水平、产业链内创新技术产出、协同创新产出效果、产业链头部技术的尖端性、产业链上新产品产出、产业链协同的资金保障度、产业链科研人员投入强度、产业链内高级研发机构数量是制约产业链现代化的关键障碍。

(3)财政分权、税收优惠与财政支出对产业链升级均存在显著的正向促进作用,通过引入政府创新偏好、企业创新、城市化等中介变量后,研究发现不同财税政策对产业链现代化的影响机理不同。

首先,财政收入分权显著提升政府创新偏好,进而促进产业链升级,收入分权对产业链升级存在直接和通过政府创新偏好间接影响的双重效应,财政支出分权同时抑制政府创新和产业链升级,支出分权完全通过抑制政府创新偏好间接阻碍产业链升级;其次,税收优惠显著正向促进产业链升级,税收优惠对产业链升级既存在直接影响,又存在通过企业创新中介的间接影响,分税制检验发现,增值税优惠和企业所得税优惠均显著正向促进产业链升级,但城市维护建设税优惠反而阻碍了产业链升级,增值税优惠、企业所得税优惠均显著正向激励企业创新,企业创新活动在增值税优惠、企业所得税优惠与产业链现代化中充当部分中介功能,在城市维护建设税优惠中的中介效应不显著;最后,针对财政支出规模与结构对产业链升级作用效果,研究表明,财政总支出显著正向促进产业链升级,城市化起到部分中介效应,进一步分析发现,财政支出结构中只有消费性支出正向促进产业链升级,投资性和民生性支出则阻碍产业链升级,城市化分别起完全中介、部分遮掩和部分中介效应。

(4) 美国、日本、德国针对产业链现代化的战略重点不同,财税政策着力点存在共性地方。财税政策着力点主要从产业链式、技术领域、创新生态、要素培育、资金保障和市场导向等领域发力。

美国以提升产业链控制力为主线,立足于突破性技术研发;日本立足于基础性创新,把控产业链上游环节;德国更注重打造可持续和柔性智能制造的产业链。美国、日本、德国的财税政策着力点表现为:重构制造业产业链,强化全产业链和全附加链模式;加强数字基础设施建设,实现颠覆性技术的全覆盖;培育多元创新主体,构筑协同创新网络;提升职业教育层次,保证多层次人才供给;设置中小企业风险投资基金,助推企业技术创新;发挥政策采购导向作用,引领产业结构升级。

(5) 注重财政引导,加强基础研究,强化高端创新要素供给,完善政府采购制度,扶持智能制造产业发展,重视产业梯度转移,引领产业绿色转型是发达国家实现产业链现代化的经验做法。

结合福建省产业链现代化的现状和制约因素,借鉴发达国家的先进经验,本书从推行央地财政分权制度改革,激发地方创新活力;优化财政支出

第九章
研究结论与展望

结构，提升城市群的要素汇聚功能；财税支持和引导相结合，实施产业基础再造工程；财税与要素培育相协同，助力产业链迭代升级；强化财税扶持，构建高效协同创新体系；提升全球资源配置能力，巩固和完善全产业链等视角提出加快产业链现代化的财税政策。

第二节 研究理论贡献

（1）系统阐述财税政策对产业链升级的影响机理。

从高端创新要素供给驱动、终端需求引领带动、政府产业政策引导带动、要素协同创新驱动和区域创新生态驱动五个视角阐述财税政策促进产业链升级的传导机制，从理论与实践层面深入剖析财税政策与产业链升级的逻辑关系。

（2）构建产业链现代化评价指标体系和评价模型。

根据产业链现代化的特征，从基础创新能力、高端引领能力、协同创新能力、产业支撑与控制能力、绿色可持续发展能力5个维度构建产业链现代化测度评价指标体系，并构建基于熵权TOPSIS的产业链现代化评价模型和产业链现代化障碍度分析模型，拓展了产业链现代化评价理论体系，为测算地区产业链现代化指数提供了理论支撑。

（3）实证检验财政分权、税收优惠、财政支出对产业链现代化的影响机理。

理论推演财政分权、税收优惠、财政支出对产业链升级的作用机理，提出研究假说，将财政分权、税收优惠、财政支出等核心解释变量引入回归模型中，借助中介和调节效应模型，结合面板数据进行实证检验，揭示关键变量之间的逻辑关系。理论推演与实证检验相结合，相对完整地呈现了财税政策与产业链现代化二者间的逻辑关系。

（4）系统梳理美国、日本、德国等发达国家通过财税政策实现产业链现代化的先进经验。

总结美国、日本、德国的产业链发展经验，发现财税政策着力点主要从产业链式、技术领域、创新生态、要素培育、资金保障和市场导向等领域发力。注重财政引导，加强基础研究，强化高端创新要素供给，完善政府采购制度，扶持智能制造产业发展，重视产业梯度转移，引领产业绿色转型是发达国家实现产业链现代化的经验做法。结合我国产业链现代化的现实短板从财税视角提出促进产业链升级的对策建议。

第三节　研究局限性和未来研究设想

本书聚焦于剖析财税政策对产业链现代化的影响机理，在理论分析基础上，实证检验财政分权、税收优惠、财政支出对产业链现代化的影响，结合发达国家的财税政策经验，提出财税改革助力产业链现代化的对策建议。

由于作者研究水平和数据来源的限制，本书存在一定的局限性。一是实证研究数据获取时间跨度偏短，样本量偏少。二是注重从中观层面进行实证研究，微观层面的案例研究不够。产业链研究是一项系统性工作，产业链现代化涉及的行业面广，未来可专注于某个层面，如财税政策对产业链韧性、产业链安全性、产业链可控性、产业链的全球价值重塑等的影响机理。三是对产业链现代化与数字经济、绿色发展等新兴领域的融合研究还有待加强。

参 考 文 献

［1］艾冰．日韩政府采购促进自主创新特色研究［J］．湖南科技大学学报（社会科学版），2012，15（1）：94－98．

［2］安苑，宋凌云．财政结构性调整如何影响产业结构？［J］．财经研究，2016（2）：108－120．

［3］安苑，王珺．财政行为波动影响产业结构升级了吗？——基于产业技术复杂度的考察［J］．管理世界，2012（9）：19－35＋187．

［4］白景明，张学诞，梁季，等．减税降费政策评估报告——基于高质量发展视角的分析［J］．财政科学，2019（12）：5－22．

［5］白俊红，戴玮．财政分权对地方政府科技投入的影响［J］．统计研究，2017，34（3）：97－106．

［6］白雪洁，宋培，艾阳，等．中国构建自主可控现代产业体系的理论逻辑与实践路径［J］．经济学家，2022（6）：48－57．

［7］白雪洁，于庆瑞．劳动力成本上升如何影响中国工业化［J］．财贸经济，2019（8）：132－145．

［8］包健，尉喆雅．财政分权对地方财政科技投入的影响研究［J］．科学管理研究，2019，37（4）：151－157．

［9］卞元超，吴利华，白俊红．财政科技支出竞争是否促进了区域创新绩效提升？——基于研发要素流动的视角［J］．财政研究，2020（1）：45－58．

［10］蔡乌赶，许凤茹．中国制造业产业链现代化水平的测度［J］．统计与决策，2021，37（21）：108－112．

[11] 柴正猛,杨燕芳. 金融科技对制造业产业链升级的影响研究——基于省级面板数据的GMM模型[J]. 管理现代化,2022(6):8-13.

[12] 陈朝隆,陈烈,金丹华. 区域产业链形成与演变的实证研究——以中山市小榄镇为例[J]. 经济地理,2007(1):64-67.

[13] 陈强,陈玉洁. 德国支持高成长性创新型企业发展的政策措施及启示[J]. 德国研究,2019,34(1):70-89.

[14] 陈诗一,吴绪成,王川杰. 税收优惠、人力资本结构调整与高新技术企业创新[J]. 世界经济文汇,2023(5):1-16.

[15] 陈诗一,张军. 中国地方政府财政支出效率研究:1978—2005[J]. 中国社会科学,2008(4):65-78+206.

[16] 陈心颖,陈明杰,王相林. 福建省制造业产业基础高级化与产业链现代化的路径选择[J]. 东南学术,2021(2):145-154.

[17] 陈燕,戴文清,陈凡. 财政分权与安徽资源型城市产业结构升级——基于多维度财政分权视角[J]. 安徽农业大学学报(社会科学版),2022,31(3):67-74.

[18] 陈印政. 创新文化与区域创新生态系统研究[J]. 技术与创新管理,2020,41(5):539.

[19] 陈钰芬,叶伟巍. 企业内部R&D和外部知识搜寻的交互关系——STI和DUI产业的创新战略分析[J]. 科学学研究,2013,31(2):266-276.

[20] 陈志勇,陈思霞. 制度环境、地方政府投资冲动与财政预算软约束[J]. 经济研究,2014(3):76-87.

[21] 成青青. 产业链供应链内涵、机理与测度研究——基于地区产业链供应链韧性及对南通的启示[J]. 上海经济,2022(6):25-40.

[22] 程李梅,庄晋财,李楚,等. 产业链空间演化与西部承接产业转移的"陷阱"突破[J]. 中国工业经济,2013(8):135-147.

[23] 程雁,李平. 创新基础设施对中国区域技术创新能力影响的实证分析[J]. 经济问题探索,2007(9):51-54.

[24] 储德银,建克成. 财政政策与产业结构调整——基于总量与结构

效应双重视角的实证分析［J］．经济学家，2014（2）：80－91．

［25］崔惠玉，徐颖，张嘉洋．税收优惠、产业结构与地方财政可持续性［J］．江海学刊，2022（5）：88－95＋255．

［26］崔志坤，李菁菁．财政分权、政府竞争与产业结构升级［J］．财政研究，2015（12）：37－43．

［27］戴圣良．"十四五"时期福建省制造业产业链现代化发展路径研究［J］．福建论坛·人文社会科学版，2020（11）：73－81．

［28］邓宇轩，祁明德．金融科技对城市产业结构优化升级的空间效应［J］．财政科学，2021（6）：46－59．

［29］董化杰．促进财税政策与金融政策协调配合，构建金融有效支持实体经济的体制机制［J］．金融会计，2021（10）：15－23．

［30］杜洪旭，莫小波，鲁若愚．中介机构在技术创新扩散中的作用研究［J］．软科学，2003，17（1）：47－49．

［31］范欣，宋冬林，赵新宇．基础设施建设打破了国内市场分割吗？［J］．经济研究，2017，52（2）：20－34．

［32］弗里曼．技术政策与经济绩效：日本国家创新系统的经验［M］．张宇轩，译．上海：东南大学出版社，2008．

［33］付晨玉，杨艳琳．中国工业化进程中的产业发展质量测度与评价［J］．数量经济技术经济研究，2020，37（3）：4－26．

［34］甘行琼，蒋炳蔚．我国税收促进产业结构转型的效果分析——来自我国省级面板数据的经验［J］．税务研究，2019（12）：100－105．

［35］甘行琼，雷正．我国财税政策促进产业结构转型的有效性研究［J］．税务研究，2022（7）：142－145．

［36］甘行琼，李玉姣，陈昶旭．财政支出效率对产业结构转型升级的影响［J］．中南财经政法大学学报，2022（1）：74－85．

［37］甘行琼，李玉姣，蒋炳蔚．财政分权、地方政府行为与产业结构转型升级［J］．改革，2020（10）：86－103．

［38］高鸿业．西方经济学·宏观部分（第七版）［M］．北京：中国人民大学出版社，2018：496．

［39］高鸿业. 西方经济学·微观部分（第七版）［M］. 北京：中国人民大学出版社，2018：323.

［40］高玉胭. 财政分权对产业结构升级的影响研究［J］. 技术经济与管理研究，2022（5）：95－99.

［41］高志勇. 财政分权对地方政府科技投入效率影响的实证研究［J］. 哈尔滨商业大学学报（社会科学版），2019（4）：83－92.

［42］龚勤林. 区域产业链研究［D］. 成都：四川大学，2004.

［43］辜胜阻，刘江日. 城镇化要从"要素驱动"走向"创新驱动"［J］. 人口研究，2012（6）：3－12.

［44］侯世英，宋良荣. 财政分权、地方政府行为与经济高质量发展［J］. 经济问题探索，2020（3）：33－44.

［45］侯卓. 重识税收中性原则及其治理价值——以竞争中性和税收中性的结合研究为视角［J］. 财政研究，2020（9）：93－104.

［46］胡海鹏，袁永，康捷. 符合国际规则的政府采购促进科技创新政策研究［J］. 科技管理研究，2020（6）：63－68.

［47］胡小梅. 财税政策对产业结构升级的影响机制与效应研究［D］. 长沙：湖南大学，2016.

［48］黄琼，李光龙. 财政分权是否促进中国产业结构升级？［J］. 经济体制改革，2019（5）：129－135.

［49］黄群慧，倪红福. 基于价值链理论的产业基础能力与产业链水平提升研究［J］. 经济体制改革，2020（5）：11－21.

［50］黄群慧. 以产业链供应链现代化水平提升推动经济体系优化升级［J］. 马克思主义与现实，2020（6）：38－42.

［51］黄显林. 财税政策演进对地区产业结构发展水平的影响研究——基于分权背景下的省级面板数据分析［J］. 经济经纬，2013（6）：149－155.

［52］黄宗远，徐寿波. 产业链全球化与欠发达地区经济发展路径研究［J］. 经济问题，2007（9）：4－9.

［53］简新华. 产业经济学［M］. 武汉：武汉大学出版社，2003.

[54] 江红莉, 蒋鹏程. 财政分权、技术创新与经济增长质量 [J]. 财政研究, 2019 (12): 75-86.

[55] 江三良, 胡安琪. 金融业态深化、财政分权与产业结构升级——基于省级面板数据的分析 [J]. 经济与管理评论, 2018, 34 (5): 42-51.

[56] 蒋炳蔚. 我国促进产业结构转型的财政政策研究 [D]. 武汉: 中南财经政法大学, 2018.

[57] 蓝庆新, 陈超凡. 新型城镇化推动产业结构升级了吗?——基于中国省级面板数据的空间计量研究 [J]. 财经研究, 2013, 39 (12): 57-71.

[58] 黎峰. 双重价值链嵌入下的中国省级区域角色——一个综合理论分析框架 [J]. 中国工业经济, 2020 (1): 136-154.

[59] 李宝礼, 胡雪萍. 城镇化、要素禀赋与城市产业结构升级——基于中国345个城市的空间计量分析 [J]. 贵州财经大学学报, 2016 (3): 10-19.

[60] 李炳安. 美国支持科技创新的财税金融政策研究 [J]. 经济纵横, 2011 (7): 97-99.

[61] 李春平. 对外贸易与产业结构的关联分析 [J]. 江西社会科学, 1992 (3): 33-37.

[62] 李春涛, 闫续文, 宋敏, 等. 金融科技与企业创新——新三板上市公司的证据 [J]. 中国工业经济, 2020 (1): 81-98.

[63] 李冬冬. 京津冀制造业产业链解构与数字化空间重构研究 [D]. 天津: 天津理工大学, 2022.

[64] 李恩极, 李群. 官员任期、标尺竞争与地方政府科技支出——基于地级市数据和两区制空间杜宾模型的新证据 [J]. 研究与发展管理, 2020 (6): 114-125.

[65] 李光龙, 黄琼. 财政分权对中国产业发展水平影响效应研究 [J]. 江淮论坛, 2018 (5): 57-63.

[66] 李京晓, 张庆昌, 王向. 财政分权与投资偏好的地方政府行为——基于省面板数据的实证研究 [J]. 产业经济研究, 2012 (5): 72-79.

[67] 李梦涵. 促进中国产业结构升级的财税政策研究 [D]. 大连：辽宁大学，2019.

[68] 李万. 加快提升我国产业基础能力和产业链现代化水平 [J]. 中国党政干部论文，2021 (1)：26 - 30.

[69] 李香菊，杨欢. 助推我国经济高质量发展的税收优化研究 [J]. 税务研究，2019 (5)：18 - 24.

[70] 李小奕. 地方财政支出效率与制造业绿色转型升级 [J]. 财经问题研究，2021 (9)：75 - 82.

[71] 李晓鹏. 财政支出对城镇化发展的影响研究 [D]. 石家庄：河北大学，2021.

[72] 李新安. 区际产业转移与产业链整合——以中部地区为样本 [M]. 北京：社会科学文献出版社，2014.

[73] 李雪，刘传江. 新冠疫情下的中国产业链风险、重构和现代化 [J]. 经济评论，2020 (4)：55 - 61.

[74] 李杨，谢振忠，陈笑天. 日本制造业创新体系的启示 [J]. 中国工业评论，2017 (10)：43 - 45.

[75] 李振，王秀芝. 财政科技支出效率对地方产业结构升级的影响——基于我国省级面板数据的实证分析 [J]. 经济体制改革，2022 (1)：143 - 149.

[76] 李政，杨思莹. 财政分权、政府创新偏好与区域创新效率 [J]. 管理世界，2018，34 (12)：29 - 42 + 110.

[77] 李子伦，马君. 新比较经济学视角下产业结构升级中的政府职能选择——基于美国、日本、拉美地区的历史数据研究 [J]. 当代经济科学，2017，39 (3)：86 - 95.

[78] 林春. 财政分权与中国经济增长质量关系——基于全要素生产率视角 [J]. 财政研究，2017 (2)：73 - 83 + 97.

[79] 林毅夫. 新结构经济学——重构发展经济学的框架 [J]. 经济学（季刊），2010，10 (1)：1 - 32.

[80] 刘秉镰，武鹏，刘玉海. 交通基础设施与中国全要素生产率增

长——基于省域数据的空间面板计量分析［J］．中国工业经济，2010（3）：54-64.

［81］刘朝霞，刘卫国，史安娜．发达国家发展战略性新兴产业的经验及对我国的启示［J］．江苏科技信息，2014（16）：5-8.

［82］刘俸奇，张同斌．财政收支结构变动、产业结构转型与环境质量改善［J］．财政研究，2020（10）：57-73.

［83］刘建民，胡小梅，吴金光．省以下财政收支分权影响省域内产业结构升级的门槛效应研究［J］．财政研究，2014（8）：49-52.

［84］刘建民，秦玉奇，洪源．财政效率对区域全要素生产率的影响机制和效应：基于综合财政效率视角［J］．财政研究，2021（3）：41-55.

［85］刘烈宏，陈治亚．产业链演进的动力机制及影响因素［J］．世界经济与政治论坛，2016（1）：160-172.

［86］刘烈宏，陈治亚．基于产业生态理论的产业链竞争力演进与机理研究［J］．现代经济探讨，2015（12）：67-70.

［87］刘伟，张娟．财政分权、产业结构调整与绿色全要素生产率——基于环境污染门槛效应的视角［J］．河北大学学报（哲学社会科学版），2022，47（3）：68-80.

［88］刘盈曦，郭其友．中国差异性出口退税机制的产业结构优化效应研究——基于一般均衡模型［J］．云南财经大学学报，2014（2）：45-53.

［89］刘勇政，冯海波．腐败、公共支出效率与长期经济增长［J］．经济研究，2011，46（9）：17-28.

［90］刘玉龙，任国良，蔡宏波．"螺旋式""双重"分权模式下的产业结构升级研究［J］．中国社会科学院研究生院学报，2014（1）：45-52.

［91］刘志彪．产业链现代化的产业经济学分析［J］．经济学家，2019（12）：5-13.

［92］刘志彪．增强产业链供应链自主可控能力［N］．经济参考报，2021-01-05.

［93］罗仲伟，孟艳华．"十四五"时期区域产业基础高级化和产业链现代化［J］．区域经济评论，2020（1）：32-38.

[94] 马建堂,张军.充分发挥"超大规模性"优势,推动我国经济实现从"超大"到"超强"的转变[J].管理世界,2020,36(1):1-7+44+229.

[95] 马克和.促进产学研协同创新的财税政策研究——以安徽省为例[J].铜陵学院学报,2014,13(2):38-42.

[96] 毛冰.中国产业链现代化水平指标体系构建与综合测度[J].经济体制改革,2022(2):114-120.

[97] 毛雪颖.税收优惠能促进企业突破性创新吗?——基于融资约束视角的检验[J].冶金经济与管理,2024(1):42-47.

[98] 蒙昱竹,李波.潘文富.财政支出、城市化与居民消费——对扩大内需的再思考[J].首都经济贸易大学学报,2021(1):10-23.

[99] 蒲静,邵娇娇,张建强.税收优惠、财政补贴与企业研发投入研究[J].内蒙古财经大学学报,2023,21(1):105-110.

[100] 齐鹰飞,LI Yuanfei.财政支出的部门配置与中国产业结构升级——基于生产网络模型的分析[J].经济研究,2020,55(4):86-100.

[101] 钱龙.地方财政支出与产业结构升级——基于政府与市场新型关系的视角[J].福建农林大学学报(哲学社会科学版),2017(204):47-53+64.

[102] 钱锡红,杨永福,徐万里.企业网络位置、吸收能力与创新绩效:一个交互效应模型[J].管理世界,2010(5):118-129.

[103] 秦海林.打通堵点促产业链供应链现代化水平提升[J].中国经济评论,2021(2):22-24

[104] 青木昌彦,安藤晴彦.模块时代:新产业结构的本质[M].周国荣,译.上海:上海远东出版社,2003.

[105] 曲立,王璐,季桓永.中国区域制造业高质量发展测度分析[J].数量经济技术经济研究,2021,38(9):46-62.

[106] 任爱华,刘洁,陈小荣.京津冀财政税收对产业结构升级的"非线性"影响研究[J].技术经济与管理研究,2022(10):117-122.

[107] 芮明杰.构建现代产业体系的战略思路、目标与路径[J].中国

工业经济，2018（9）：24-51.

［108］芮明杰，刘明宇. 产业链整合理论述评［J］. 产业经济研究，2006（3）：60-66.

［109］芮明杰，刘明宇，任江波. 论产业链整合［M］. 武汉：武汉大学出版社，2003.

［110］邵昶."三维需求空间"中的柱形产业链——对产业链生成机制的阐释［J］. 湖南农业大学学报（社会科学版），2006（1）：41-43.

［111］盛朝迅. 构建现代产业体系的瓶颈制约与破除策略［J］. 改革，2019（3）：38-50.

［112］盛朝迅. 推进我国产业链现代化的思路与方略［J］. 改革，2019（10）：45-56.

［113］盛辉. 知识产权保护与技术创新的双向作用机制［J］. 科技管理研究，2009（4）：275-278.

［114］施思. 数字化转型如何驱动中国式产业链现代化——基于产业结构升级视角［J］. 新疆社会科学，2023（6）：33-42+167-168.

［115］石奇，孔群喜. 动态效率、生产性公共支出与结构效应［J］. 经济研究，2012（1）：92-104.

［116］司海平，宋文娟. 地方债务融资、基础设施与产业结构升级［J］. 经济问题探索，2022（7）：139-149.

［117］宋华，杨雨东. 中国产业链供应链现代化的内涵与发展路径探析［J］. 中国人民大学学报，2022，36（1）：120-134.

［118］宋建，包辰. 税收优惠政策能否激励中国企业创新？——基于创新链视角的探究［J］. 南京审计大学学报，2023，20（1）：60-67.

［119］宋敏，周鹏，司海涛. 金融科技与企业全要素生产率——"赋能"和信贷配给的视角［J］. 中国工业经济，2021（4）：138-155.

［120］孙文浩，张杰. 高新技术企业减税与企业创新［J］. 经济理论与经济管理，2021，41（7）：23-35.

［121］孙毅，罗穆雄. 美国智能制造的发展及启示［J］. 中国科学院院刊，2021，36（11）：1316-1325.

[122] 孙英杰,林春.财政分权、政府干预行为与地区不良贷款——基于省级面板数据实证分析[J].财经理论与实践,2018,39(4):88-93.

[123] 唐飞鹏,叶柳儿.税收竞争、资本用脚投票与产业转型升级[J].财贸经济,2020,41(11):20-34.

[124] 唐浩,蒋永穆.基于转变经济发展方式的产业链动态演进[J].中国工业经济,2008(5):14-24.

[125] 陶长琪,徐茉,喻家驹.政府创新投入、区际关联与产业结构升级——以中国283个城市为例的实证分析[J].统计与信息论坛,2020,35(7):89-100.

[126] 陶春海,焦荣荣,罗鉴,等.财税政策对医药制造业产业结构升级的异质性影响——基于面板分位数的研究[J].数理统计与管理,2022,41(5):899-915.

[127] 田慧珺.我国企业数字化转型驱动产业链现代化水平提升研究[D].长春:吉林大学,2022.

[128] 田时中,张健.税收负担、税制结构和产业结构优化升级——基于我国省级面板数据的实证分析[J].河南工业大学学报(社会科学版),2022,38(3):17-24.

[129] 涂颖清,杨林.从竞争到协作产业链演化的驱动因素分析[J].经济纵横,2010(4):15-18.

[130] 王保滔,张婷,杨一文.财政政策的产业结构优化效应分析[J].生产力研究,2014(5):29-32.

[131] 王淳.产业发展的财税支持体系:基于美欧与日本模式分析与启示[J].经济问题,2011(2):49-53.

[132] 王检,石大千,吴可.财政支出效率与产业结构:要素积累与流动——基于DEA和省级面板数据模型的实证研究[J].管理现代化,2016,36(3):15-18.

[133] 王金营,董正信,兰学莉.人口城镇化对人力资本和物质资本效用发挥影响的分析[J].人口学刊,2005(6):13-17.

[134] 王立勇，高玉胭．财政分权与产业结构升级——来自"省直管县"准自然实验的经验证据［J］．财贸经济，2018（11）：145-159．

[135] 王玲俊．中国光伏产业链系统自组织演化研究［D］．南京：南京航空航天大学，2020．

[136] 王培浩，李阳．高新技术制造业税收优惠对企业创新产出影响机制与效应研究［J］．现代财经，2024（5）：95-110．

[137] 王睿迪，张继军．我国省域高技术产业的全球产业链水平测度研究［J］．时代经贸，2020（29）：6-10．

[138] 王姗，贾英姿．德国政府补贴政策体系及其发展趋势［J］．财政科学，2020（12）：135-144．

[139] 王双，陈柳钦．内生经济增长理论的演进和最新发展［J］．经济与管理评论，2012，28（4）：20-24．

[140] 王伟．资源型产业链的演进、治理与升级——以铜陵市铜产业链为例［J］．经济地理，2017，37（3）：113-120．

[141] 王玮，曾智涵．地方税收竞争与我国制造业的升级——基于门槛回归的研究［J］．工业技术经济，2020，39（3）：107-115．

[142] 王钰，胡海青．知识产权保护与新创企业绩效——创业导向与社会责任的中介效应［J］．科技进步与对策，2021，38（4）：62-70．

[143] 王泽宇，唐云清，韩增林，等．中国沿海省份海洋船舶产业链韧性测度及其影响因素［J］．经济地理，2022，42（7）：117-125．

[144] 魏福成，邹薇，马文涛，等．税收、价格操控与产业升级的障碍——兼论中国式财政分权的代价［J］．经济学（季刊），2013，12（4）：1491-1512．

[145] 温忠麟，刘红云．中介效应和调节效应方法及应用［M］．北京：教育科学出版社，2020．

[146] 温忠麟，张雷，侯杰泰，等．中介效应检验程序及其应用［J］．心理学报，2004（5）：614-620．

[147] 翁燕珍，钱成济，王志刚．中国政府采购制度发展与改革：德国经验及其启示［J］．郑州航空工业管理学院学报，2013，31（3）：103-108．

[148] 吴超鹏, 唐菂. 知识产权保护执法力度、技术创新与企业绩效——来自中国上市公司的证据 [J]. 经济研究, 2016, 51 (11): 125 – 139.

[149] 吴赐联, 朱斌. 基于熵权 TOPSIS 的创新型城市发展评价及障碍因子诊断——以莆田市为例 [J]. 科技管理研究, 2015 (24): 76 – 81.

[150] 吴福象, 沈浩平. 新型城镇化、基础设施空间溢出与地区产业结构升级 [J]. 财经科学, 2013 (7): 89 – 98.

[151] 吴汉东. 利弊之间: 知识产权制度的政策科学分析 [J]. 法商研究, 2006 (9): 6 – 15.

[152] 吴金明. 产业链形成机制研究——"4 + 4 + 4"模型 [J]. 中国工业经济, 2006 (4): 36 – 43.

[153] 吴晓松. 国家创新体系对企业创新能力和创新绩效的影响机理分析 [D]. 昆明: 昆明理工大学, 2012.

[154] 吴延兵. 中国式分权下的偏向性投资 [J]. 经济研究, 2017, 52 (6): 137 – 152.

[155] 武彰纯. "十四五"时期财税政策支持现代产业的创新驱动体系构建 [J]. 财会月刊, 2022 (9): 144 – 151.

[156] 夏诗园. "双循环"新发展格局下产业链升级机遇、挑战和路径选择 [J]. 当代经济管理, 2022, 44 (5): 65 – 73.

[157] 夏小禾. 美国是如何控制产业链的? [N]. 机电商报, 2020 – 06 – 15.

[158] 肖鹏, 代龙涛. 财政补贴、税收优惠与创新激励: 效应分析与政策启示 [J]. 经济与管理评论, 2023, 39 (5): 21 – 35.

[159] 肖鹏, 黎一璇. 所得税税收减免与企业研发支出关系的协整分析——基于全国 54 个国家级高新区的实证研究 [J]. 中央财经大学学报, 2011 (8): 13 – 17 + 53.

[160] 肖荣美, 霍鹏. 以工业互联网为关键抓手推动制造业产业链现代化 [J]. 长沙大学学报, 2020 (1): 83 – 90.

[161] 肖叶, 刘小兵. 税收竞争促进了产业结构转型升级吗?——基

于总量与结构双重视角［J］. 财政研究，2018（5）：60-74+45.

［162］谢国根，张凌，赵春艳. 财政分权、地方政府竞争与经济高质量发展［J］. 统计与决策，2021，37（5）：124-128.

［163］谢雨奇，张淑翠. 强化制造业产业链现代化的财税政策［J］. 工信财经科技，2021（3）：42-50.

［164］谢贞发，席鹏辉，黄思明. 中国式税收分成激励的产业效应——基于省以下增值税、营业税分成改革实践的研究［J］. 财贸经济，2016（6）：18-34.

［165］邢文妍. 财政透明度对地方财政支出效率的影响分析［J］. 财经问题研究，2020（11）：89-99.

［166］熊磊，胡石其，文泽宙. 分工视角下的产业链形成与演化内在机理研究［J］. 湖南科技大学学报（社会科学版），2018，21（3）：129-134.

［167］徐超，庞雨蒙，刘迪. 地方财政压力与政府支出效率——基于所得税分享改革的准自然实验分析［J］. 经济研究，2020，55（6）：138-154.

［168］徐春华，刘力. 省域居民消费、对外开放程度与产业结构升级——基于省际面板数据的空间计量分析［J］. 国际经贸探索，2013，29（11）：39-52.

［169］徐梅，刘芬. 基于产业结构视角的消费税改革探讨［J］. 财会通讯，2016（1）：14-16.

［170］徐曙娜，任超然，张远. 财政支出结构对我国城市化进程的影响效应研究——基于省级面板数据的实证分析［J］. 上海财经大学学报，2012，14（3）：51-58.

［171］徐艺，陈小兰，秦绪娜. 绿色税收是否能够促进产业结构升级——基于Porter假说的中国证据［J］. 贵州财经大学学报，2022（1）：89-99.

［172］许多奇. 新税制改革与创新驱动发展战略［J］. 中国社会科学，2018（3）：123-145+208.

[173] 严成樑,吴应军,杨龙见. 财政支出与产业结构变迁 [J]. 经济科学, 2016 (1): 5-16.

[174] 杨丹辉,戴魁早,赵西三,等. 推动中国全产业链优化升级 [J]. 区域经济评论, 2021 (2): 5-16.

[175] 杨公朴,夏大慰. 现代产业经济学 [M]. 上海:上海财经大学出版社, 1999.

[176] 杨其静. 分权、增长与不公平 [J]. 世界经济, 2010, 33 (4): 102-120.

[177] 杨其乐. 税收竞争对产业结构升级的影响——基于地区面板门槛模型 [J]. 吉林金融研究, 2022 (8): 5-9.

[178] 杨晓峰. 地方财政支出与产业结构优化的动态关联研究——基于1999-2013年中国省际面板数据模型的分析 [J]. 财贸研究, 2016 (2): 112-136.

[179] 杨晓锋. 地方财政支出与产业结构优化的动态关联研究——基于1999—2013年中国省际面板数据模型的分析 [J]. 财贸研究, 2016, 27 (2): 112-119+136.

[180] 杨依山,李梦涵,杜同爱,等. 内生经济增长理论与模型的界定、发展及其评价 [J]. 山东财政学院学报, 2013 (1): 108-114.

[181] 杨永华. 评林毅夫的新结构经济学:理论、政策和难点 [J]. 产经评论, 2013, 4 (6): 150-157.

[182] 杨志安,李梦涵. 财政分权影响产业结构的机制与效应——基于中国省级面板数据的实证检验 [J]. 工业技术经济, 2019, 38 (11): 115-122.

[183] 杨志安,李梦涵. 财政支出政策影响产业结构升级的作用机制和效应分析——基于中国省级面板数据的系统GMM实证检验 [J]. 辽宁大学学报(哲学社会科学版), 2019 (6): 45-54.

[184] 杨志安,邱国庆. 财政分权与中国经济高质量发展关系——基于地区发展与民生指数视角 [J]. 财政研究, 2019 (8): 27-36.

[185] 杨志勇. 国内税收竞争理论:结合我国现实的分析 [J]. 税务研

究，2003（6）：14-17.

[186] 殷功利. 中国对外开放、要素禀赋结构优化与产业结构升级[J]. 江西社会科学，2018，38（10）：110-114.

[187] 尹振涛，李俊成，杨璐. 金融科技发展能提高农村家庭幸福感吗？——基于幸福经济学的研究视角[J]. 中国农村经济，2021（8）：63-79.

[188] 于斌斌. 生产性服务业集聚如何促进产业结构升级？——基于集聚外部性与城市规模约束的实证分析[J]. 经济社会体制比较，2019（2）：30-43.

[189] 于井远. 税制结构优化与地方财政支出效率[J]. 公共财政研究，2021（6）：48-61+34.

[190] 余永泽，王岳龙，李启航. 财政自主权、财政支出结构与全要素生产率——来自230个地级市的检验[J]. 金融研究，2020（1）：28-44.

[191] 俞俊利，徐汇丰，王亮亮. 地方政府财政支出、官员任命与投资同步性[J]. 管理评论，2020（9）：3-17.

[192] 岳凯，李自磊，张云. 财政支出结构对区域产业结构调整的影响研究——基于PVAR模型的实证分析[J]. 经济问题探索，2019（6）：156-164.

[193] 张波. 日本促进战略性新兴产业发展的财政政策研究[J]. 现代经济信息，2014（6）：336-338.

[194] 张芬. 财政分权对中国经济产业结构的影响[J]. 地方财政研究，2016（5）：76-82.

[195] 张国庆，李卉. 税收增长对产业升级的影响——基于空间计量和面板门槛模型的实证分析[J]. 云南财经大学学报，2019，35（7）：36-48.

[196] 张浩天，李鑫. 财政分权、经济增长与产业结构失衡——基于省级面板数据的实证研究[J]. 经济问题探索，2017（8）：114-119.

[197] 张虎，张毅，韩爱华. 我国产业链现代化的测度研究[J]. 统计

研究，2022，39（11）：3-18.

[198] 张景波．财政支出、对外开放与区域经济高质量发展［J］．经济管理文摘，2021（10）：1-3.

[199] 张莉．中国税制结构对产业结构优化的影响研究［D］．长春：吉林大学，2021.

[200] 张梦霞，郭希璇，李雨花．海外高端消费回流对中国数字化和智能化产业升级的作用机制研究［J］．世界经济研究，2020（1）：107-120.

[201] 张其仔．产业链供应链现代化新进展、新挑战、新路径［J］．山东大学学报（哲学社会科学版），2022（1）：131-140.

[202] 张其仔，许明．实施产业链供应链现代化导向型产业政策的目标指向与重要举措［J］．改革，2022（7）：82-93.

[203] 张倩，邓明．财政分权与中国地区经济增长质量［J］．宏观质量研究，2017，5（3）：1-16.

[204] 张权．公共支出效率促进产业结构升级的实现机制与经验辨识［J］．财贸经济，2018，39（5）：146-159.

[205] 张同斌，高铁梅．财税政策激励、高新技术产业发展与产业结构调整［J］．经济研究，2012（5）：58-70.

[206] 张学升．地方政府税收竞争、技术创新与产业结构升级［J］．财政科学，2021（5）：46-55.

[207] 张晏，龚六堂．分税制改革、财政分权与中国经济增长［J］．经济学（季刊），2005（4）：76-109.

[208] 张仪华，陶梦琦，王园．政府财政支出对产业结构转型升级的影响［J］．绥化学院学报，2022，42（2）：9-12.

[209] 张轶群，杜传忠．基于大数据的产业链演变研究［J］．人文杂志，2020（4）：38-47.

[210] 张迎红．美德英工业战略比较及对中国的影响［J］．德国研究，2019，34（4）：4-20.

[211] 张治栋，黄钱利．产业集聚对产业结构升级的影响——基于空

间计量和面板门槛模型的实证分析[J].当代经济管理,2021(2):57-64.

[212] 赵更申,陈金贤,李垣.组织柔性对企业创新方式选择的影响研究[J].科技进步与对策,2007,24(6):87-90.

[213] 赵红岩.基于全球视角的区域产业链整合对策[J].社会科学,2007(2):16-21.

[214] 赵景峰,王延荣.高新技术企业创新文化特征与创新绩效关系实证研究[J].管理世界,2011(12):184-185.

[215] 赵楠,高娜.财政政策支持产业结构升级的策略研究[J].云南民族大学学报(哲学社会科学版),2014(2):131-135.

[216] 赵向豪,胡蝶.财政分权、产业结构与绿色全要素生产率——基于2005—2019年京津冀13个城市数据的实证分析[J].财会研究,2022(11):4-11.

[217] 中国社会科学院工业经济研究所课题组.提升产业链供应链现代化水平路径研究[J].中国工业经济,2021(2):80-98.

[218] 仲颖佳,孙攀,高照军.基于时空数据的财政政策对产业结构升级的影响研究——来自281个城市的经验证据[J].软科学,2020,34(10):56-62.

[219] 周彬,邬娟.财政分权视角下的地方政府科技投入[J].中南财经政法大学学报,2015(4):66-74.

[220] 周波.中国财政政策规则及其体制稳定性分析[J].数量经济技术经济研究,2012,29(2):84-99.

[221] 周光亮.财政分权、地方政府投资和产业结构调整——来自中国的经验[J].经济问题,2012(1):24-26.

[222] 周静.全球产业链演进模式研究[J].上海行政学院学报,2016(3):79-87.

[223] 周霞,谌一璠,王雯童.知识产权保护水平、区域创新与产业升级[J].统计与决策,2022,38(16):168-171.

[224] 周宇,惠宁,代丹.制造业的财税政策支持体系:基于美欧与

日本模式的经验与启示［J］．山西师大学报（社会科学版），2021，48（4）：65-72．

［225］周宇，袁欣融．财税激励企业技术创新效应：基于高新技术企业减税降费［J］．山西师大学报（社会科学版），2024，51（1）：41-51．

［226］朱斌．企业主流与新浪创新协同演进：理论与实践［M］．北京：社会科学文献出版社，2022：3．

［227］朱德云，王鸿梓．税收竞争与财政支出竞争对区域科技创新效率的影响——基于产业结构升级的门槛效应检验［J］．现代财经，2023，43（1）：86-102．

［228］朱欢．中国金融发展对企业技术创新的效应研究［D］．徐州：中国矿业大学，2012．

［229］庄晋财，卢文秀，华贤宇．产业链空间分置与特色小镇产业培育［J］．学习与实践，2018（8）：36-43．

［230］邹璇．财政税收的产业结构优化效应研究——基于行业与区域视角的经验分析［J］．哈尔滨商业大学学报，2018（2）：3-18．

［231］佐贯利雄．日本经济的结构分析［M］．沈阳：辽宁人民出版社，1988．

［232］Acemoglu D，Akcigitz U，Celik M A．Radical and incremental innovation：The roles of firms，managers and innovators［R］．NBER Working Paper，2020．

［233］Aghion P，Bloom N，Blundell R，et al．Competition and innovation：An inverted relationship［J］．Quarterly Journal of Economics，2005，120（2）：701-728．

［234］Aghion P，Démous H，Kharroubi E．Cyclical fiscal policy，credit constraints，and industry growth［J］．Journal of Monetary Economics，2014，62（1）：41-58．

［235］Aghion P，Howitt P．A model of growth through creative destruction［J］．Econometrica，1992，60（2）：323-351．

［236］Arikan G G．Fiscal decentralization：A remedy for corruption？［J］．

International Tax & Public Finance, 2004, 11 (2): 175-195.

[237] Arrow K J. The economic implications of learning by doing [J]. Review of Economic Studies, 1962, 62 (2): 323-351.

[238] Atuahene-Gima K. The effects of centrifugal and centripetal forces on product development speed and quality: How does problem solving matter [J]. Academy of Management Journal, 2003, 46 (3): 359-373.

[239] Baldwin C Y, Clark K B. Managing in an age of modularity [J]. Harvard Business Review, 1997, 75 (5): 84-93.

[240] Baldwin R, Krugman P. Agglomeration, integration and tax harmonization [J]. European Economic Review, 2004, 48 (1): 1-23.

[241] Barakat A. The impact of financial structure, financial leverage and profitability on industrial companies shares value (applied study on a sample of saudi industrial companies) [J]. Geological Quarterly, 2014, 58 (1): 145-162.

[242] Barclay A. The impact of financial structure, financial leverage and profitability on industrial companies shares value (applied study on a sample of saudi industrial companies) [J]. Research Journal of Finance and Accounting, 2014, 5 (1): 55-66.

[243] Baron R M, Kenny D A. The moderator-mediator variable distinction in social psychological research: Conceptual, strategic and considerations [J]. Journal of Personality and Social Psychology, 1986, 51 (6): 1173-1182.

[244] Chowdhurya R H, Min M. Financial market development and the effectiveness of R&D investment: Evidence from developed and emerging countries [J]. Research in International Business & Finance, 2012, 26 (2): 258-272.

[245] Czarnitzki D, Hanel P, Julio M R. Evaluating the impact of R&D tax credits on innovation: A micro econometric study on Canadian firms [J]. Research Policy, 2011, 40 (2): 217-229.

[246] Damanpour F, Gopalakrishnan S. Dynamics of the adoption of product and process innovations in organizations [J]. Journal of Management Studies,

2001, 38 (1): 45-65.

[247] Darrat Ali F. Are financial deepening and economic growth causally related? Another look at the evidence [J]. International Economic Journal, 1999, 13 (3): 19-35.

[248] Elheddad M, Djellouli N, Tiwari A K, et al. The relationship between energy consumption and fiscal decentralization and the importance of urbanization: Evidence from Chinese provinces [J]. Journal of Environmental Management, 2020, 264 (2): 47-62.

[249] Federal Ministry for Economic Affairs and Energy. National industrial strategy 2030: strategic guidelines for a german and European industrial policy [R]. 2019: 9.

[250] Feldman M P, Bell M, Martin B, et al. The exante assessment of knowledge spillovers: Government R&D policies, economic incentives and private firm behavior [J]. Research Policy, 2006 (10): 1509-1521.

[251] Gemmell N, Kneller R, McGowan D et al. Corporate taxation and productivity catch-up: Evidence from European firms [J]. The Scandinavian Journal of Economics, 2018, 120 (2): 372-399.

[252] Gentry W, Hubbard R G. Tax policy and entrepreneurial entry [J]. American Economic Review Papers and Proceedings, 2000, 90 (2): 83-287.

[253] Gereffi G. Shifting govemance structures in global commodity chains with special reference to the internet [J]. American Behavior Scientist, 2001, 44 (10): 1616-1637.

[254] Grabowski W, Pamukcu T, Szczygielski K, et al. Does government support for private innovation matter? Firm-level evidence from two catching-up countries [J]. Research Policy, 2017, 46 (1): 219-237.

[255] Hausmann R, Hwang J, Rodrik D. What you export matters [J]. Journal of Economic Growth, 2007, 12 (1): 1-25.

[256] Hirschman A O. The strategy of economic development [M]. New Haven: Yale University Press, 1958.

[257] Hong, Xue, Anita, et al. The global value chain [J]. Critical Asian Studies, 2013 (1): 72-80.

[258] Huber B. Tax competition and tax coordination in an optimum income tax model [J]. Journal of Public Economics, 1999, 71 (3): 441-458.

[259] Jia J, Guo Q, Zhang J. Fiscal decentralization and local expenditure policy in China [J]. China Economic Review, 2014, 28 (1): 107-122.

[260] Kaplinsky R. Globalization and unequalisation: What can be learned from value chain analysis? [J]. Journal of Development Studies, 2000, 37 (2): 117-146.

[261] Krugman P. Growing world trade [J]. Brookings Papers on Economic Activity, 1995 (1): 327-377.

[262] Krugman, P. Increasing returns and economic geography [J]. Journal of Political Economy, 1991, 99 (3): 483-499.

[263] Laura Vartia. How do taxes affect investment and productivity? An industry-level analysis of OECD countries [R]. OECD Economics Department Working Papers, 2008.

[264] Lawrence R Z, Weinstein D E. Trade and growth: Import-led or export-led? Evidence from Japan and Korea [R]. NBER Working Paper, 1999: 7264.

[265] Lee C Y. The differential effects of public R&D support on firm R&D: Theory and evidence from multi-country data [J]. Technovation, 2011, 31 (5): 256-269.

[266] Leontief W W. Input-output economics [J]. Scientific American, 1951, 185 (4): 1-3.

[267] Lichtenstein F R. The effect of government funding on private industrial research and development: A reassessment [J]. Journal of Industrial Economics, 1987, 36 (1): 97-104.

[268] Lucas R E. On the mechanics of economic development [J]. Journal of Monetary Economics, 1988 (22): 3-42.

[269] Marshall A. Principles of economics [M]. London: Macmillan, 1920: 1877-1890.

[270] Martinez-Vazquez J, Lago-Peñas S, Sacchi A. The impact of fiscal decentralization: A survey [J]. Journal of Economic Surveys, 2017, 31 (4): 1941-1956.

[271] Miller R E, Temurshoev U. Output upstreamness and input downstreamness of industries/countries in world production [J]. International Regional Science Review, 2017, 40 (5): 443-475.

[272] Mukherjee A, Singh M, Zaldokas A. Do corporate taxes hinder innovation? [J]. Journal of Financial Economics, 2017, 124 (1): 195-221.

[273] Oates W E. Fiscal federalism [M]. New York: Harcourt-Brace Jovanovich, 1972.

[274] Okazaki T. Market failures and public policy [J]. Journal of Public Economics, 1996, 2 (4): 27-41.

[275] Otsuka A, Goto M. Regional policy and the productive efficiency of Japanese industries [J]. Regional Studies, 2015, 49 (4): 518-531.

[276] Pauly M V. Income redistribution in a common labor market [J]. Journal of Public Economics, 1973, 2 (1): 35-58.

[277] Porter M. Competitive advantage [M]. New York: The Free Press, 1985.

[278] Romer P M. Increasing returns and long-run growth [J]. Journal of Political Economy, 1986, 94 (5): 1002-1037.

[279] Salvino R F, Randolph G M, Turnbull G K, et al. The effects of decentralization on special interest groups [J]. Public Choice, 2019, 181 (3-4): 191-213.

[280] Souitaris V. External communication determinants of innovation in the context of a newly industrialized country: A comparison of objective and perceptual results from Greece [J]. Technovation, 2001, 21 (1): 25-34.

[281] Tanzi V, Zee H. Fiscal policy and long-run growth [J]. IMF Work-

ing Papers, 1996, 96 (119): 179 – 209.

[282] The Federal Government of Germany. The high-tech strategy 2025 progress report [R]. 2018: 7.

[283] Wahab M. Asymmetric output growth effects of government spending: Cross-sectional and panel data evidence [J]. International Review of Economics and Finance, 2011, 20 (4): 574 – 590.

[284] Wang Z, Wei S J, Yu X, et al.. Characterizing global value chains: Production length and upstreamness [C]. NBER Working Papers, 2017: 23261.

[285] Wernerfelt B. A resource-base view of the firm [J]. Strategic Management Journal, 1984, 5 (2): 171 – 180.

[286] Winter S G. Understanding dynamic capabilities [J]. Strategic Management Journal, 2003, 24 (10): 991 – 995.

[287] Young A. Learning by doing and the dynamic effects of international trade [J]. Quarterly Journal of Economics, 1991, 106 (2): 369 – 405.

[288] Zahra S A, George G. Absorptive capacity: A review, reconceptualization, and extension [J]. The Academy of Management Review, 2002, 27 (2): 185 – 203.

[289] Zhang T, Zou H F. Fiscal decentralization, public spending, and economic growth in China [J]. Journal of Public Economics, 1998, 67 (2): 221 – 240.

附录1

2014~2020年28个地区产业链现代化指标原始数值

地区	年份	基础创新能力					高端引领能力				
		R&D经费投入/工业增加值(%)	地区R&D机构数量+高科技企业数(个)	R&D人员折合全时当量(人年)	规模以上工业企业有效发明专利数(项)	规模以上工业企业新产品开发项目数(项)	高技术产业新产品销售收入/地区GDP(%)	高技术产业发明专利授权量(项)	高技术产业新产品出口技术复杂度	高技术产业新产品出口总额(万元)	开展创新活动企业数占比(%)
北京	2014	5.53	1197	97130	18721	12259	0.081	5845	0.092	3626776	41.35
	2015	5.59	1194	97988	23749	10580	0.064	5305	0.041	1400824	40.89
	2016	5.49	1191	99099	28290	10304	0.065	4114	0.056	1832618	41.81
	2017	5.29	1188	102538	34497	10490	0.059	4715	0.046	1702187	39.97
	2018	5.65	1181	105812	42851	11010	0.061	5013	0.091	4245496	41.37
	2019	6.31	1236	108309	48656	12142	0.062	6332	0.118	5575617	44.92
	2020	6.44	1269	100138	55261	13188	0.069	7180	0.208	8780712	42.84
天津	2014	4.37	643	9862	12263	13213	0.177	2243	0.279	9238679	44.69
	2015	4.69	651	10063	17422	9800	0.161	1705	0.266	8587208	42.13
	2016	4.68	594	10517	22021	10767	0.139	1547	0.246	6853332	47.26
	2017	3.68	554	12333	22346	11373	0.097	1349	0.210	5763777	36.99
	2018	3.68	513	8552	23407	11797	0.081	1069	0.194	5977714	38.37
	2019	3.28	548	9120	20856	12714	0.059	1297	0.124	3423528	38.10
	2020	3.44	609	36540	24945	14449	0.067	2315	0.130	3628647	34.04

附录1

2014~2020年28个地区产业链现代化指标原始数值

续表

地区	年份	基础创新能力					高端引领能力				
		R&D经费投入/工业增加值（%）	地区R&D机构数量+高科技企业数（个）	R&D人员折合全时当量（人年）	规模以上工业企业有效发明专利数（项）	规模以上工业企业新产品开发项目数（项）	高技术产业新产品销售收入/地区GDP（%）	高技术产业发明专利授权量（项）	高技术产业新产品出口技术复杂度	高技术产业新产品出口总额（万元）	开展创新活动企业数占比（%）
河北	2014	1.24	633	8221	4999	8024	0.011	654	0.009	195479	39.67
	2015	1.33	712	8757	7740	7489	0.013	652	0.021	429461	39.04
	2016	1.35	713	9236	13074	8428	0.014	709	0.036	697094	40.31
	2017	1.48	722	9627	14750	10238	0.016	696	0.037	734566	37.77
	2018	1.54	725	10560	18762	11449	0.016	719	0.053	1125828	34.51
	2019	1.61	744	10916	21487	14913	0.018	2395	0.070	1517910	39.84
	2020	1.75	821	42131	28135	20229	0.020	1385	0.073	1675019	39.55
山西	2014	1.26	297	4149	3505	2426	0.005	194	0.004	21976	27.88
	2015	1.12	305	4292	4468	1910	0.006	134	0.004	19843	27.87
	2016	1.11	298	4200	5350	2206	0.004	121	0.011	66839	27.89
	2017	1.02	314	4669	6567	3119	0.012	120	0.009	60143	27.85
	2018	1.10	328	5135	7917	3913	0.011	163	0.040	312842	26.85
	2019	1.12	323	4749	8619	4778	0.016	165	0.157	1154486	32.58
	2020	1.20	360	16612	10218	6539	0.018	322	0.151	1213176	32.32
内蒙古	2014	1.00	192	2446	1660	1570	0.001	34	0.006	23315	25.55
	2015	1.05	204	2881	2175	1228	0.003	60	0.062	220839	26.14
	2016	1.07	207	2843	3103	1509	0.006	50	0.015	41206	24.96
	2017	0.89	197	3032	3837	1606	0.010	520	0.036	112010	27.32
	2018	0.80	185	3281	3909	1686	0.013	152	0.096	348923	28.26
	2019	0.86	186	3221	5491	1996	0.002	413	0.001	3218	31.83
	2020	0.93	197	11546	5799	2527	0.003	256	0.018	56983	28.56
辽宁	2014	2.17	853	12993	9055	8857	0.018	1371	0.006	211942	24.48
	2015	1.80	765	12945	10372	5494	0.018	1407	0.006	180383	25.95
	2016	1.83	618	13736	14188	6910	0.022	1376	0.013	348273	23.00

续表

地区	年份	基础创新能力				高端引领能力				
		R&D经费投入/工业增加值（%）	地区R&D机构数量+高科技企业数（个）	R&D人员折合全时当量（人年）	规模以上工业企业有效发明专利数（项）	规模以上工业企业新产品开发项目数（项）	高技术产业新产品销售收入/地区GDP（%）	高技术产业发明专利授权量（项）	高技术产业新产品出口技术复杂度	高技术产业新产品出口总额（万元）	开展创新活动企业数占比（%）
辽宁	2017	1.98	617	14298	19028	8228	0.021	1635	0.020	567484	28.90
	2018	1.96	491	12574	21089	9876	0.024	1510	0.016	485916	27.97
	2019	2.04	526	13082	22848	12212	0.013	1377	0.015	416809	33.10
	2020	2.19	584	40461	28788	14329	0.015	1423	0.018	431983	31.61
吉林	2014	1.31	504	7658	1884	2356	0.013	329	0.021	77235	24.86
	2015	1.41	515	7349	2649	2548	0.013	212	0.025	73161	24.33
	2016	1.34	548	7618	3395	2470	0.018	235	0.053	139444	25.38
	2017	1.17	498	7292	3518	2791	0.013	224	0.032	90354	23.29
	2018	1.02	450	7556	4612	2842	0.012	414	0.054	168151	26.58
	2019	1.27	414	7755	4853	3511	0.013	371	0.058	170909	32.68
	2020	1.30	425	9280	6696	3741	0.013	465	0.076	200986	30.65
黑龙江	2014	1.33	360	7439	3052	3624	0.006	581	0.003	29132	23.97
	2015	1.35	351	6988	3351	2760	0.007	564	0.006	31165	24.27
	2016	1.28	328	6124	4716	2677	0.008	633	0.134	424421	23.67
	2017	1.19	312	6885	5760	3252	0.006	387	0.011	35562	24.87
	2018	1.05	297	6354	4708	3036	0.003	231	0.001	3258	24.95
	2019	1.08	282	5942	6232	3658	0.014	389	0.001	3079	29.99
	2020	1.26	321	9880	8260	4501	0.012	411	0.004	13400	31.11
上海	2014	3.41	1141	29343	27540	18927	0.037	5667	0.027	3596018	36.35
	2015	3.48	1157	29432	30815	14378	0.039	5464	0.040	4880085	36.60
	2016	3.51	1125	28775	37513	15046	0.038	5426	0.046	5278473	36.11
	2017	3.66	1141	29331	43416	16121	0.036	5795	0.048	5886005	37.10
	2018	3.77	1155	29055	47940	18259	0.039	5136	0.045	5883229	37.86
	2019	4.00	1242	31311	53559	20836	0.042	6174	0.046	5739037	39.74
	2020	4.17	1325	91334	62147	22755	0.041	6818	0.055	6925178	36.86

附录1
2014~2020年28个地区产业链现代化指标原始数值

续表

地区	年份	基础创新能力					高端引领能力				
		R&D经费投入/工业增加值（%）	地区R&D机构数量+高科技企业数（个）	R&D人员折合全时当量（人年）	规模以上工业企业有效发明专利数（项）	规模以上工业企业新产品开发项目数（项）	高技术产业新产品销售收入/地区GDP（%）	高技术产业发明专利授权量（项）	高技术产业新产品出口技术复杂度	高技术产业新产品出口总额（万元）	开展创新活动企业数占比（%）
江苏	2014	2.55	4996	23463	73252	62306	0.108	10773	0.156	33581148	49.48
	2015	2.53	5045	23652	85485	57204	0.110	10403	0.168	35793375	48.90
	2016	2.62	5142	24032	117912	64029	0.118	11881	0.200	40260182	50.06
	2017	2.63	5072	26578	140346	69653	0.103	12602	0.131	30001061	47.74
	2018	2.69	5000	26412	176120	80921	0.095	14495	0.130	33174262	48.77
	2019	2.79	5239	27310	180893	95797	0.089	18235	0.174	43323934	55.46
	2020	2.93	6103	255306	224512	102826	0.114	22962	0.214	53501037	48.90
浙江	2014	2.27	2539	5610	28235	51466	0.052	4423	0.029	5047064	47.25
	2015	2.32	2704	7133	31642	55123	0.062	4775	0.034	5908125	47.22
	2016	2.39	2696	7066	38661	63124	0.068	5703	0.041	6945341	47.29
	2017	2.42	2788	7839	49158	72083	0.065	5791	0.044	7865851	47.15
	2018	2.49	2882	8908	62341	87445	0.069	7952	0.042	8415288	48.18
	2019	2.68	3245	8761	75770	110063	0.074	9886	0.046	9648577	51.86
	2020	2.88	3719	164093	93159	133346	0.088	11298	0.060	13737408	51.43
安徽	2014	1.75	1140	9425	21667	18185	0.024	2302	0.026	515584	42.45
	2015	1.81	1300	10059	28568	17025	0.037	3173	0.082	1671325	42.77
	2016	1.81	1498	11628	41791	19920	0.042	3279	0.109	1953505	42.13
	2017	1.90	1527	10891	49810	22904	0.048	4258	0.162	3125047	43.40
	2018	1.91	1553	11255	56296	25728	0.053	4276	0.302	6884488	44.04
	2019	2.03	1557	11001	54798	27734	0.052	4549	0.142	3611740	49.54
	2020	2.28	1798	67744	70467	32863	0.063	6368	0.259	7444324	50.84
福建	2014	1.42	898	3854	9176	10736	0.047	2130	0.062	4453749	38.65
	2015	1.47	944	4091	12424	9737	0.046	2266	0.103	7298121	38.74
	2016	1.53	960	4305	18514	11833	0.053	2681	0.128	8386746	38.57

续表

地区	年份	基础创新能力					高端引领能力				
		R&D经费投入/工业增加值（%）	地区R&D机构数量+高科技企业数（个）	R&D人员折合全时当量（人年）	规模以上工业企业有效发明专利数（项）	规模以上工业企业新产品开发项目数（项）	高技术产业新产品销售收入/地区GDP（%）	高技术产业发明专利授权量（项）	高技术产业新产品出口技术复杂度	高技术产业新产品出口总额（万元）	开展创新活动企业数占比（%）
福建	2017	1.60	1031	4747	24222	14971	0.047	3200	0.112	7411695	38.90
	2018	1.66	1102	5158	29543	18067	0.051	3794	0.112	8174507	39.63
	2019	1.78	1281	5464	34668	22275	0.052	4525	0.108	8208995	39.90
	2020	1.92	1325	70098	44702	27029	0.051	5491	0.119	9140708	40.68
江西	2014	0.98	910	5203	3383	5139	0.021	976	0.022	445632	37.38
	2015	1.03	1041	5361	4765	4635	0.025	1030	0.030	627607	37.52
	2016	1.13	1181	5577	6993	8371	0.031	807	0.034	646283	37.24
	2017	1.27	1299	5643	10806	11689	0.033	1084	0.043	887606	37.81
	2018	1.37	1419	5534	11878	15614	0.045	1705	0.080	1708702	38.75
	2019	1.55	1615	5585	13328	20589	0.073	1905	0.177	4028109	42.94
	2020	1.68	1893	41128	18715	23138	0.091	2435	0.225	5971932	42.32
山东	2014	2.57	2331	11788	26122	34050	0.038	4745	0.036	3239689	38.77
	2015	2.58	2486	11881	33785	28306	0.049	6998	0.052	4703819	39.37
	2016	2.67	2411	13095	45917	32952	0.050	8926	0.070	6003662	38.17
	2017	2.78	2291	13220	56076	38273	0.053	11370	0.073	6807311	40.57
	2018	2.47	2167	13908	63496	40440	0.036	11961	0.040	3999561	37.69
	2019	2.10	1748	12569	67896	44196	0.028	5992	0.022	2271762	42.67
	2020	2.30	1908	136189	78926	59946	0.033	6724	0.029	3504502	43.81
河南	2014	1.16	1187	11263	8497	11341	0.068	780	0.855	21212843	30.53
	2015	1.17	1295	10958	11305	9780	0.078	883	0.973	26387233	30.83
	2016	1.23	1383	10801	15863	10385	0.071	1108	0.953	25697372	30.24
	2017	1.30	1314	10858	19457	13058	0.075	1379	0.999	29587335	31.41
	2018	1.34	1240	10954	23857	16230	0.073	1406	0.940	31836217	34.03
	2019	1.46	1221	11175	30245	19035	0.045	1574	0.550	18782553	37.83
	2020	1.64	1316	79617	36500	22244	0.053	1855	0.613	22912100	37.00

附录1
2014～2020年28个地区产业链现代化指标原始数值

续表

地区	年份	基础创新能力					高端引领能力				
		R&D经费投入/工业增加值（％）	地区R&D机构数量+高科技企业数（个）	R&D人员折合全时当量（人年）	规模以上工业企业有效发明专利数（项）	规模以上工业企业新产品开发项目数（项）	高技术产业新产品销售收入/地区GDP（％）	高技术产业发明专利授权量（项）	高技术产业新产品出口技术复杂度	高技术产业新产品出口总额（万元）	开展创新活动企业数占比（％）
湖北	2014	1.81	1058	15088	12444	11678	0.024	1853	0.020	338225	37.42
	2015	1.85	1171	15326	16965	8934	0.027	2550	0.027	494394	38.19
	2016	1.80	1186	14737	23972	10450	0.025	3879	0.057	941535	36.64
	2017	1.88	1216	13661	25568	12460	0.025	3961	0.064	1234361	39.75
	2018	1.96	1242	13471	32421	15372	0.038	5023	0.065	1387284	43.30
	2019	2.09	1331	12055	38000	17737	0.041	8764	0.104	2362684	47.37
	2020	2.31	1447	78765	49197	20290	0.045	8327	0.124	3053060	45.00
湖南	2014	1.42	1032	7684	14415	9758	0.034	1395	0.181	2279658	42.01
	2015	1.45	1085	7914	19087	6402	0.040	1765	0.264	3177405	42.12
	2016	1.52	1150	6667	22315	7632	0.043	1853	0.161	1790248	41.89
	2017	1.68	1262	6970	26697	10204	0.039	1971	0.129	1879861	42.35
	2018	1.81	1375	7268	33659	15020	0.029	2831	0.157	3023272	45.99
	2019	1.98	1486	7186	39642	21343	0.029	3111	0.118	3300719	50.90
	2020	2.15	1764	73610	39805	26253	0.036	3407	0.129	3895975	49.15
广东	2014	2.35	6063	12648	126936	49177	0.159	34510	0.139	56388354	38.03
	2015	2.41	6383	13336	177047	43456	0.165	32366	0.136	55026909	39.52
	2016	2.48	6772	14101	236918	66843	0.189	39879	0.176	66540147	36.55
	2017	2.56	7747	14466	289238	103149	0.204	48148	0.199	77916109	42.48
	2018	2.71	8707	15445	328467	121523	0.209	59216	0.163	66385871	43.83
	2019	2.88	9729	18240	375515	146954	0.204	74083	0.190	75366320	48.96
	2020	3.14	10859	303010	435509	166140	0.211	71947	0.222	87892522	47.30
广西	2014	0.82	417	4414	2670	3328	0.006	212	0.004	54471	30.43
	2015	0.72	433	4168	3731	2781	0.006	214	0.007	123707	29.86
	2016	0.73	436	4395	6010	3217	0.007	270	0.022	315965	31.00

续表

地区	年份	基础创新能力					高端引领能力				
		R&D经费投入/工业增加值（%）	地区R&D机构数量+高科技企业数（个）	R&D人员折合全时当量（人年）	规模以上工业企业有效发明专利数（项）	规模以上工业企业新产品开发项目数（项）	高技术产业新产品销售收入/地区GDP（%）	高技术产业发明专利授权量（项）	高技术产业新产品出口技术复杂度	高技术产业新产品出口总额（万元）	开展创新活动企业数占比（%）
广西	2017	0.80	456	4574	6557	3232	0.007	284	0.029	515888	28.73
	2018	0.74	468	4401	6846	3444	0.009	390	0.047	973599	28.50
	2019	0.79	473	4462	8176	4846	0.009	313	0.035	830367	34.37
	2020	0.78	561	13722	8667	6502	0.008	288	0.042	1043077	31.66
海南	2014	0.49	79	904	1217	843	0.004	330	0.000	50	36.11
	2015	0.45	79	1199	1378	500	0.003	206	0.000	150	36.08
	2016	0.53	80	1784	1657	512	0.002	192	0.001	1400	36.13
	2017	0.51	82	1956	1656	549	0.005	113	0.001	2795	36.03
	2018	0.55	84	2076	1258	706	0.002	87	0.001	1407	35.51
	2019	0.56	88	2266	1501	835	0.002	64	0.001	3870	36.67
	2020	0.66	91	1344	1875	1018	0.003	70	0.005	13509	32.71
重庆	2014	1.38	487	3321	6272	8580	0.031	609	0.066	2627871	37.27
	2015	1.54	588	4283	6328	7352	0.082	942	0.260	9025577	37.61
	2016	1.68	715	5059	8585	9243	0.061	1012	0.217	5563185	36.92
	2017	1.82	718	5032	12472	11227	0.090	1216	0.431	11569703	38.30
	2018	1.90	726	9389	17579	12812	0.057	1927	0.198	6416932	41.30
	2019	1.99	778	10183	18281	14274	0.056	1904	0.213	7204178	45.06
	2020	2.11	844	38556	20650	16907	0.069	2023	0.262	9974107	42.79
四川	2014	1.56	1083	30264	15893	13374	0.034	3185	0.019	543028	37.93
	2015	1.66	1170	31863	17601	6971	0.033	3097	0.024	504857	38.27
	2016	1.69	1277	33545	24065	8846	0.032	3733	0.024	427144	37.59
	2017	1.68	1364	35889	32598	11583	0.038	4534	0.026	622272	38.95
	2018	1.72	1438	36675	35959	13962	0.027	5094	0.048	1522755	40.45
	2019	1.87	1582	39091	39658	17648	0.034	5309	0.073	2595384	42.87
	2020	2.17	1737	66928	42114	22133	0.037	6823	0.073	3091736	41.43

附录 1
2014~2020 年 28 个地区产业链现代化指标原始数值

续表

地区	年份	基础创新能力					高端引领能力				
		R&D经费投入/工业增加值（%）	地区R&D机构数量+高科技企业数（个）	R&D人员折合全时当量（人年）	规模以上工业企业有效发明专利数（项）	规模以上工业企业新产品开发项目数（项）	高技术产业新产品销售收入/地区GDP（%）	高技术产业发明专利授权量（项）	高技术产业新产品出口技术复杂度	高技术产业新产品出口总额（万元）	开展创新活动企业数占比（%）
贵州	2014	0.60	272	2956	3146	1802	0.012	819	0.001	7209	35.20
	2015	0.59	307	2987	4096	1623	0.009	628	0.001	3718	34.83
	2016	0.62	412	2984	5411	2231	0.012	599	0.006	18441	35.58
	2017	0.70	479	3601	6805	2537	0.012	843	0.011	40681	34.08
	2018	0.79	552	3981	6544	3102	0.014	994	0.007	21363	35.02
	2019	0.86	504	4037	7740	4235	0.011	849	0.017	51831	42.71
	2020	0.91	475	14257	8487	4993	0.014	971	0.008	32159	39.38
云南	2014	0.61	258	6253	2865	2123	0.004	222	0.002	25680	40.63
	2015	0.73	287	7210	4605	2503	0.003	207	0.002	20570	40.84
	2016	0.81	327	7270	5880	3834	0.003	240	0.003	23533	40.42
	2017	0.85	352	7611	6510	4208	0.005	188	0.005	37275	41.26
	2018	0.90	369	7401	6466	4150	0.005	211	0.007	54503	39.06
	2019	0.95	368	7369	10131	5661	0.005	200	0.008	72247	42.83
	2020	1.00	394	17554	9515	5532	0.016	257	0.003	44257	39.56
陕西	2014	2.11	548	29328	6675	6684	0.017	1202	0.068	600640	38.63
	2015	2.20	586	29500	7506	4434	0.020	1047	0.081	759283	38.64
	2016	2.20	631	28976	11520	4506	0.025	1200	0.016	155898	38.62
	2017	2.15	665	30190	14806	5093	0.022	1399	0.010	160244	38.66
	2018	2.22	698	29730	16892	6103	0.016	1469	0.013	251531	38.42
	2019	2.27	786	31413	18774	7595	0.024	2006	0.024	419560	41.67
	2020	2.42	852	37042	21932	9810	0.021	2458	0.012	216529	37.80
甘肃	2014	1.18	224	6414	1265	1817	0.006	142	0.029	98734	36.05
	2015	1.26	232	6691	1884	1291	0.008	86	0.049	177655	36.22
	2016	1.26	227	6570	2427	1222	0.009	113	0.070	179125	35.88

续表

地区	年份	基础创新能力					高端引领能力				
		R&D经费投入/工业增加值(%)	地区R&D机构数量+高科技企业数(个)	R&D人员折合全时当量(人年)	规模以上工业企业有效发明专利数(项)	规模以上工业企业新产品开发项目数(项)	高技术产业新产品销售收入/地区GDP(%)	高技术产业发明专利授权量(项)	高技术产业新产品出口技术复杂度	高技术产业新产品出口总额(万元)	开展创新活动企业数占比(%)
甘肃	2017	1.20	226	6488	2796	1209	0.013	123	0.348	375380	36.56
	2018	1.20	223	6292	3208	1279	0.012	157	0.345	479850	36.34
	2019	1.26	207	6500	3413	1458	0.008	108	0.315	378045	38.06
	2020	1.22	222	6772	4017	1565	0.009	97	0.426	332308	36.41
宁夏	2014	0.96	45	525	675	1049	0.007	61	0.002	4847	39.06
	2015	0.99	52	543	908	981	0.018	49	0.025	47076	39.60
	2016	1.08	53	588	1248	1102	0.023	90	0.083	130057	38.53
	2017	1.22	58	620	1633	1194	0.019	65	0.068	157210	40.66
	2018	1.30	61	644	2282	1350	0.032	85	0.033	57559	37.54
	2019	1.45	67	648	2777	1448	0.030	92	0.052	71055	41.85
	2020	1.52	65	4583	3126	1777	0.034	130	0.096	75386	42.24

地区	年份	协同创新能力					产业支撑与控制力				
		规模以上工业企业R&D经费外部支出总额(万元)	规模以上企业开展产品或工艺创新合作占比(%)	科研机构与高校R&D经费来自企业资金的占比(%)	技术开发、转让、咨询、服务费用/制造业增加值(%)	区域技术市场成交额/地区GDP(%)	高铁和高速公路总里程/区域土地总面积(千米/百平方千米)	规模以上工业利润总额/个数(亿元/个)	制造业行业增加值/城镇就业人数(亿元/万人)	制定创新战略目标的企业占全部企业的比重(%)	规模以上工业企业技术获取、技术改造费用(万元)
北京	2014	289620	15.34	0.31	0.05	0.14	14.02	0.411	4.66	55.28	996303
	2015	293960	16.19	0.30	0.05	0.14	14.02	0.450	4.45	55.79	841439
	2016	257791	17.08	0.33	0.06	0.15	14.02	0.482	4.59	54.76	1026099
	2017	371840	18.02	0.33	0.06	0.15	14.02	0.626	4.78	56.83	1082819
	2018	340235	19.27	0.33	0.07	0.15	14.63	0.479	5.05	58.52	1089498
	2019	289539	18.77	0.31	0.09	0.16	15.84	0.548	5.36	58.82	635315
	2020	398971	18.85	0.35	0.09	0.17	15.84	0.571	5.70	56.41	886293

附录 1
2014~2020 年 28 个地区产业链现代化指标原始数值

续表

地区	年份	协同创新能力					产业支撑与控制力				
		规模以上工业企业R&D经费外部支出总额（万元）	规模以上企业开展产品或工艺创新合作占比（%）	科研机构与高校R&D经费来自企业资金的占比（%）	技术开发、转让、咨询、服务总费用/制造业增加值（%）	区域技术市场成效额/地区GDP（%）	高铁和高速公路总里程/区域土地总面积（千米/百平方千米）	规模以上工业利润总额/个数（亿元/个）	制造业行业增加值/城镇就业人数（亿元/万人）	制定创新战略目标的企业占全部企业的比重（%）	规模以上工业企业技术获取、技术改造费用（万元）
天津	2014	132039	19.49	0.44	0.03	0.04	17.55	0.411	13.44	48.46	583939
	2015	174782	17.96	0.36	0.03	0.05	17.55	0.402	12.94	49.15	435576
	2016	182092	16.55	0.35	0.03	0.05	19.22	0.393	13.19	47.77	353031
	2017	131960	15.25	0.31	0.03	0.04	19.22	0.248	14.63	50.52	442012
	2018	115181	16.10	0.29	0.03	0.05	20.89	0.280	16.45	52.90	533484
	2019	149956	15.57	0.44	0.03	0.06	20.89	0.259	16.23	54.10	381104
	2020	141080	14.47	0.55	0.04	0.08	20.89	0.190	16.40	48.97	452927
河北	2014	139597	14.30	0.30	0.01	0.00	6.46	0.177	15.33	51.37	1651021
	2015	97178	14.13	0.27	0.01	0.00	7.04	0.154	15.58	50.34	1315681
	2016	141727	13.95	0.24	0.01	0.00	7.15	0.191	16.82	52.41	1109848
	2017	150191	13.78	0.24	0.01	0.00	7.26	0.183	20.58	48.27	1395083
	2018	161573	13.18	0.25	0.02	0.01	7.79	0.148	19.86	49.41	1251606
	2019	176629	15.84	0.27	0.02	0.01	8.10	0.162	19.64	55.94	1148124
	2020	190318	17.85	0.41	0.02	0.02	8.32	0.153	20.57	52.59	891628
山西	2014	90775	10.81	0.28	0.02	0.00	6.38	0.066	12.76	50.74	1069478
	2015	62735	10.50	0.31	0.01	0.00	6.45	0.000	10.44	49.73	822493
	2016	61268	10.20	0.22	0.01	0.00	6.76	0.083	10.31	51.76	523138
	2017	92743	9.91	0.29	0.02	0.01	6.76	0.269	13.73	47.69	584527
	2018	109763	10.53	0.29	0.02	0.01	7.02	0.350	14.70	47.27	542645
	2019	97029	11.99	0.26	0.03	0.01	7.40	0.243	14.92	53.07	690956
	2020	112430	14.22	0.41	0.02	0.00	7.66	0.198	15.21	51.37	887906
内蒙古	2014	49392	8.79	0.22	0.01	0.00	1.22	0.294	13.29	43.38	720187
	2015	58818	9.07	0.23	0.01	0.00	1.45	0.238	13.82	43.29	548686
	2016	57604	9.36	0.25	0.01	0.00	1.48	0.313	14.86	43.46	339594

续表

地区	年份	协同创新能力					产业支撑与控制力				规模以上工业企业技术获取、技术改造费用（万元）
		规模以上工业企业R&D经费外部支出总额（万元）	规模以上企业开展产品或工艺创新合作占比（%）	科研机构与高校R&D经费来自企业资金的占比（%）	技术开发、转让、咨询、服务总费用/制造业增加值（%）	区域技术市场成效额/地区GDP（%）	高铁和高速公路总里程/区域土地总面积（千米/百平方千米）	规模以上工业利润总额/个数（亿元/个）	制造业行业增加值/城镇就业人数（亿元/万人）	制定创新战略目标的企业占全部企业的比重（%）	
内蒙古	2017	50214	9.66	0.23	0.01	0.00	1.61	0.518	16.65	43.12	303467
	2018	60382	10.02	0.14	0.01	0.00	1.64	0.498	18.74	44.98	317355
	2019	44356	10.39	0.17	0.01	0.00	1.66	0.493	19.43	48.02	277725
	2020	72571	11.24	0.19	0.01	0.00	1.79	0.441	20.50	45.63	387999
辽宁	2014	140581	5.37	0.57	0.01	0.01	6.28	0.134	11.74	40.35	2028296
	2015	119481	6.89	0.50	0.01	0.01	6.76	0.087	11.51	42.21	1462934
	2016	145051	8.83	0.51	0.01	0.02	6.62	0.072	11.81	38.48	1226488
	2017	184317	11.32	0.53	0.01	0.02	6.82	0.160	13.55	45.94	1257479
	2018	196761	11.36	0.51	0.01	0.02	7.30	0.221	15.41	46.81	1791415
	2019	142627	12.75	0.52	0.01	0.02	7.30	0.178	16.11	50.55	1328439
	2020	160138	13.35	0.62	0.02	0.03	7.36	0.173	16.65	46.76	1246638
吉林	2014	65727	9.40	0.21	0.01	0.00	3.63	0.272	9.17	43.78	1050439
	2015	78464	9.50	0.16	0.01	0.00	4.11	0.213	9.51	42.50	648010
	2016	80847	9.73	0.19	0.01	0.01	4.38	0.211	9.77	45.07	611941
	2017	111566	9.11	0.21	0.02	0.02	4.32	0.172	10.53	39.92	459682
	2018	139265	11.28	0.19	0.04	0.03	4.43	0.137	11.77	43.40	306429
	2019	200989	12.52	0.22	0.04	0.04	4.59	0.245	12.07	51.73	4580972
	2020	239359	13.19	0.31	0.04	0.04	4.96	0.189	13.58	48.76	567179
黑龙江	2014	97913	7.08	0.49	0.01	0.01	2.14	0.234	10.04	40.82	469922
	2015	80122	7.52	0.42	0.01	0.01	2.22	0.112	8.29	40.60	347984
	2016	99756	7.98	0.45	0.01	0.01	2.22	0.075	7.92	41.05	255585
	2017	74532	8.47	0.50	0.01	0.01	2.26	0.112	7.81	40.14	254792
	2018	43482	8.91	0.38	0.01	0.01	2.41	0.130	8.32	42.38	458555
	2019	71251	9.58	0.33	0.01	0.02	2.39	0.118	9.54	47.19	408693
	2020	49562	11.49	0.36	0.01	0.02	2.39	0.081	9.94	44.73	335991

附录1
2014~2020年28个地区产业链现代化指标原始数值

续表

地区	年份	协同创新能力					产业支撑与控制力				
		规模以上工业企业R&D经费外部支出总额（万元）	规模以上企业开展产品或工艺创新合作占比（%）	科研机构与高校R&D经费来自企业资金的占比（%）	技术开发、转让、咨询、服务总费用/制造业增加值（%）	区域技术市场成效额/地区GDP（%）	高铁和高速公路总里程/区域土地总面积（千米/百平方千米）	规模以上工业利润总额/个数（亿元/个）	制造业行业增加值/城镇就业人数（亿元/万人）	制定创新战略目标的企业占全部企业的比重（%）	规模以上工业企业技术获取、技术改造费用（万元）
上海	2014	387917	11.83	0.39	0.02	0.02	20.50	0.280	12.48	51.23	2773701
	2015	606621	13.66	0.33	0.02	0.02	20.50	0.298	12.38	52.35	2244936
	2016	504391	15.77	0.35	0.01	0.03	20.50	0.349	12.82	50.11	3394821
	2017	717514	18.21	0.31	0.02	0.02	20.50	0.399	14.20	54.58	3271201
	2018	607863	18.91	0.28	0.02	0.03	20.50	0.411	15.24	54.60	4365061
	2019	666924	18.73	0.27	0.02	0.04	20.50	0.334	13.36	57.34	4583772
	2020	699016	17.44	0.36	0.03	0.04	20.50	0.327	14.96	53.14	3778494
江苏	2014	687446	18.62	0.47	0.01	0.01	6.72	0.186	16.95	53.31	7079003
	2015	555569	19.62	0.42	0.01	0.01	6.72	0.200	18.56	53.35	5760401
	2016	554045	20.68	0.38	0.01	0.01	7.00	0.221	20.23	53.26	5820844
	2017	651542	21.79	0.38	0.01	0.01	7.00	0.221	22.76	53.43	5186414
	2018	682296	23.67	0.38	0.02	0.01	7.28	0.186	24.52	54.74	4519255
	2019	965234	25.75	0.48	0.02	0.02	7.93	0.149	27.94	60.24	3958168
	2020	1089470	25.18	0.48	0.02	0.02	8.49	0.152	28.12	56.04	4045733
浙江	2014	235996	24.53	0.40	0.00	0.00	6.09	0.091	15.38	56.72	3098615
	2015	314308	24.54	0.38	0.00	0.00	6.39	0.093	16.43	55.99	2700761
	2016	355096	24.55	0.48	0.01	0.01	6.58	0.111	17.59	57.44	2191694
	2017	393010	24.56	0.46	0.01	0.01	6.68	0.115	19.00	54.53	2090886
	2018	606886	25.68	0.35	0.01	0.01	7.07	0.110	21.33	53.23	2589023
	2019	521835	27.55	0.39	0.02	0.01	7.27	0.109	22.81	56.88	2383058
	2020	670835	28.63	0.48	0.01	0.02	8.15	0.121	22.08	54.73	2681098
安徽	2014	191411	19.19	0.22	0.01	0.01	5.21	0.109	16.48	57.35	1629090
	2015	174073	19.42	0.21	0.01	0.01	6.00	0.105	16.27	57.46	1552993
	2016	195486	19.65	0.17	0.01	0.01	6.21	0.113	17.23	57.24	1522516

续表

地区	年份	协同创新能力					产业支撑与控制力				
		规模以上工业企业R&D经费外部支出总额（万元）	规模以上企业开展产品或工艺创新合作占比（%）	科研机构与高校R&D经费来自企业资金的占比（%）	技术开发、转让、咨询、服务总费用/制造业增加值（%）	区域技术市场成效额/地区GDP（%）	高铁和高速公路总里程/区域土地总面积（千米/百平方千米）	规模以上工业利润总额/个数（亿元/个）	制造业行业增加值/城镇就业人数（亿元/万人）	制定创新战略目标的企业占全部企业的比重（%）	规模以上工业企业技术获取、技术改造费用（万元）
安徽	2017	241565	19.89	0.19	0.01	0.01	6.42	0.125	18.87	57.67	1647068
	2018	245230	21.62	0.22	0.01	0.01	6.50	0.126	17.96	57.78	2039890
	2019	283142	23.25	0.23	0.02	0.01	6.92	0.127	19.25	61.96	2036830
	2020	360351	26.03	0.37	0.01	0.02	7.28	0.132	20.62	61.61	2443286
福建	2014	114645	15.02	0.29	0.01	0.00	5.68	0.140	16.32	46.28	1585801
	2015	107036	14.97	0.25	0.01	0.00	6.59	0.137	16.60	45.76	1360006
	2016	126983	14.92	0.19	0.01	0.00	6.59	0.167	17.51	46.80	2210978
	2017	149578	14.87	0.25	0.01	0.00	6.75	0.186	19.13	44.73	2259242
	2018	184184	16.72	0.22	0.01	0.00	7.17	0.202	20.95	44.22	1941538
	2019	203130	17.70	0.21	0.01	0.00	7.25	0.235	24.47	46.36	1404770
	2020	157656	19.14	0.38	0.01	0.00	7.74	0.210	25.99	44.85	1330064
江西	2014	79693	15.35	0.22	0.00	0.00	4.91	0.237	14.90	49.08	1175514
	2015	66089	16.13	0.25	0.01	0.00	5.45	0.213	14.62	48.41	807746
	2016	59144	16.94	0.31	0.01	0.00	5.93	0.224	15.59	49.75	686248
	2017	75324	17.80	0.31	0.01	0.00	6.11	0.216	17.19	47.07	654207
	2018	111151	18.53	0.24	0.01	0.01	6.11	0.186	18.97	48.11	802768
	2019	85580	21.23	0.24	0.01	0.01	6.59	0.174	19.42	53.26	875717
	2020	111649	22.84	0.39	0.01	0.01	6.65	0.181	19.83	51.57	960644
山东	2014	599185	15.38	0.36	0.01	0.00	6.40	0.217	15.93	49.97	3738261
	2015	541242	15.12	0.28	0.01	0.01	6.78	0.209	17.11	49.70	3189672
	2016	592650	14.87	0.26	0.01	0.01	7.09	0.223	17.85	50.24	2846317
	2017	632169	14.63	0.27	0.01	0.01	7.28	0.213	18.87	49.15	3038478
	2018	826189	15.35	0.27	0.01	0.01	7.85	0.127	20.03	48.28	2933375
	2019	612584	18.28	0.25	0.02	0.02	8.23	0.135	21.23	59.09	2767958
	2020	755451	22.13	0.39	0.03	0.03	9.12	0.150	21.04	56.30	2468857

附录 1

2014~2020 年 28 个地区产业链现代化指标原始数值

续表

地区	年份	协同创新能力					产业支撑与控制力				
		规模以上工业企业R&D经费外部支出总额（万元）	规模以上企业开展产品或工艺创新合作占比（%）	科研机构与高校R&D经费来自企业资金的占比（%）	技术开发、转让、咨询、服务费用/制造业增加值（%）	区域技术市场成效额/地区GDP（%）	高铁和高速公路总里程/区域土地总面积（千米/百平方千米）	规模以上工业利润总额/个数（亿元/个）	制造业行业增加值/城镇就业人数（亿元/万人）	制定创新战略目标的企业占全部企业的比重（%）	规模以上工业企业技术获取、技术改造费用（万元）
河南	2014	83313	10.57	0.23	0.00	0.00	6.65	0.227	12.83	49.48	1397521
	2015	86162	10.90	0.22	0.00	0.00	6.95	0.214	13.14	48.88	1124305
	2016	109727	11.24	0.26	0.00	0.00	7.19	0.221	13.57	50.09	1130921
	2017	127852	11.59	0.28	0.00	0.00	7.13	0.243	14.82	47.67	1128408
	2018	132100	13.42	0.23	0.01	0.00	7.19	0.138	17.91	46.86	1283057
	2019	173172	14.98	0.26	0.01	0.00	8.08	0.182	18.53	52.07	1166548
	2020	181429	16.37	0.37	0.01	0.01	8.14	0.143	18.42	50.35	998548
湖北	2014	99199	12.49	0.40	0.01	0.02	4.95	0.151	15.81	54.45	1225622
	2015	150332	14.30	0.35	0.02	0.03	5.54	0.150	16.39	53.77	1121149
	2016	184731	16.38	0.36	0.02	0.03	5.54	0.167	17.35	55.13	743745
	2017	227961	18.75	0.36	0.02	0.03	5.65	0.173	19.33	52.41	935601
	2018	343467	20.41	0.30	0.02	0.03	5.76	0.177	22.73	54.27	1022318
	2019	370720	21.16	0.32	0.02	0.03	6.51	0.196	24.03	55.62	1180138
	2020	351340	23.63	0.38	0.03	0.04	6.67	0.169	22.58	55.48	1376357
湖南	2014	112062	16.03	0.38	0.00	0.00	4.77	0.123	16.49	51.81	2820990
	2015	110133	16.93	0.46	0.01	0.00	4.82	0.129	18.06	50.60	2786207
	2016	152347	17.89	0.40	0.01	0.00	5.10	0.141	18.54	53.03	2374572
	2017	200002	18.90	0.39	0.01	0.01	5.24	0.138	18.93	48.16	2421976
	2018	385058	20.57	0.36	0.01	0.01	5.57	0.108	19.74	50.09	1668188
	2019	295844	21.37	0.35	0.01	0.01	5.85	0.134	20.10	52.84	1721166
	2020	243259	24.53	0.47	0.01	0.02	5.95	0.140	20.44	52.79	1345324
广东	2014	498505	10.19	0.32	0.01	0.01	5.73	0.171	14.95	46.60	2527252
	2015	921331	12.76	0.26	0.01	0.01	6.12	0.183	16.08	47.87	3054485
	2016	1595172	15.98	0.27	0.01	0.01	6.62	0.196	16.69	45.34	4038999

续表

地区	年份	协同创新能力					产业支撑与控制力				
		规模以上工业企业R&D经费外部支出总额（万元）	规模以上企业开展产品或工艺创新合作占比（%）	科研机构与高校R&D经费来自企业资金的占比（%）	技术开发、转让、咨询、服务总费用/制造业增加值（%）	区域技术市场成效额/地区GDP（%）	高铁和高速公路总里程/区域土地总面积（千米/百平方千米）	规模以上工业利润总额/个数（亿元/个）	制造业行业增加值/城镇就业人数（亿元/万人）	制定创新战略目标的企业占全部企业的比重（%）	规模以上工业企业技术获取、技术改造费用（万元）
广东	2017	1592014	20.01	0.27	0.02	0.01	6.96	0.188	18.00	50.39	4570085
	2018	2685921	21.41	0.24	0.02	0.01	7.51	0.175	18.88	51.41	7756767
	2019	2595507	23.26	0.23	0.03	0.02	7.90	0.165	18.96	56.26	9690783
	2020	3143902	23.71	0.32	0.04	0.03	8.57	0.164	18.66	55.51	11169093
广西	2014	35387	10.60	0.20	0.01	0.00	3.54	0.199	10.02	51.12	885653
	2015	37009	11.80	0.14	0.00	0.00	3.96	0.232	10.26	49.72	935853
	2016	44630	12.83	0.16	0.01	0.00	4.12	0.255	10.73	52.52	808281
	2017	64984	11.37	0.11	0.00	0.00	4.42	0.281	11.76	46.91	833145
	2018	46292	10.82	0.10	0.01	0.00	4.55	0.182	13.19	46.38	659175
	2019	74193	12.67	0.07	0.01	0.00	4.71	0.149	12.98	50.68	1775877
	2020	60041	13.46	0.17	0.02	0.00	5.05	0.140	12.72	47.69	1820230
海南	2014	17289	15.59	0.07	0.02	0.00	4.24	0.297	4.79	55.21	20335
	2015	24586	15.83	0.09	0.01	0.00	5.08	0.273	4.91	54.01	24464
	2016	32141	16.09	0.08	0.01	0.00	5.08	0.302	4.77	56.42	18564
	2017	22961	16.34	0.09	0.02	0.00	5.08	0.328	5.24	51.60	27212
	2018	34547	16.62	0.10	0.02	0.00	5.37	0.431	5.84	50.00	15217
	2019	27009	13.33	0.11	0.01	0.00	6.21	0.414	5.85	53.92	22935
	2020	29975	12.64	0.19	0.01	0.00	6.50	0.270	4.94	49.52	25559
重庆	2014	78937	14.59	0.45	0.01	0.01	5.10	0.200	12.96	50.77	1132102
	2015	76250	15.74	0.38	0.01	0.00	5.34	0.214	13.53	50.26	1069455
	2016	104155	16.97	0.31	0.03	0.01	5.95	0.243	14.28	51.28	1134890
	2017	138758	18.31	0.34	0.01	0.00	6.31	0.225	15.26	49.25	1032282
	2018	156614	20.48	0.31	0.02	0.01	6.55	0.180	16.02	51.10	579933
	2019	145723	22.66	0.30	0.01	0.00	6.80	0.181	17.50	54.83	845430
	2020	139410	23.20	0.48	0.01	0.00	7.04	0.217	18.85	52.93	900157

附录 1
2014~2020 年 28 个地区产业链现代化指标原始数值

续表

地区	年份	协同创新能力					产业支撑与控制力				
		规模以上工业企业R&D经费外部支出总额（万元）	规模以上企业开展产品或工艺创新合作占比（%）	科研机构与高校R&D经费来自企业资金的占比（%）	技术开发、转让、咨询、服务总费用/制造业增加值（%）	区域技术市场成效额/地区GDP（%）	高铁和高速公路总里程/区域土地总面积（千米/百平方千米）	规模以上工业利润总额/个数（亿元/个）	制造业行业增加值/城镇就业人数（亿元/万人）	制定创新战略目标的企业占全部企业的比重（%）	规模以上工业企业技术获取、技术改造费用（万元）
四川	2014	132540	13.26	0.50	0.01	0.01	1.95	0.169	13.24	52.59	1790548
	2015	163625	14.22	0.49	0.01	0.01	2.14	0.161	13.49	52.44	1041489
	2016	172363	15.24	0.50	0.01	0.01	2.28	0.169	13.70	52.75	907248
	2017	214943	16.34	0.47	0.01	0.01	2.39	0.203	14.44	52.12	961967
	2018	197652	17.95	0.41	0.01	0.02	2.49	0.191	15.83	51.78	1126016
	2019	253216	18.46	0.38	0.02	0.03	2.61	0.208	16.69	55.71	1272709
	2020	251016	20.26	0.50	0.02	0.03	2.76	0.222	15.58	52.79	1216741
贵州	2014	17858	12.80	0.28	0.01	0.00	3.63	0.161	9.32	50.18	1051343
	2015	30227	13.10	0.17	0.02	0.00	4.48	0.163	10.39	48.75	838769
	2016	30548	13.92	0.19	0.01	0.00	4.94	0.165	11.28	51.62	749015
	2017	39866	13.58	0.18	0.01	0.01	5.16	0.170	12.12	45.88	531257
	2018	31300	15.57	0.23	0.03	0.01	5.73	0.157	13.50	44.11	485803
	2019	57893	17.73	0.14	0.02	0.01	6.13	0.208	13.89	49.79	608217
	2020	79063	18.72	0.23	0.03	0.01	6.53	0.262	13.73	48.46	407147
云南	2014	31614	19.20	0.26	0.01	0.00	1.57	0.136	9.74	58.87	438255
	2015	33492	19.97	0.24	0.01	0.00	1.75	0.120	9.75	58.00	383958
	2016	37098	19.72	0.20	0.01	0.00	1.98	0.080	9.76	59.74	354374
	2017	46400	19.46	0.19	0.01	0.00	2.21	0.187	10.29	56.26	411243
	2018	43588	17.49	0.17	0.02	0.00	2.28	0.217	11.50	52.89	505284
	2019	90517	18.99	0.15	0.01	0.00	2.56	0.218	14.70	56.69	901042
	2020	54315	18.44	0.15	0.01	0.00	3.20	0.253	15.24	54.32	733755

续表

地区	年份	协同创新能力					产业支撑与控制力				
		规模以上工业企业R&D经费外部支出总额（万元）	规模以上企业开展产品或工艺创新合作占比（%）	科研机构与高校R&D经费来自企业资金的占比（%）	技术开发、转让、咨询、服务总费用/制造业增加值（%）	区域技术市场成效额/地区GDP（%）	高铁和高速公路总里程/区域土地总面积（千米/百平方千米）	规模以上工业利润总额/个数（亿元/个）	制造业行业增加值/城镇就业人数（亿元/万人）	制定创新战略目标的企业占全部企业的比重（%）	规模以上工业技术获取、技术改造费用（万元）
陕西	2014	111390	15.80	0.42	0.02	0.04	4.38	0.370	14.78	56.10	655548
	2015	84678	16.10	0.38	0.02	0.04	4.67	0.266	13.88	55.42	652072
	2016	100078	16.54	0.33	0.02	0.04	4.77	0.271	14.13	56.79	660004
	2017	142479	16.05	0.30	0.02	0.04	5.01	0.363	16.13	54.04	514673
	2018	95584	16.06	0.31	0.02	0.05	5.11	0.379	18.43	52.41	544171
	2019	242320	16.82	0.37	0.03	0.06	5.35	0.335	18.87	55.93	538570
	2020	248993	16.36	0.41	0.04	0.07	5.74	0.283	18.10	52.39	4318882
甘肃	2014	101811	13.60	0.31	0.02	0.02	1.57	0.116	8.97	54.33	922552
	2015	125422	14.30	0.32	0.02	0.02	1.71	0.000	7.76	53.77	698313
	2016	29856	14.83	0.37	0.03	0.02	2.09	0.035	7.65	54.89	486371
	2017	28927	13.95	0.35	0.02	0.02	2.04	0.128	7.80	52.66	381032
	2018	16867	14.06	0.29	0.02	0.02	2.09	0.141	9.13	51.44	426335
	2019	15967	15.69	0.30	0.03	0.02	2.18	0.167	9.17	55.66	605312
	2020	35761	15.92	0.48	0.03	0.03	2.39	0.154	8.73	54.83	530954
宁夏	2014	7460	14.03	0.05	0.01	0.00	3.92	0.101	12.04	58.56	651623
	2015	9950	15.46	0.09	0.01	0.00	4.22	0.069	11.97	57.86	723434
	2016	9733	17.03	0.11	0.02	0.00	4.37	0.122	13.09	59.26	276827
	2017	12801	18.76	0.04	0.02	0.00	4.52	0.119	15.88	56.46	329209
	2018	12741	18.35	0.15	0.03	0.00	4.67	0.139	17.51	54.29	452378
	2019	15160	20.82	0.13	0.01	0.00	5.12	0.183	18.18	57.77	418369
	2020	13620	23.75	0.17	0.03	0.00	5.42	0.157	18.58	56.29	360879

附录 1

2014～2020 年 28 个地区产业链现代化指标原始数值

续表

地区	年份	绿色可持续发展				
		单位 GDP 电力消耗量（负向指标）（千瓦时/元）	环境保护支出/财政支出（%）	产品质量合格率（%）	生活垃圾无害化处理率（%）	工业污染治理完成投资额/制造业增加值（%）
北京	2014	0.0409	0.047	96.7	99.6	0.0003
	2015	0.0385	0.053	97.4	78.8	0.0009
	2016	0.0377	0.057	96.0	99.8	0.0012
	2017	0.0357	0.067	96.3	99.9	0.0019
	2018	0.0345	0.053	96.6	100.0	0.0024
	2019	0.0329	0.042	96.5	100.0	0.0023
	2020	0.0316	0.033	96.4	100.0	0.0037
天津	2014	0.0747	0.020	96.7	96.7	0.0038
	2015	0.0736	0.023	96.2	92.7	0.0033
	2016	0.0704	0.018	97.1	94.2	0.0039
	2017	0.0647	0.034	97.1	94.4	0.0056
	2018	0.0640	0.021	96.2	94.5	0.0056
	2019	0.0625	0.068	94.0	100.0	0.0024
	2020	0.0621	0.019	94.1	100.0	0.0019
河北	2014	0.1315	0.041	91.8	86.6	0.0024
	2015	0.1203	0.050	91.6	96.0	0.0024
	2016	0.1146	0.043	91.9	97.8	0.0048
	2017	0.1123	0.053	92.6	99.8	0.0081
	2018	0.1128	0.056	93.2	99.8	0.0050
	2019	0.1102	0.060	90.7	99.4	0.0022
	2020	0.1087	0.056	91.3	100.0	0.0030
山西	2014	0.1507	0.031	96.1	92.1	0.0048
	2015	0.1468	0.029	97.0	97.2	0.0070
	2016	0.1504	0.034	95.1	94.6	0.0125
	2017	0.1374	0.034	94.8	94.9	0.0053
	2018	0.1354	0.040	93.8	99.8	0.0045
	2019	0.1334	0.048	91.1	100.0	0.0046
	2020	0.1327	0.051	91.5	100.0	0.0077

续表

地区	年份	绿色可持续发展				
		单位GDP电力消耗量（负向指标）（千瓦时/元）	环境保护支出/财政支出（%）	产品质量合格率（%）	生活垃圾无害化处理率（%）	工业污染治理完成投资额/制造业增加值（%）
内蒙古	2014	0.1988	0.037	93.2	96.1	0.0077
	2015	0.1964	0.041	91.7	97.7	0.0046
	2016	0.1889	0.035	94.7	98.9	0.0144
	2017	0.1941	0.032	96.0	99.4	0.0166
	2018	0.2078	0.034	94.7	99.8	0.0086
	2019	0.2122	0.030	92.3	99.8	0.0074
	2020	0.2247	0.028	93.6	99.9	0.0076
辽宁	2014	0.1018	0.021	94.7	91.6	0.0015
	2015	0.0982	0.026	93.7	95.2	0.0017
	2016	0.0999	0.019	95.7	93.3	0.0042
	2017	0.0984	0.022	96.2	99.1	0.0054
	2018	0.0979	0.018	94.9	99.6	0.0025
	2019	0.0966	0.023	92.7	99.4	0.0024
	2020	0.0965	0.016	93.9	99.5	0.0016
吉林	2014	0.0670	0.048	97.3	61.9	0.0021
	2015	0.0651	0.037	97.8	84.7	0.0019
	2016	0.0640	0.034	96.7	86.3	0.0030
	2017	0.0644	0.031	97.0	71.8	0.0051
	2018	0.0667	0.032	94.7	87.2	0.0037
	2019	0.0665	0.038	89.2	90.2	0.0029
	2020	0.0654	0.032	90.2	100.0	0.0026
黑龙江	2014	0.0706	0.032	96.2	58.9	0.0022
	2015	0.0743	0.039	96.8	78.2	0.0011
	2016	0.0754	0.027	95.5	80.6	0.0061
	2017	0.0754	0.042	96.9	82.7	0.0055
	2018	0.0758	0.033	94.4	86.9	0.0059
	2019	0.0735	0.042	90.6	95.5	0.0052
	2020	0.0740	0.040	90.4	99.9	0.0029

附录 1
2014~2020 年 28 个地区产业链现代化指标原始数值

续表

地区	年份	绿色可持续发展				
		单位 GDP 电力消耗量（负向指标）（千瓦时/元）	环境保护支出/财政支出（%）	产品质量合格率（%）	生活垃圾无害化处理率（%）	工业污染治理完成投资额/制造业增加值（%）
上海	2014	0.0542	0.016	95.8	100.0	0.0008
	2015	0.0523	0.017	96.4	100.0	0.0015
	2016	0.0497	0.019	95.1	100.0	0.0006
	2017	0.0464	0.030	95.0	100.0	0.0020
	2018	0.0435	0.028	95.0	100.0	0.0022
	2019	0.0413	0.023	95.7	100.0	0.0054
	2020	0.0407	0.022	95.7	100.0	0.0046
江苏	2014	0.0773	0.028	94.5	98.1	0.0011
	2015	0.0718	0.032	94.4	100.0	0.0014
	2016	0.0706	0.029	94.6	99.9	0.0020
	2017	0.0676	0.028	93.4	100.0	0.0014
	2018	0.0657	0.027	94.0	100.0	0.0017
	2019	0.0635	0.030	94.1	100.0	0.0020
	2020	0.0621	0.025	94.1	100.0	0.0012
浙江	2014	0.0876	0.023	94.4	100.0	0.0011
	2015	0.0817	0.025	94.3	99.2	0.0016
	2016	0.0820	0.023	94.5	100.0	0.0031
	2017	0.0800	0.025	93.8	100.0	0.0034
	2018	0.0781	0.023	93.8	100.0	0.0027
	2019	0.0753	0.027	93.9	100.0	0.0027
	2020	0.0748	0.022	93.7	100.0	0.0016
安徽	2014	0.0704	0.022	94.6	99.5	0.0011
	2015	0.0688	0.024	94.0	99.6	0.0015
	2016	0.0682	0.024	95.2	99.9	0.0046
	2017	0.0647	0.032	94.7	99.9	0.0018
	2018	0.0628	0.032	94.1	100.0	0.0017
	2019	0.0624	0.042	93.2	100.0	0.0037
	2020	0.0628	0.026	93.9	100.0	0.0022

续表

地区	年份	绿色可持续发展				
		单位GDP电力消耗量（负向指标）（千瓦时/元）	环境保护支出/财政支出（%）	产品质量合格率（%）	生活垃圾无害化处理率（%）	工业污染治理完成投资额/制造业增加值（%）
福建	2014	0.0744	0.019	93.3	97.9	0.0013
	2015	0.0691	0.024	92.5	99.2	0.0022
	2016	0.0665	0.030	94.0	98.4	0.0033
	2017	0.0624	0.026	93.8	99.4	0.0033
	2018	0.0598	0.026	94.1	99.9	0.0030
	2019	0.0567	0.035	93.8	99.9	0.0014
	2020	0.0566	0.030	94.0	100.0	0.0009
江西	2014	0.0650	0.018	89.2	93.1	0.0010
	2015	0.0648	0.020	87.9	94.5	0.0006
	2016	0.0643	0.026	90.5	95.0	0.0021
	2017	0.0640	0.028	91.4	97.6	0.0015
	2018	0.0629	0.029	93.8	100.0	0.0018
	2019	0.0623	0.030	93.8	100.0	0.0012
	2020	0.0633	0.033	93.6	100.0	0.0012
山东	2014	0.0832	0.023	92.4	100.0	0.0031
	2015	0.0926	0.026	92.0	100.0	0.0032
	2016	0.0917	0.027	92.8	100.0	0.0039
	2017	0.0862	0.026	93.8	100.0	0.0063
	2018	0.0913	0.028	93.9	100.0	0.0042
	2019	0.0882	0.029	93.9	99.9	0.0056
	2020	0.0949	0.026	93.9	100.0	0.0049
河南	2014	0.0844	0.020	96.0	92.8	0.0015
	2015	0.0777	0.026	96.3	96.0	0.0010
	2016	0.0743	0.026	95.7	98.8	0.0028
	2017	0.0706	0.029	95.7	99.7	0.0033
	2018	0.0684	0.039	93.7	99.7	0.0019
	2019	0.0626	0.035	92.0	99.7	0.0036
	2020	0.0617	0.026	92.5	99.9	0.0028

附录 1
2014~2020 年 28 个地区产业链现代化指标原始数值

续表

地区	年份	绿色可持续发展				
		单位GDP电力消耗量（负向指标）（千瓦时/元）	环境保护支出/财政支出（%）	产品质量合格率（%）	生活垃圾无害化处理率（%）	工业污染治理完成投资额/制造业增加值（%）
湖北	2014	0.0587	0.021	90.5	90.2	0.0008
	2015	0.0549	0.024	88.7	91.5	0.0013
	2016	0.0529	0.023	92.3	95.8	0.0020
	2017	0.0502	0.021	94.2	99.9	0.0020
	2018	0.0493	0.029	94.1	100.0	0.0011
	2019	0.0487	0.035	92.0	100.0	0.0023
	2020	0.0494	0.026	92.7	100.0	0.0012
湖南	2014	0.0553	0.027	89.6	99.7	0.0010
	2015	0.0507	0.026	88.4	99.8	0.0017
	2016	0.0485	0.027	90.8	99.9	0.0022
	2017	0.0468	0.025	91.9	99.8	0.0016
	2018	0.0480	0.026	93.8	100.0	0.0024
	2019	0.0467	0.030	93.6	100.0	0.0011
	2020	0.0462	0.029	93.9	100.0	0.0007
广东	2014	0.0768	0.028	92.3	86.4	0.0006
	2015	0.0711	0.025	92.0	91.6	0.0009
	2016	0.0683	0.022	92.5	96.2	0.0010
	2017	0.0650	0.029	93.2	98.0	0.0011
	2018	0.0633	0.036	94.2	99.9	0.0009
	2019	0.0620	0.043	93.9	100.0	0.0007
	2020	0.0625	0.030	94.0	99.9	0.0011
广西	2014	0.0963	0.024	95.0	95.4	0.0021
	2015	0.0901	0.024	95.7	98.7	0.0021
	2016	0.0844	0.020	94.3	99.0	0.0043
	2017	0.0812	0.017	93.3	99.9	0.0038
	2018	0.0868	0.015	91.5	100.0	0.0048
	2019	0.0898	0.017	91.1	100.0	0.0025
	2020	0.0916	0.016	89.5	100.0	0.0015

续表

地区	年份	绿色可持续发展				
		单位GDP电力消耗量（负向指标）（千瓦时/元）	环境保护支出/财政支出（%）	产品质量合格率（%）	生活垃圾无害化处理率（%）	工业污染治理完成投资额/制造业增加值（%）
海南	2014	0.0730	0.021	94.1	99.8	0.0057
	2015	0.0728	0.025	94.1	99.8	0.0098
	2016	0.0702	0.027	94.0	99.9	0.0073
	2017	0.0678	0.025	92.0	100.0	0.0106
	2018	0.0665	0.036	92.6	100.0	0.0023
	2019	0.0666	0.035	92.5	100.0	0.0027
	2020	0.0656	0.029	91.7	100.0	0.0064
重庆	2014	0.0593	0.032	95.5	99.2	0.0009
	2015	0.0545	0.037	95.6	98.6	0.0007
	2016	0.0513	0.034	95.4	100.0	0.0013
	2017	0.0497	0.036	96.3	99.4	0.0008
	2018	0.0518	0.035	96.1	100.0	0.0010
	2019	0.0491	0.036	94.4	88.8	0.0006
	2020	0.0474	0.037	94.1	93.8	0.0009
四川	2014	0.0697	0.025	93.6	95.4	0.0016
	2015	0.0657	0.023	94.5	96.8	0.0010
	2016	0.0634	0.021	92.6	98.6	0.0017
	2017	0.0582	0.023	91.9	98.5	0.0020
	2018	0.0573	0.023	93.4	99.3	0.0010
	2019	0.0569	0.026	93.5	99.8	0.0009
	2020	0.0590	0.024	92.4	100.0	0.0009
贵州	2014	0.1280	0.024	93.4	93.3	0.0046
	2015	0.1114	0.024	91.9	93.8	0.0039
	2016	0.1053	0.030	94.9	94.7	0.0056
	2017	0.1018	0.027	95.7	95.2	0.0048
	2018	0.0965	0.027	94.8	96.1	0.0026
	2019	0.0919	0.032	90.7	96.6	0.0013
	2020	0.0890	0.026	91.9	97.8	0.0012

附录 1

2014~2020 年 28 个地区产业链现代化指标原始数值

续表

地区	年份	绿色可持续发展				
		单位 GDP 电力消耗量（负向指标）（千瓦时/元）	环境保护支出/财政支出（%）	产品质量合格率（%）	生活垃圾无害化处理率（%）	工业污染治理完成投资额/制造业增加值（%）
云南	2014	0.1089	0.025	95.6	92.5	0.0034
	2015	0.0962	0.028	95.7	90.0	0.0049
	2016	0.0862	0.030	95.5	93.0	0.0058
	2017	0.0832	0.031	93.9	92.7	0.0056
	2018	0.0804	0.028	94.0	98.2	0.0044
	2019	0.0780	0.030	92.1	99.8	0.0024
	2020	0.0826	0.024	92.5	100.0	0.0011
陕西	2014	0.0705	0.028	93.2	95.8	0.0031
	2015	0.0683	0.034	95.1	98.0	0.0038
	2016	0.0713	0.029	91.3	98.5	0.0058
	2017	0.0696	0.034	93.0	99.0	0.0041
	2018	0.0666	0.033	93.3	99.1	0.0031
	2019	0.0741	0.043	92.8	99.7	0.0021
	2020	0.0665	0.032	92.0	99.9	0.0019
甘肃	2014	0.1681	0.029	95.9	62.6	0.0044
	2015	0.1676	0.032	95.2	64.2	0.0104
	2016	0.1542	0.030	96.5	72.8	0.0091
	2017	0.1587	0.031	97.1	98.4	0.0087
	2018	0.1591	0.034	93.7	99.8	0.0018
	2019	0.1477	0.027	92.0	100.0	0.0047
	2020	0.1526	0.027	92.7	100.0	0.0033
宁夏	2014	0.3431	0.035	96.6	93.3	0.0044
	2015	0.3404	0.040	97.3	89.9	0.0079
	2016	0.3189	0.029	95.8	98.3	0.0179
	2017	0.3057	0.042	96.0	99.1	0.0242
	2018	0.3034	0.051	94.5	99.3	0.0088
	2019	0.2892	0.038	89.0	99.9	0.0190
	2020	0.2648	0.033	88.3	100.0	0.0067

附录 2

2014~2020 年 28 个地区产业链现代化各子系统测算值

地区	年份	基础创新能力	高端引领能力	协同创新能力	产业支撑与控制力	绿色可持续发展	产业链现代化指数
北京	2014	0.492	0.364	0.591	0.539	0.506	0.509
	2015	0.494	0.319	0.592	0.536	0.512	0.504
	2016	0.497	0.322	0.582	0.538	0.514	0.508
	2017	0.503	0.305	0.586	0.533	0.517	0.512
	2018	0.513	0.336	0.582	0.536	0.519	0.518
	2019	0.521	0.369	0.571	0.530	0.516	0.524
	2020	0.520	0.414	0.572	0.532	0.522	0.533
天津	2014	0.373	0.475	0.502	0.534	0.517	0.475
	2015	0.384	0.462	0.526	0.533	0.515	0.473
	2016	0.387	0.446	0.535	0.531	0.515	0.472
	2017	0.347	0.388	0.519	0.531	0.537	0.457
	2018	0.345	0.367	0.522	0.530	0.534	0.456
	2019	0.324	0.306	0.554	0.528	0.520	0.460
	2020	0.371	0.312	0.563	0.529	0.496	0.467
河北	2014	0.157	0.215	0.326	0.572	0.526	0.331
	2015	0.168	0.213	0.307	0.564	0.524	0.343
	2016	0.178	0.228	0.303	0.552	0.545	0.350
	2017	0.196	0.209	0.313	0.554	0.555	0.375
	2018	0.209	0.186	0.344	0.552	0.538	0.375
	2019	0.230	0.245	0.381	0.543	0.522	0.392
	2020	0.325	0.241	0.438	0.541	0.527	0.409

附录 2
2014～2020 年 28 个地区产业链现代化各子系统测算值

续表

地区	年份	基础创新能力	高端引领能力	协同创新能力	产业支撑与控制力	绿色可持续发展	产业链现代化指数
山西	2014	0.125	0.084	0.325	0.557	0.541	0.311
	2015	0.111	0.084	0.305	0.544	0.550	0.314
	2016	0.111	0.084	0.307	0.536	0.578	0.339
	2017	0.107	0.096	0.331	0.546	0.548	0.320
	2018	0.119	0.100	0.342	0.542	0.541	0.333
	2019	0.123	0.221	0.371	0.543	0.542	0.358
	2020	0.158	0.219	0.389	0.551	0.558	0.375
内蒙古	2014	0.091	0.051	0.256	0.517	0.578	0.296
	2015	0.097	0.097	0.270	0.508	0.552	0.287
	2016	0.100	0.058	0.264	0.507	0.578	0.342
	2017	0.082	0.100	0.258	0.514	0.572	0.370
	2018	0.073	0.149	0.231	0.515	0.574	0.339
	2019	0.081	0.129	0.231	0.515	0.584	0.325
	2020	0.105	0.094	0.273	0.516	0.578	0.327
辽宁	2014	0.248	0.096	0.419	0.646	0.493	0.337
	2015	0.211	0.104	0.403	0.608	0.501	0.323
	2016	0.216	0.107	0.414	0.587	0.522	0.334
	2017	0.236	0.137	0.437	0.578	0.533	0.361
	2018	0.234	0.137	0.438	0.584	0.502	0.358
	2019	0.249	0.159	0.444	0.562	0.505	0.360
	2020	0.319	0.149	0.467	0.565	0.489	0.381
吉林	2014	0.141	0.080	0.233	0.560	0.518	0.313
	2015	0.151	0.078	0.202	0.539	0.512	0.297
	2016	0.146	0.114	0.266	0.539	0.520	0.303
	2017	0.129	0.080	0.359	0.521	0.536	0.306
	2018	0.115	0.108	0.483	0.514	0.528	0.329
	2019	0.137	0.163	0.529	0.619	0.525	0.377
	2020	0.144	0.154	0.531	0.537	0.515	0.358

续表

地区	年份	基础创新能力	高端引领能力	协同创新能力	产业支撑与控制力	绿色可持续发展	产业链现代化指数
黑龙江	2014	0.140	0.049	0.386	0.496	0.513	0.304
	2015	0.140	0.052	0.366	0.423	0.508	0.300
	2016	0.132	0.159	0.388	0.384	0.550	0.310
	2017	0.126	0.057	0.393	0.402	0.540	0.322
	2018	0.110	0.046	0.362	0.463	0.552	0.293
	2019	0.114	0.121	0.351	0.485	0.548	0.302
	2020	0.142	0.131	0.384	0.461	0.524	0.303
上海	2014	0.382	0.263	0.474	0.546	0.485	0.443
	2015	0.379	0.274	0.530	0.542	0.493	0.450
	2016	0.386	0.274	0.503	0.548	0.486	0.452
	2017	0.400	0.282	0.555	0.545	0.508	0.467
	2018	0.412	0.286	0.566	0.549	0.508	0.472
	2019	0.433	0.307	0.591	0.550	0.531	0.483
	2020	0.530	0.305	0.606	0.549	0.525	0.504
江苏	2014	0.560	0.559	0.487	0.591	0.498	0.549
	2015	0.567	0.566	0.470	0.592	0.504	0.550
	2016	0.600	0.586	0.465	0.586	0.507	0.566
	2017	0.622	0.554	0.482	0.578	0.499	0.560
	2018	0.640	0.576	0.499	0.569	0.503	0.574
	2019	0.636	0.616	0.546	0.552	0.508	0.590
	2020	0.687	0.653	0.567	0.556	0.495	0.631
浙江	2014	0.431	0.339	0.418	0.582	0.492	0.427
	2015	0.449	0.355	0.424	0.576	0.500	0.437
	2016	0.473	0.371	0.444	0.561	0.514	0.453
	2017	0.500	0.373	0.453	0.562	0.519	0.463
	2018	0.532	0.393	0.484	0.566	0.509	0.486
	2019	0.556	0.423	0.492	0.553	0.513	0.506
	2020	0.650	0.459	0.528	0.562	0.496	0.561

附录 2

2014~2020 年 28 个地区产业链现代化各子系统测算值

续表

地区	年份	基础创新能力	高端引领能力	协同创新能力	产业支撑与控制力	绿色可持续发展	产业链现代化指数
安徽	2014	0.262	0.257	0.362	0.550	0.492	0.363
	2015	0.277	0.291	0.364	0.550	0.497	0.376
	2016	0.312	0.302	0.363	0.549	0.528	0.395
	2017	0.337	0.339	0.379	0.548	0.508	0.412
	2018	0.356	0.406	0.400	0.557	0.507	0.437
	2019	0.365	0.365	0.434	0.547	0.530	0.438
	2020	0.525	0.428	0.477	0.550	0.506	0.486
福建	2014	0.189	0.283	0.345	0.578	0.487	0.344
	2015	0.194	0.308	0.327	0.570	0.502	0.353
	2016	0.212	0.332	0.298	0.588	0.522	0.376
	2017	0.237	0.318	0.314	0.583	0.518	0.377
	2018	0.260	0.334	0.331	0.567	0.515	0.390
	2019	0.294	0.339	0.348	0.546	0.507	0.406
	2020	0.454	0.356	0.394	0.542	0.498	0.441
江西	2014	0.140	0.207	0.298	0.558	0.464	0.300
	2015	0.152	0.217	0.319	0.549	0.461	0.304
	2016	0.178	0.222	0.350	0.543	0.501	0.328
	2017	0.206	0.234	0.358	0.542	0.498	0.339
	2018	0.232	0.271	0.353	0.543	0.505	0.360
	2019	0.269	0.361	0.376	0.540	0.500	0.397
	2020	0.357	0.400	0.418	0.543	0.503	0.431
山东	2014	0.394	0.273	0.442	0.609	0.514	0.416
	2015	0.393	0.315	0.415	0.598	0.519	0.421
	2016	0.418	0.337	0.430	0.587	0.529	0.440
	2017	0.441	0.374	0.450	0.588	0.549	0.463
	2018	0.446	0.326	0.521	0.584	0.531	0.460
	2019	0.440	0.287	0.491	0.557	0.544	0.446
	2020	0.695	0.309	0.561	0.559	0.537	0.516

续表

地区	年份	基础创新能力	高端引领能力	协同创新能力	产业支撑与控制力	绿色可持续发展	产业链现代化指数
河南	2014	0.198	0.533	0.252	0.574	0.495	0.468
	2015	0.202	0.546	0.250	0.566	0.497	0.485
	2016	0.216	0.545	0.278	0.562	0.514	0.486
	2017	0.228	0.552	0.294	0.563	0.520	0.497
	2018	0.243	0.556	0.297	0.561	0.514	0.498
	2019	0.266	0.497	0.332	0.551	0.529	0.453
	2020	0.444	0.524	0.383	0.549	0.513	0.493
湖北	2014	0.242	0.214	0.406	0.548	0.472	0.344
	2015	0.247	0.230	0.436	0.547	0.480	0.355
	2016	0.254	0.231	0.457	0.534	0.498	0.373
	2017	0.266	0.257	0.468	0.540	0.498	0.386
	2018	0.287	0.300	0.492	0.535	0.498	0.408
	2019	0.309	0.357	0.508	0.536	0.515	0.435
	2020	0.473	0.355	0.534	0.542	0.494	0.468
湖南	2014	0.201	0.309	0.362	0.592	0.487	0.364
	2015	0.202	0.351	0.390	0.588	0.493	0.384
	2016	0.216	0.311	0.381	0.571	0.505	0.375
	2017	0.243	0.299	0.395	0.583	0.496	0.375
	2018	0.277	0.326	0.426	0.558	0.508	0.396
	2019	0.316	0.342	0.428	0.555	0.499	0.407
	2020	0.471	0.344	0.461	0.547	0.495	0.442
广东	2014	0.580	0.663	0.401	0.616	0.485	0.604
	2015	0.604	0.653	0.516	0.611	0.485	0.615
	2016	0.631	0.646	0.608	0.620	0.485	0.629
	2017	0.623	0.633	0.609	0.602	0.497	0.620
	2018	0.613	0.638	0.613	0.585	0.503	0.616
	2019	0.601	0.628	0.623	0.570	0.506	0.608
	2020	0.612	0.621	0.611	0.565	0.499	0.608

附录 2
2014~2020 年 28 个地区产业链现代化各子系统测算值

续表

地区	年份	基础创新能力	高端引领能力	协同创新能力	产业支撑与控制力	绿色可持续发展	产业链现代化指数
广西	2014	0.091	0.115	0.237	0.540	0.505	0.280
	2015	0.084	0.109	0.208	0.548	0.505	0.284
	2016	0.089	0.127	0.237	0.539	0.524	0.294
	2017	0.095	0.106	0.198	0.549	0.516	0.280
	2018	0.093	0.117	0.204	0.541	0.527	0.273
	2019	0.102	0.169	0.260	0.585	0.495	0.289
	2020	0.131	0.144	0.323	0.605	0.474	0.289
海南	2014	0.033	0.175	0.300	0.505	0.538	0.308
	2015	0.031	0.174	0.263	0.509	0.567	0.321
	2016	0.037	0.174	0.273	0.510	0.555	0.318
	2017	0.037	0.174	0.308	0.512	0.576	0.325
	2018	0.039	0.169	0.307	0.516	0.516	0.313
	2019	0.042	0.179	0.257	0.519	0.519	0.315
	2020	0.050	0.138	0.284	0.516	0.555	0.299
重庆	2014	0.160	0.237	0.399	0.559	0.501	0.351
	2015	0.174	0.398	0.367	0.557	0.503	0.393
	2016	0.197	0.345	0.415	0.557	0.506	0.390
	2017	0.217	0.460	0.377	0.556	0.503	0.427
	2018	0.237	0.355	0.423	0.539	0.504	0.400
	2019	0.250	0.374	0.391	0.540	0.500	0.401
	2020	0.316	0.406	0.424	0.542	0.503	0.430
四川	2014	0.263	0.240	0.399	0.559	0.497	0.358
	2015	0.261	0.240	0.409	0.532	0.491	0.357
	2016	0.282	0.238	0.415	0.528	0.493	0.361
	2017	0.308	0.260	0.426	0.532	0.498	0.374
	2018	0.325	0.267	0.447	0.538	0.489	0.386
	2019	0.357	0.301	0.468	0.536	0.492	0.409
	2020	0.448	0.308	0.479	0.541	0.487	0.430

续表

地区	年份	基础创新能力	高端引领能力	协同创新能力	产业支撑与控制力	绿色可持续发展	产业链现代化指数
贵州	2014	0.061	0.173	0.312	0.551	0.541	0.289
	2015	0.063	0.167	0.288	0.549	0.532	0.277
	2016	0.075	0.177	0.291	0.541	0.546	0.309
	2017	0.088	0.164	0.295	0.539	0.535	0.304
	2018	0.100	0.175	0.410	0.540	0.513	0.322
	2019	0.106	0.242	0.385	0.543	0.499	0.327
	2020	0.130	0.215	0.427	0.538	0.491	0.337
云南	2014	0.068	0.218	0.345	0.501	0.520	0.320
	2015	0.082	0.219	0.354	0.499	0.537	0.326
	2016	0.095	0.216	0.343	0.498	0.545	0.331
	2017	0.102	0.224	0.340	0.507	0.549	0.326
	2018	0.106	0.204	0.332	0.514	0.533	0.316
	2019	0.118	0.237	0.329	0.527	0.512	0.328
	2020	0.144	0.216	0.328	0.528	0.489	0.321
陕西	2014	0.254	0.227	0.472	0.530	0.520	0.381
	2015	0.258	0.233	0.476	0.532	0.528	0.385
	2016	0.262	0.222	0.485	0.531	0.552	0.380
	2017	0.265	0.219	0.502	0.530	0.533	0.387
	2018	0.274	0.211	0.506	0.531	0.522	0.391
	2019	0.286	0.250	0.554	0.529	0.518	0.415
	2020	0.315	0.216	0.573	0.591	0.509	0.433
甘肃	2014	0.115	0.180	0.395	0.513	0.544	0.313
	2015	0.124	0.187	0.409	0.488	0.590	0.337
	2016	0.124	0.192	0.430	0.488	0.574	0.346
	2017	0.118	0.336	0.413	0.489	0.558	0.378
	2018	0.118	0.334	0.407	0.495	0.513	0.353
	2019	0.125	0.323	0.428	0.510	0.547	0.360
	2020	0.121	0.368	0.459	0.507	0.526	0.383

附录 2
2014～2020 年 28 个地区产业链现代化各子系统测算值

续表

地区	年份	基础创新能力	高端引领能力	协同创新能力	产业支撑与控制力	绿色可持续发展	产业链现代化指数
宁夏	2014	0.080	0.204	0.245	0.520	0.543	0.315
	2015	0.083	0.220	0.268	0.523	0.563	0.337
	2016	0.093	0.231	0.306	0.514	0.574	0.379
	2017	0.109	0.239	0.352	0.518	0.559	0.412
	2018	0.119	0.223	0.373	0.524	0.564	0.364
	2019	0.136	0.255	0.346	0.524	0.580	0.392
	2020	0.146	0.271	0.410	0.524	0.592	0.361

后　　记

本书是笔者在主持福建省社科研究基地重大项目和福建省科技厅创新战略研究项目的基础上形成的理论成果，也是笔者多年来对这一领域思考和研究的一个阶段性总结。回首写作历程，从最初的选题构思、文献梳理到理论构建、实证分析，再到案例研究和对策探讨，每一步都充满挑战，但也让笔者对产业链现代化这一宏大课题有了更深刻的理解。

产业链现代化是破解西方技术垄断、实现产业核心技术自主可控的关键一环，它不仅关乎产业升级和效率提升，更与国家竞争力、可持续发展以及全球价值链的重塑紧密相连。财税政策是产业链现代化的调节和助推器，对于引导产业技术发展方向，提升产业链韧性和可控性起到关键作用。本书试图从理论和实证两个维度，构建一个相对完整的财税政策与产业链现代化分析框架，以期为各级政府制定科学高效的财税政策，加快中国产业链现代化进程提供有益的参考。

值此书稿完成之际，借此机会向给予笔者支持和帮助的人表达最诚挚的感谢。首先，感谢福建江夏学院会计学院的领导，他们在研究过程中给予了笔者无私的指导和帮助；其次，感谢家人，他们一直默默支持笔者的研究工作；最后，感谢所有为本书出版付出辛勤劳动的工作人员。

产业链现代化是一个永无止境的课题，本书的出版只是一个新的起点。希望更多学者能够关注和研究这一领域，共同为推动中国产业链现代化贡献智慧和力量。